사회과학에서 인과관계의 추정

사회과학에서
인과관계의 추정

인과 추론 연구와 정책 분석의 강력한 도구

조영일 지음

동국대학교출판부

서문

사회과학의 주요한 과제 중 하나는 "무엇이 무엇에 영향을 미치는가?"를 밝혀내는 일입니다. 인간의 행동, 사회 제도, 경제적 선택, 정치적 결정 등은 복잡하게 얽혀 있으며, 단순한 상관관계 이상의 설명력을 지니는 인과 추론(causal inference)은 과학적 설명과 정책적 개입의 핵심이 되어 왔습니다. 그러나 인과관계를 실증적으로 밝히는 일은 단순한 통계분석 이상의 정교함과 사유를 요구합니다.

이 책은 사회과학에서 인과 추정이란 무엇이며, 어떻게 가능하고, 무엇을 통해 실현될 수 있는가에 대한 이론적·방법론적 토대를 제시합니다. 특히 실험과 통계를 통해 인과를 추론할 수 있는 방법들에 대하여 설명합니다. 각 장에서는 인과성 추정의 기본 가정과 이를 검증하기 위한 방법, 그리고 이를 실제적으로 활용할 수 있는 방안에 대하여 보여줍니다.

이 책의 집필 목적은 단순히 통계 기법을 설명하는 데 있지 않습니다. 오히려 사회과학자가 마주하는 인과적 질문들을 어떻게 정식화하고, 연구 설계를 통해 그에 접근할 수 있는지에 대한 사고의 틀을 제공하는 데 있습니다. 사회과학은 자연과학과 달리 실험이 제한된 상황이 많으며, 이에 따라 관찰 자료에서의 인과 추정은 더욱 큰 도전이자 기회가 됩니다. 독자들은 이 책을 통해 '통계적 인과성'과 '정책적 유의성' 사이의 균형을 어떻게 잡아야 하는지도 고민하게 될 것입니다.

이 책은 심리학, 행정학, 경찰학, 범죄학 등 다양한 분야의 연구자와 대학원생을 염두에 두고 집필되었습니다. 특히 인과 추론에 대한 기초적 이해부터 고급 기법의 실제 응용까지 폭넓은 학습이 가능하도록 구성하였습니다. 독자 여러분이 이 책을 통해 인과 추론의 개념을 더욱 깊이 이해하고, 자신의 연구에 적용할 수 있는 도구로 발전시켜 나가길 바랍니다.

이 책의 집필 과정에서 소중한 조언과 실질적인 도움을 아끼지 않은 박은서 박사와 전준하 박사께 깊이 감사드립니다. 또한 동국대학교 경찰행정학부 QnF 랩 소속으로 함께 고민하고 논의하며 원고의 완성도를 높이는 데 기여해 준 석사과정의 임다은, 김성민, 한화진, 유재효, 이정주 학생에게도 진심으로 고마움을 전합니다. 여러분의 열정과 통찰은 이 책이 담고자 한 메시지를 더욱 선명하게 만들어 주었습니다. 아울러 동국대학교 저서지원사업을 통해 책이 나오기까지 애써주신 동국대학교출판문화원 박기련 대표와 편집부에 감사를 전합니다.

   이 책이 인과 추론의 가능성과 한계에 대한 비판적 사고를 촉진하고, 더 나아가 사회현상에 대한 보다 정교한 설명과 개입의 길을 여는 데 기여하길 희망합니다.

2025년 여름
저자 조영일

서문 • 5

---- CHAPTER 01 ----

상관과 인과 • 9

1. 인과성(Causality) • 9
2. 상관 • 18
3. 인과성을 해석하기 위한 기본 가정 • 23
4. 상관과 인과성 • 25
5. 통제 • 28

---- CHAPTER 02 ----

실험 설계에 기초한 인과성 추정 • 31

1. 사회과학 양적 연구의 유형 • 31
2. 조사연구(Survey research) • 31
3. 실험 연구 설계(Experimental research design) • 37

---- CHAPTER 03 ----

통계 모형에 기초한 인과 추정 • 43

1. 관찰 자료를 활용한 인과 추정의 한계 • 43
2. 준실험 설계 • 49
3. 제3변수의 통제 • 50

---- CHAPTER 04 ----

집단 간의 평균 비교 • 61

1. t-검정 • 61
2. 분산분석(Analysis of Variance; ANOVA) • 75
3. 공분산분석(Analysis of Covariance; ANCOVA) • 112

---- CHAPTER 05 ----

변수 간의 관련 추정 • 123

1. 상관 • 123
2. 부분 상관과 편부분 상관 • 137
3. 단순회귀 • 141
4. 중다회귀분석 • 152
5. 단계적 회귀분석과 위계적 회귀분석 • 158
6. 통제변수를 활용한 제3변수의 효과 통제 • 167

---- CHAPTER 06 ----

성향점수를 활용한 인과 추정 • 173

1. 성향점수의 정의와 개념 • 175
2. 성향점수분석의 진행 • 178
3. 성향점수의 추정 • 184
4. 성향점수분석 기법 실습을 위한 R 패키지 • 188
5. 성향점수 가중 기법 • 195
6. 성향점수 대응 기법 • 196
7. 성향점수분석 기법의 비교 • 198

참고문헌 • 200

CHAPTER 01 상관과 인과

사회과학을 연구하는 학자는 관심을 가지고 있는 현상 간에 존재하는 인과법칙을 탐색하고, 이를 경험적으로 검증한다. 본 장에서는 인과법칙의 필요조건으로 간주될 수 있는 상관과 인과성의 관계에 대하여 학습할 것이다. 이에 덧붙여서, 상관의 특징 및 대표적 예인 Pearson 적률상관계수에 대하여 설명할 것이다.

1. 인과성(Causality)

사회과학에서 이루어지고 있는 다양한 연구들은 크게 네 개의 연구 목적을 갖는다: 기술(Description), 예언(Prediction), 설명(Explanation), 응용(Application) 등 사회과학 연구를 수행하는 연구자가 목표한 목적에 따라서 네 가지로 분류할 수 있다. 즉, 연구자들이 관심을 가지는 문제와 가설에 따라서 연구를 분류하게 된다.

첫째, 사회과학에서 연구되는 문제와 가설은 현상 간의 관계에 관한 기술이다. 우리가 관심이 있는 사회에서 연구 대상이 어떠한 특성을 보이는지, 혹은 연구 대상이 가지는 속성 간 관계의 형태에 관하여 기술하는 것을 목적으로 한다. 이를 통해서 우리는 주변에서 어떠한 일들이 발생하고 있는지 알 수 있다. 이에 덧붙여 우리 사회에서 관찰된 사건 혹은 구성원의 속성 수준을 파악하고, 우리 주변에서 관찰된 현상 간의 관계의 형태 및 강도에 대하여 정보도 얻을 수 있다.

연구의 목적이 기술에 초점을 둔 경우의 예시로는 미국정신의학회(American Psychiatric Association, APA)에서 출판하는 정신질환 진단 및 통계 편람(Diagnostic and Statistical Manual of Mental Disorders, DSM), 경찰청에서 발간하는 경찰백서, 검찰청에서 발표하는 다양한 백

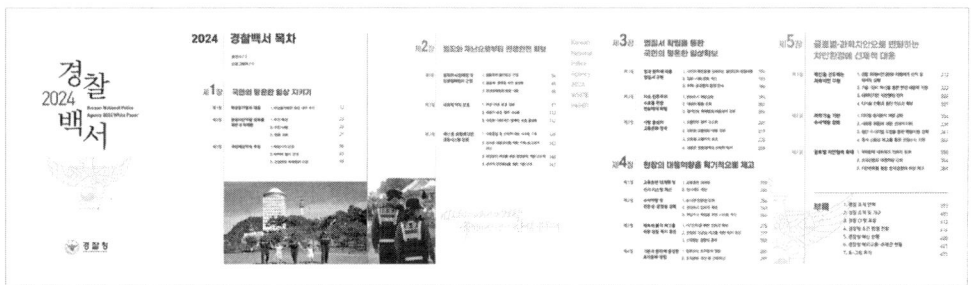

〈그림 1〉 2024년 경찰백서

서 등이 있다. 예를 들어, 경찰청에서 2024년에 발간한『경찰백서』는 2023년도에 경찰청의 주도로 이뤄졌던 치안 활동에 대한 내용이 정리되어 있다(경찰청, 2024, 〈그림 1〉 참조). 2024년에 발간된『경찰백서』는 총 5개의 장으로 이루어져 있다. 이를 보다 구체적으로 살펴보면, 1장 '국민의 평온한 일상 지키기'에서는 2023년에 발생한 범죄의 특이성을 반영하여 이상 동기 범죄, 악성 사기 범죄, 마약류 범죄, 건설 현장 폭력행위 근절 등 국민 안전을 지키기 위해 이루어진 정책들을 기술하고 있다. 2장 '범죄와 재난으로부터 민생안전 확보'에서는 우리 주변에서 발생하는 위험으로부터 국민을 지키기 위해서 경찰청이 시행한 정책들을 포함하여 기술하고 있다. 3장 '법질서 확립을 위한 국민의 평온한 일상 확보'에서는 법과 원칙에 따른 법질서 구현, 자유 민주주의 수호를 위한 안보태세 확립, 사람 중심의 교통문화 정착을 위해 시행된 다양한 정책에 대해 기술하고 있다. 4장 '현장의 대응 역량을 획기적으로 제고'에서는 교육훈련 대개혁 및 인사 시스템 개선, 수사역량 및 전문성·공정성 강화, 제복의 품격 제고를 위한 경찰 복지 증진, 기본과 원칙에 충실한 조직문화 정립을 통해 국민 안전을 유지하기 위해서 이루어진 정책들을 서술하고 있다. 5장 '글로벌·과학 치안으로 변화하는 치안 환경에 선제 대응'에서는 혁신을 선도하는 과학 치안 구현, 과학기술 기반 수사역량 강화, 글로벌 치안 협력 확대에 관한 내용을 기술하고 있다.

〈그림 2〉 정신질환 진단 및 통계 편람

연구의 목적이 기술에 초점을 둔 두 번째 예시로는 미국정신의학회(American Psychiatric Association, APA)에서 출판한『정신질환 진단 및 통계 편람(Diagnostic and Statistical Manual of Mental Disorders, DSM)』이 있다(〈그림 2〉 참조). DSM-5는 2013년에 출간된『정신질환 진단 및 통계 편

람』(약칭 DSM)의 다섯 번째 개정판으로 미국정신의학협회(APA)에서 발행한 분류 및 진단 절차이다. 미국정신의학회는 2022년에 개정판(DSM-5-TR)을 출간했다. DSM-5-TR은 정신질환에 대한 일종의 '사전'으로 작동한다.

  DSM-5의 섹션 II(section II)에서 신경발달장애(Neurodevelopmental Disorders), 조현병 스펙트럼 및 기타 정신병적장애(Schizophrenia Spectrum and Other Psychotic Disorders), 양극성장애(Bipolar and Related Disorders), 우울장애(Depressive Disorders), 불안장애(Anxiety Disorder), 강박장애 및 관련 장애(Obsessive-Compulsive and Related Disorders), 외상후스트레스장애 및 관련 장애(Trauma-and Stressor-Related Disorders), 해리장애(Dissociative Disorders), 신체증상장애(Somatic Symptom and Related Disorders), 섭식장애(Feeding and Eating Disorders), 배설장애(Elimination Disorders), 수면장애(Sleep-Wake Disorders), 성기능장애(Sexual Dysfunctions), 성별 불쾌감(Gender Dysphoria), 충동조절장애(Disruptive, Impulse-Control, and Conduct Disorders), 약물중독장애(Substance-Related and Addictive Disorders), 신경인지장애(Neurocognitive Disorders), 성격장애(Personality Disorders), 성도착(Paraphilic Disorders), 기타 미분류정신장애(Other Mental Disorders), 약물치료의 기타 부작용(Medication-Induced Movement Disorders and Other Adverse Effects of Medication), 임상적 관심 대상의 기타 장애(Other Conditions That May Be a Focus of Clinical Attention) 등 22개 전후의 범주가 장애(Disorder)에 따른 진단 절차에서 분류 기준으로 사용된다. 한편 섹션 III(section III)에는 평가측정도구(Assessment Measures)와 문화적 재고 사항(Cultural Formulation) 그리고 성격장애 진단을 위한 권고된 대체모델(Alternative DSM-5 Model for Personality Disorders), 추가 연구를 위한 고려 사항들(Conditions for Further Study)의 4개 항목이 기술되어 있다. 섹션 I(section I)은 DSM의 5번째 개정을 소개하는 섹션으로 DSM-5은 총 세 개의 섹션으로 구성되어있다.

  예를 들어, DSM-5에서는 주요 우울장애에서 관찰될 수 있는 진단 기준을 아래와 같이 제시하고 있다(〈표 1〉 참조).

〈표 1〉 주요 우울장애의 DSM-5 진단 기준

A. 다음 9가지의 증상 중 5가지 이상이 최소 2주 이상 거의 매일 지속되어야 한다. 최소한 한 가지 증상은 우울한 기분 또는 흥미나 쾌락의 상실이어야 한다.

1) 하루 종일 우울한 기분이 거의 매일 이어지며, 이는 주관적 느낌(예컨대, 슬픔, 공허감, 아무런 희망이 없음)이나 객관적 관찰 소견(예컨대 자주 눈물을 흘림)으로 확인된다.
   2) 하루 종일 거의 모든 활동에 대한 흥미나 즐거움 감소된 상태가 거의 매일 이어진다.
   3) 체중 또는 식욕의 심한 감소나 증가가 있다.
   4) 거의 매일 반복되는 불면이나 과수면이 있다.
   5) 정신운동의 초조(예. 안절부절 못함) 또는 지체(예. 생각이나 행동이 평소 느려짐)가 있다.
   6) 거의 매일 반복되는 피로감 또는 활력 상실이 있다.
   7) 무가치감, 또는 지나치거나 부적절한 죄책감이 거의 매일 지속된다.
   8) 사고력 또는 집중력의 감퇴, 결정을 못 내리는 우유부단함이 심해져 거의 매일 지속된다.
   9) 죽음에 대한 생각이 되풀이되어 떠오르거나, 특정한 계획이 없는 자살 사고가 반복되거나, 자살을 시도하거나, 구체적인 자살 계획을 세운다.

B. 임상적으로 의미 있는 고통이나 대인관계, 직업을 포함한 주요 영역의 기능 저하를 일으킨다.
C. 약물 등 섭취 물질이나 질병으로 인해 야기된 생리적 효과로 인한 것이 아니어야 한다.

  둘째, 사회과학에서 다루어지는 많은 연구의 문제와 가설은 예언에 기초한다. 즉, 우리 주변에서 관찰되는 두 개 이상의 현상들 간의 상관관계에 기초하여 다른 행동이나 사건을 예언할 수는 있지만, 무엇 때문에 이런 관계가 발생하였는지 추론할 수는 없다. 사건이나 그것들 간의 관계의 기술을 통해서 과학적 연구 방법의 두 번째 목표인 예언(prediction)을 하기 위한 기초를 제공한다. 예를 들어, 어린 나이에 부모를 잃은 아이들은 반사회적 행동을 범할 가능성이 상대적으로 높은가? 과도한 공격성을 보이는 아동들은 성인이 된 이후에 감정적인 문제 혹은 스토킹 등과 같은 관계 범죄를 저지를 가능성이 높은가? 다양한 선행연구에 따르면, 이러한 모든 질문에 대한 답은 "그렇다"이다.

  한 변인의 수준을 사용해서 다른 하나의 변인 수준을 예언할 때, 해당하는 두 개의 변인들은 서로 상관되어 있다고 한다. 즉, 두 개의 변인들이 동시적으로 관찰되면서 규칙적인 움직임을 보일 때에는 두 개의 변인들이 공변(covary)한다고 말한다. 예를 들어, 다양한 국내·외 연구에서 흡연과 질병은 상관이 있다는 결과는 일관되게 보고되고 있다. 사람들의 흡연의 양과 강도가 높을수록, 이들이 폐암을 비롯한 질병에 걸릴 확률이 더 높아진다(Doll Hill, 1950). 다만, 이러한 연구들에서 폐암을 비롯한 다양한 질병의 원인을 흡연이라고 확신할 수 없다. 우리가 선행연구들을 통해서 알 수 있는 것은 두 개의 현상들이 일관되게 동시적으로 관찰되고 있다는 것이지 두 변인들 사이에 원인과 결과의 관계를 가정하는 인과성이 존재하는지는 알 수가 없다.

범죄학을 포함한 사회과학에서 주요하게 회자되는 예를 들어보자. 〈그림 3〉에서는 지역사회의 평균 기온과 범죄 발생 건수 간의 관련성을 보여주고 있다. 지역사회의 평균 기온과 범죄 발생 건수가 공변하는 현상으로, 즉 1년 동안 지역사회의 평균 기온이 올라갈수록 해당 지역의 범죄 발생 건수 역시 증가하고 있다. 그렇다면 위와 같이 공변되는 현상에 기초하여 인과성을 추정할 수 있는가? 즉, 기온이 올라가는 것이 범죄 발생의 원인으로 작동하는가? 아니면 범죄가 발생하는 것이 기온 상승의 원인으로 작동하는 것인가? 우리가 알 수 있는 것은 두 개의 현상 간의 공변이 존재한다는 것이지, 어떠한 변인이 다른 변인의 원인으로 작용한다는 것은 알 수가 없다.

이와 같은 현상을 구체적으로 설명할 수 있는 이론에 대하여 살펴보도록 하겠다. 범죄학에 주요하게 언급되는 일상활동이론(Routine Activity Theory)이 지역사회의 평균 기온과 범죄 발생 건수 간의 관계를 설명하는 데 활용될 수 있다. 일상활동이론은 범죄자, 목표물, 범죄 유발 환경, 방어기제 부재의 4가지 조건이 개인 생활패턴과 맞물려 범죄가 발생한다고 설명한다. 평균 기온이 올라갈수록 사람들의 외부 활동은 증가하게 된다. 그리고 외부 활동이 증가할수록 범죄의 목표물이 될 가능성이 커진다. 즉, 〈그림 3〉에서 관찰된 지역사회의 평균 기온과 범죄 발생 건수 간의 관계가 발생하는 것은 두 변인 간의 인과성이 아니라 제3의 변인인 범죄의 목표가 될 가능성이 커지는 외부 활동의 증가가 일상활동이론에 기초한 공통의 원인으로 간주될 수 있다. 다만, 이러한 경우에도 평균 기온이 높아지는 여름에

〈그림 3〉 지역사회의 평균 기온과 범죄 발생 건수 간의 관련성

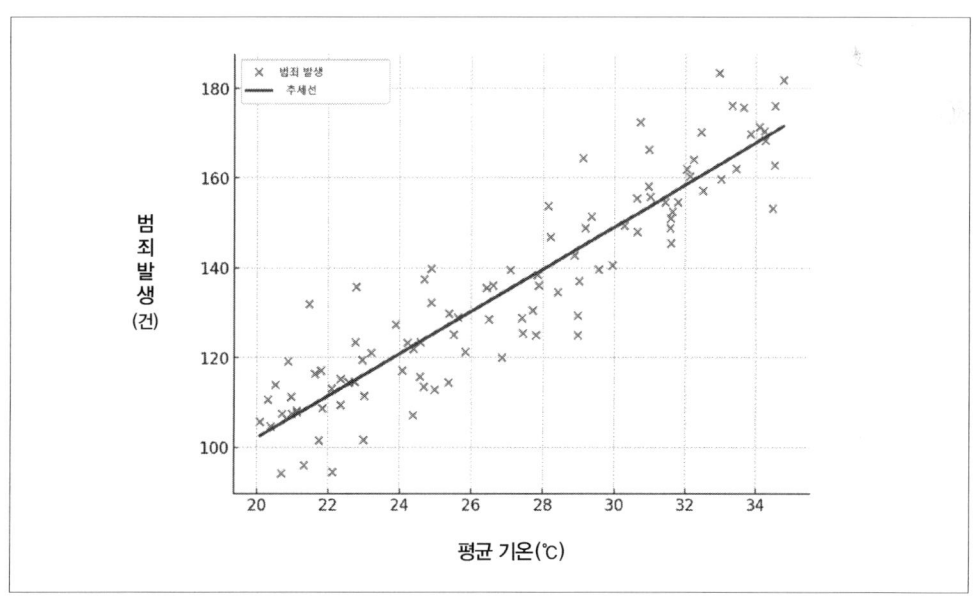

는 그렇지 않은 겨울에 비하여 범죄의 발생 건수가 높아짐을 예측할 수 있다. 그리고 이러한 예측에 기초하여 보다 많은 경찰력을 지역사회에 투입함으로써 범죄를 예방할 수 있다. 이론에 기초하지 않고 단순한 관련성에 기초해서는 원인과 결과를 가정하는 인과성을 추정할 수 없다. 다만, 인과성에 대한 추정 및 확정이 없이도 변인 간의 관련성에 기초하여 예측을 할 수 있다. 그리고 이러한 예측 및 예언에 기초하여 다양한 연구의 목적을 달성할 수 있다.

셋째, 사회과학에서 연구되는 문제와 가설의 다른 유형은 설명에 관한 것이다. 범죄학을 비롯한 사회과학에서 연구되거나 검증되고 있는 문제 및 가설은 인과성 추정을 위한 설명에 기반을 둔다. 인과성 추정을 위한 설명을 하기 위해서는 다양한 선행조건들이 필요하다. 인과추론을 위해서는 세 가지 조건(즉, 공변, 시간순 관계, 가능한 대안적 원인의 제거)이 만족되어야 한다. 많은 연구들에서는 기술과 예언을 주요한 목표로 설정하고 있을지라도, 기술과 예언은 현상을 설명하고 이해하는 능력의 가장 기초적인 단계에 불과하다. 현상을 직관적이며 논리적으로 설명하고 이해하기 위해서는 행동과 사건의 원인을 추정하고 파악할 수 있어야 한다. 이를 위해서 범죄학을 포함하는 다양한 연구들에서는 현상의 원인을 파악하고자 한다.

연구자들은 현상의 원인을 파악하기 위해 전형적으로 실험(Experiment)을 실시한다. 실험 연구에서는 연구자가 관심이 있는 상황에 대한 높은 수준의 통제를 가하게 된다. 높은 수준의 통제를 통해서 인과 추정에 필요한 세 가지 조건을 만족하게 된다. 실험을 통해 관찰되는 상황을 초래하는 조건을 통제함으로써 현상의 원인을 추정할 수 있게 된다.

앞에서 언급한 인과추론을 위한 세 가지 조건을 구체적으로 살펴보면, 사건의 공변(covariation of events), 시간순 관계(time-order relationship), 그리고 가능한 대안적 원인의 제거(elimination of plausible alternative cause)이다. 인과추론의 과정을 이해하기 위해서 간단한 예시를 활용하도록 하자. 독자 여러분들이 강의에 출석하기 위해 학교로 향하던 도중에 교통사고를 당해서 자동차 유리에 머리를 부딪쳐 두통을 겪고 있다고 가정해 보자. 아마도 여러분은 교통사고로 유리에 머리를 부딪침으로써 두통이 유발(caused)되었다고 추론(infer)할 것이다. 이렇게 이루어지는 인과추론의 첫 번째 조건은 사건의 공변이다. 한 사건이 다른 하나의 사건의 원인으로 간주되기 위해서는 원인과 결과로 추정되는 두 개의 사건들이 함께 동시에 변해야 한다. 구체적으로 하나의 사건이 변할 때는 다른 사건도 동시에 변해야 한다. 앞에서 살펴본 예시에서 자동차 유리에 머리가 부딪히는 사건은 없었던 두통이 생기는 것을 경험하는 것과 공변해야 한다.

인과추론을 위한 두 번째 조건은 원인과 결과를 가정하는 사건들이 시간순의 관계[수반성(contingency)으로도 알려짐]를 가져야 한다. 즉, 자동차 유리에 머리를 부딪히는 사건이 두통 경험의 원인으로 간주되기 위해서는 자동차 유리에 머리를 부딪히는 사건이 두통을 경험하는 사건 전에 발생해야 한다. 만약 자동차 유리에 머리를 부딪히기 전에 여러분들이 두통을 느꼈다면, 여러분들은 두통의 원인으로 자동차 유리에 머리가 부딪힌 사건을 간주하지는 않을 것이다. 다시 말해서 두통을 경험하기 전에 반드시 자동차 유리에 머리를 부딪히는 사건이 발생해야 한다.

사건들 간의 인과성을 추정하기 위한 마지막 조건은 결과를 불러일으킬 수 있는 원인 이외의 다른 가능한 원인들은 통제되어야 한다. 위에서 논의된 예시에서, 자동차 유리에 머리를 부딪히는 사건이 두통을 불러왔다고 결론을 내리기 위해서는 두통을 가져올 다른 원인(예. 어젯밤 과음으로 인한 숙취)이 제거되었을 때 더욱 확실해진다. 인과관계의 추정을 위해 실험연구가 사용되는 것을 보다 명확히 하기 위해서 법심리학에서 실제로 진행된 연구를 살펴보도록 하자.

〈그림 4〉에서는 법심리학 연구에서 독립변인과 종속변인 간의 인과 추정을 위해서 실험 연구법이 사용된 예시를 제시하였다. 문혜민과 조은경(2024)은 용의자 진술의 일관성과 확인 가능한 정보의 진술 진위 판별 효과성을 검증하기 위한 연구 방법으로 실험연구법을 활용하였다. 이들은 최근 거짓말 판별에 활용되는 확인 가능한 정보(Verifiability Details)와 진술 일관성을 비교하여 진술 진위 판단에 더 효과적인 진술의 특징을 살펴보았다. 이러한 연구 문제를 검증하기 위하여 2(진실성: 진실 vs. 거짓)×2(IP: 있음 vs. 없음)×2(면담 차수: 1차 vs. 2차)의 혼합 설계로 실험을 진행하였다. 혼합 설계 실험연구에서 진실성과 IP는 참가자 간 변인이고, 면담은 1주일 간격으로 2회 진행되어 참가자 내 변인이다. 종속변인은 진술 일관성과 확인 가능한 사실의 양이다. 진술 일관성은 1차 면담과 2차 면담의 진술을 비교하여 얻어진 하나의 값을 변인으로 활용하였으며, 확인 가능한 사실의 양은 1차와 2차 면담에서 얻어진 각 진술로부터 도출하였다. 보다 구체적으로, 독립변인으로 가정한 진실성이 종속변인인 진술 일관성에 미치는 효과를 검증하였다. 먼저, 실험 결과를 통해서 독립변인과 종속변인이 공변함을 확인하였다. 둘째, 독립변인인 진실성의 조건을 조작한 이후에 종속변인인 진술의 일관성을 확인함으로써 사건들이 발생하는 시간의 순서를 조정하였다. 마지막으로, 가능한 대안적 원인을 제거하기 위해 두 개의 집단(독립변인의 처치를 받는 실험집단과 독립변인의 처치를 받지 않는 통제집단)이 사전에 동질적이라는 가정을 만족시켜야 한다. 문혜민과 조은경(2024)의 연구에서는 두 개의 집단들 간의 동질성을 확보하기 위해 무선할당(random assignment)을 실시하여 가능한 대안적 원인을 제거하였다.

넷째, 사회과학에서 이루어지는 연구의 문제와 가설의 마지막 유형은 선행연구나 이론에

〈그림 4〉 법심리학 연구에서 사용된 실험연구법

서 검증된 설명을 현실 문제 해결을 위해 응용(application)하는 것이다. 응용 연구에서는 연구자들이 사람들의 삶을 향상시키거나 사회를 보다 안전하게 만들기 위해서 그들의 지식과 연구방법을 활용한다. 비록 범죄학을 포함한 사회학자들이 사회 속에서 발생하는 행동과 사건들에 대하여 기술하고, 예언하고, 설명하는 것에 관심이 있을지라도, 이러한 가정에 근거한 지식은 그 뿌리를 우리가 생활하고 있는 사회에 근간을 두고 있다. 즉, 연구자들이 탐색하고 검증하는 연구 문제와 가설들은 우리 삶의 중요한 면을 다루고 개인들의 삶에 변화를 만들어내는 데 도움을 주는 방법을 제공하는 것을 목표로 한다.

예를 들어, 경찰청에서는 국민의 안전과 공공의 안녕을 위해 다양한 정책들을 제안하고 실행하고 있다. 2024년에 발간된 『경찰백서』에 따르면 경찰청은 이상동기범죄가 발생하고 있는 실태를 보고하고, 이를 예방하기 위한 다양한 정책(예. 특별치안 활동 실시, 지역경찰 운영체계 개편 및 가시적 순찰 강화, 범죄대응력 향상을 위한 현장 경찰관 교육훈련 강화, 흉기 제압·보호 장비 개발 보급, 공무집행방해죄의 양형 기준 개선 등 처벌 강화 추진, 112 경찰 활동에 대한 법률적 근거 마련)들을 제안하고 시행하였다. 이를 위해 『경찰백서』(2024)에서는 이상동기범죄의 정의를 제공하고, 이상동기범죄가 우리 사회에서 발생한 현황을 보고하고 있다. 다만, 국내·외 선행연구가 이상동기범죄에 대한 정의와 원인을 제공하고 있는 것과 달리, 『경찰백서』(2024)에서는 이상동기범죄의 발생 원인에 대한 기술을 포함하고 있지 않다. 『경찰백서』와 선행연구에 근거하면 이상동기범죄들의 하위 유형의 하나가 정신장애에 의한 범죄이다. 정신장애에 의한 범죄는 학교나 사회 적응에 어려움을 보이는 사람에 의해서 이루어진다. 이상동기범죄와 정신장애 간의 인과성에 기초하여 학교나 사회 적응에 어려움을 겪는 조현병 환자들에 대한 예방 및 순찰활동을 강화하는 정책을 시행하고 있다.

인과성을 보여주는 연구 결과에 기초한 정책의 수립 및 시행은 근거기반 정책 설계 및 시행이라고 부른다. 즉, 원인과 결과를 보여주는 인과관계적 경험 연구 결과에 기초하여 국민들의 주관적 안녕감을 높이거나, 부정적인 결과를 초래할 수 있는 환경을 감소시키는 정책을 시행하게 된다(참조 〈그림 5〉).

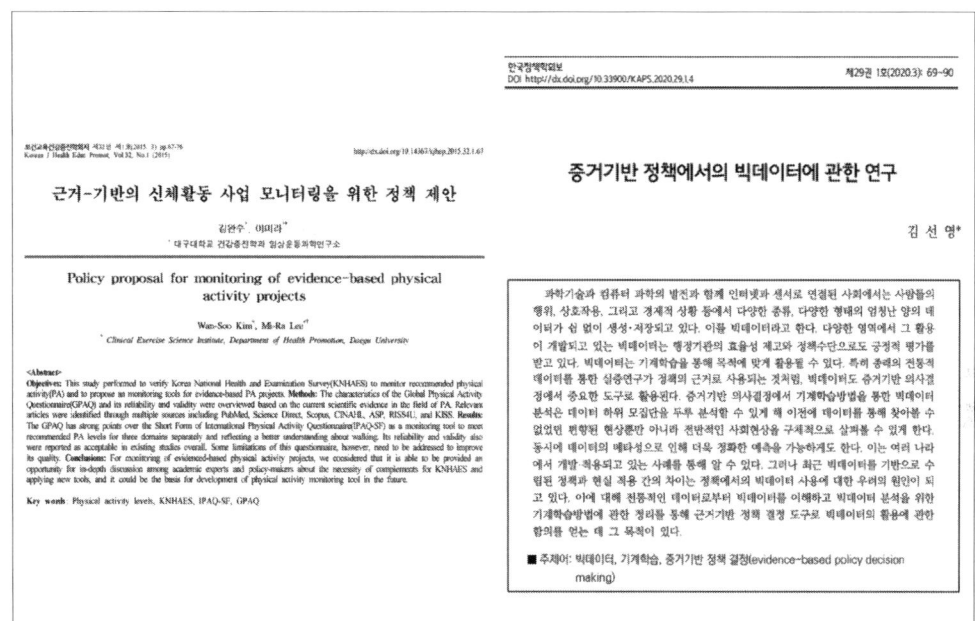

〈그림 5〉 근거기반 정책 설계 및 시행

위에서 살펴본 것과 같이, 과학적 연구방법이 사용된 연구들은 네 가지 목표를 가지고 있다. 네 가지 연구 목표들 중 사회현상들 간의 인과성을 밝히는 것들은 학술 분야에서 주요하게 이루어진다. 이에 반해서, 기술, 예측, 및 응용을 목표로 두는 연구들은 학술 분야 뿐만 아니라 정책기관 등에서 주요하게 이루어진다.

이러한 관점에서, 사회과학을 포함한 여러 연구에서는 대상에서 관찰되는 다양한 현상들의 인과관계(causal relation)를 밝히는 것을 목표로 하고 있다. 하지만 사회과학을 포함한 과학에서는 연구대상의 특수성으로 인하여 인과성을 추정하는데 어려움을 겪게 된다. 예를 들어, 사람과 동물의 마음과 행동을 연구 대상으로 하는 심리학은 사람과 동물들에서 관찰되는 다양한 현상들을 조사하고 연구한다. 연구 결과에서의 인과성을 추정하기 위하여 조작(treatment)을 통해 집단들 간의 차이를 만들어 내고, 이러한 차이에 기초하여 변인들 간의 인과성을 추정한다. 그러나 윤리적인 이유, 혹은 실제적인 문제로 인하여 연구 대상들에게 조작하는 것이 불가능한 경우가 왕왕 발생한다. 즉, 연구대상에게 조작이 불가능한 경우란, 독립변인 이외에 종속변인에 영향을 미치는 제3의 변인이 종속변인에 미치는 효과를 통제하지 못하기 때문에, 독립변인과 종속변인 간의 인과성을 추정하는 것이 불가능한 경우가 종종 발생하는 것이다.

이를 보다 자세히 살펴보면, 인과성을 추정하기 위해서는 가능한 대안의 원인 제거가 필수적으로 요구된다. 독립변인 이외에 종속변인에 영향을 주는 제3의 변인이 통제되어야 현상들 간에 인과성을 추정할 수 있다. 사회과학에서 주요하게 활용되는 실험연구법에서는 제3의 변인을 실험설계를 통해 통제한다. 즉, 실험연구법에서는 실험설계라는 단계를 통해서 연구참가자들을 실험집단[1]과 통제집단[2]에 할당하는 과정을 거쳐 제3의 변인을 통제한다. 실험 연구법에서 실험 참여자를 할당하는 방법으로는 피험자 내 설계(within-subject design)와 피험자간 설계(between-subject design)로 나눌 수 있다. 즉, 연구설계의 단계를 거치면서 피험자 내 설계에서는 실험집단과 통제집단에 속하는 연구참여자들이 개인 수준에서 제3의 변인들의 수준을 동일하게 하여 통제한다. 피험자 간 설계에서는 실험집단과 통제집단의 연구참여자들을 무선할당(random assignment)으로 진행함으로써 집단 수준에서 제3의 변인들의 수준을 상수화시킴으로써 이들의 효과를 통제한다. 연구설계를 통한 제3의 변인을 통제함으로써 독립변인과 종속변인 간의 인과관계를 추정하는 통계모형에 대해서는 제2장에서 자세히 설명하도록 하겠다.

2. 상관

우리 주변에서 관찰되는 현상 간에 존재하는 인과관계를 추정하기 위해서는 원인과 결과로 추정되는 현상, 혹은 사건 간에 세 가지의 조건이 만족되어야 한다. 앞에서 설명한 것과 같이 인과관계 성립의 조건은 사건의 공변(covariation of events), 시간순 관계(time-order relationship), 그리고 가능한 대안적 원인의 제거(dimination of plausible alternative cause)이다. 세 개의 조건들 중에서 사건의 공변은 인과관계를 추정하기 위한 가장 기본적인 조건으로 간주된다.

현상 혹은 사건 간의 인과관계를 추정하기 위한 필요조건은 원인변인과 결과변인 간 관련성이 존재이다. 즉, 원인변인의 변화가 결과변인의 변화를 유발하기 위해서는 두 변인들 간

---

[1] 실험집단(Experimental Group)은 독립변인의 수준에서 처지를 받은 집단을 일컫는다.
[2] 통제집단(Control Group)은 위약효과를 통제하기 위해서 실험집단과는 독립변인의 수준을 뺀 모든 조건에서 동일한 집단을 일컫는다.

의 공변이 존재해야 한다. 변인 간의 인과성을 확인하기 위한 선결조건은 원인변인과 결과변인이 동시적 존재이다. 인과관계 추정을 위한 첫 번째 조건을 검증하기 위해 사용되는 사건 간의 공변의 정도를 보여주는 통계적 수치에 대하여 설명하도록 하겠다.

우리 주변에서 관찰되는 사건이나 현상들 사이의 관계를 보여주는 상관은 관련성에 관한 두 개의 정보를 제공한다(변인 간의 관련성에 대한 정보를 제공하는 상관은 5장에서 보다 자세히 설명하도록 하겠다). 구체적으로, 상관은 두 개 이상의 사건 간의 관계의 방향과 강도에 관한 정보를 제공한다. 사건 사이에 발생하는 관계의 방향이라는 것은 정적 혹은 부적으로 표현되는 두 사건의 상대적인 위치의 관련성을 가르킨다. 이에 반해서 사건 사이에 발생하는 관계의 강도는 두 개의 사건이 동시에 발생할 가능성의 크기를 일컫는다. 관계에 관한 두 개의 정보인 방향과 강도는 서로 독립적인 정보를 제공한다.

통계에 관한 정보를 제시하는 방법은 크게 두 가지가 존재한다. 첫째, 모집단[3]의 특성에 대한 정보를 그림으로 보여주는 방법이다. 두 번째는 모집단의 특성에 대한 정보를 수치로 요약·정리하고 제시하는 방법이다. 두 개의 방법은 각각의 장단점을 가지고 있기 때문에 서로 상보적으로 활용될 수 있다. 예를 들어, 그림으로 정보를 전달하는 방법은 내용의 이해는 상대적으로 쉬우나, 해석이 다소 주관적이며 정확성이 떨어질 수 있다. 이에 반해 숫자로 정보를 전달하는 방법은 객관성은 상대적으로 높은 편이나 정보를 해석하는데 다소 어려움이 따른다. 사건 혹은 현상 사이에 발생하는 관계에 관한 정보를 제공함에 있어서도 두 개의 정보 제공 방식이 모두 활용될 수 있다.

사건 혹은 현상 사이에 발생하는 관계를 보여주는 첫 번째 방법은 그림으로 관계에 관한 정보를 제공하는 것이다. 즉, 산포도(scatter plot)을 활용하여 두 변인 간의 관계를 보여주는 것이다. 두 개의 양적변인의 관계에 관한 정보를 제시하고 해석하기 위해서는 하나의 집단에서 축출된 짝지어진 자료(paired data)가 필요하다. 예를 들어, 범죄학에서 각 경찰서 단위에서 관찰 가능한 두 개의 사건(예. 경찰관 수, 1,000명당 범죄 발생 수) 간의 관련성을 탐색할 수 있다. 그리고 두 사건 간의 관계에 기초하여 경찰관을 증원할지 혹은 감원할지를 결정할 수가 있다. 경찰관의 현원과 1,000명당 범죄 건수 간의 관계를 시각적으로 탐색하기 위해서 산포도가 활용될 수 있다. 산포도는 짝지어진 자료에서 얻어진 두 개의 현상의 개별

---

[3] 모집단(population)은 연구자가 관심을 가지고 있는 전체 집단을 말한다. 일반적으로 모집단의 구성원 모두 연구에 포함시켜 관찰하거나 실험에 참여시키는 것이 불가능하기 때문에, 모집단의 일부를 표집(sampling)한 표본(sample)을 대상으로 연구나 조사를 진행한다. 그리고 표본에서 조사된 주요한 특징에 기초하여 모집단의 주요한 특성을 추정하게 된다. 단, 이러한 추정의 과정에서 오차가 발생하게 되는데, 이렇게 발생한 오차는 추정의 오차인 표준오차(standard error)로 불린다.

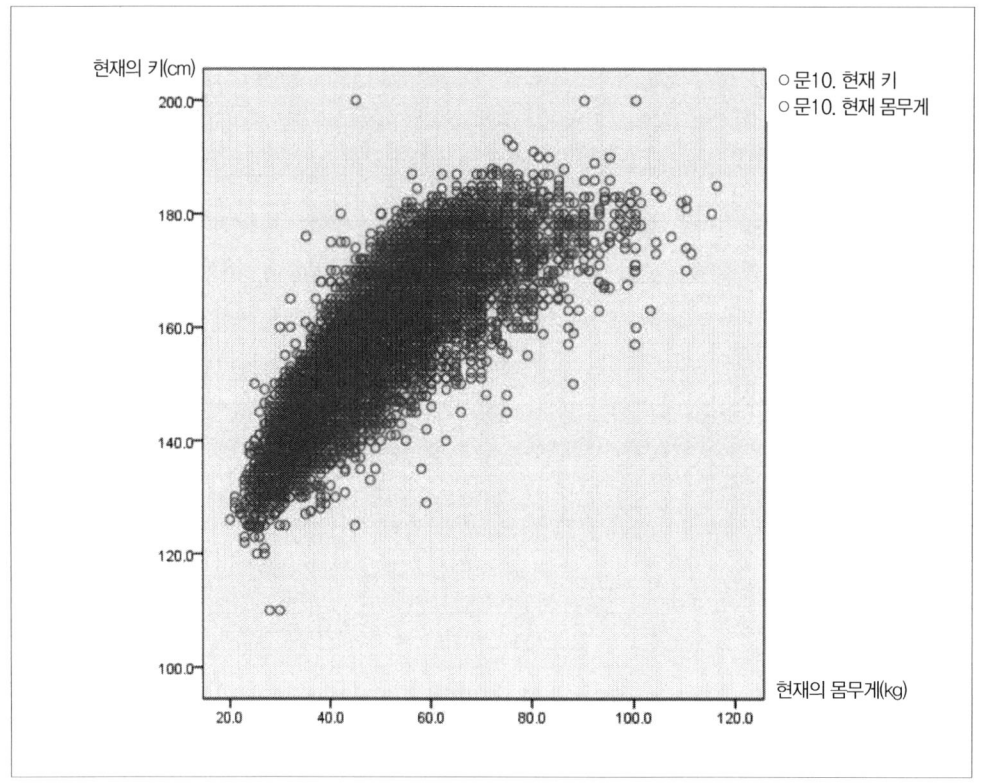

<그림 6> 아동 청소년 대상 키와 몸무게의 산포도

출처: 2009 아동청소년 비만 실태조사(한국아동청소년데이터 아카이브)

값들을 이차원의 공간상에 표시하도록 고안된 그림이다(<그림 6> 참조).

두 변인 간의 관계를 보여주는 산포도는 관계의 특징을 해석하는데 다양한 장점을 보여준다. 즉, 산포도는 두 속성(사건 혹은 현상) 간의 관계를 통찰할 수 있는 가장 유용한 기법들[4] 중 하나이다. 산포도를 활용함으로써 이후에 설명될 상관계수의 기본 가정을 검증할 수 있다. 즉, <그림 6>과 같은 산포도에서는 두 변인 간의 관련성의 형태를 점검할 수 있다. 예를 들어, 두 속성 간 관계의 형태가 선형적인지 혹은 비선형적인지를 탐색하고 검증할 수 있다. 이에 덧붙여 두 현상 간의 전반적인 관계와는 다른 형태를 보이는 집단의 구성

---

[4] 통찰(insight)은 네이버 국어 사전에서 1) 예리한 관찰력으로 사물을 꿰뚫어 봄 2) 새로운 사태에 직면하여 장면의 의미를 재조직화함으로써 갑작스럽게 문제를 해결함으로 정의된다. 산포도를 설명함에 있어서 '통찰한다'는 의미는 '나무가 아닌 숲의 모습을 본다'라는 의미로, 두 속성 간의 관계를 해석하고 설명함에 있어서 부분의 모습에 집중하기 보다는 전체적인 관계의 형태에 집중함을 강조하기 위해서 사용했다. 덧붙여서, 숲의 모습에 해당하는 집단 전체의 모습과는 다른 관계를 보이는 구성원(element) 탐색에도 사용될 수 있다.

원[5]을 탐색할 수 있는 기초자료를 제공한다.

다만, 앞에서 살펴본 것과 같이 그림으로써 관계에 관한 정보를 제공하는 산포도는 결과의 해석에 있어서 객관성을 확보하지 못하는 제한점을 가지게 된다. 이에 더해 관계에 대한 정보는 앞에서 살펴본 것과 같이 관계의 방향과 정도라는 두 개의 독립적인 정보를 제공해야 한다. 산포도에서 표시되는 점들이 분포된 형태를 확인함으로써 두 개 현상 간 관계의 방향을 해석할 수 있다. 그러나 관계에 관한 또 다른 정보인 정도 혹은 강도는 산포도에 표시된 점들이 하나의 경향성을 보이는 선분 주변에 집중된 정도에 따라서 해석될 수 있다. 선분 주변에 관찰값을 나타내는 점들이 집중된 정도에 대한 해석은 매우 주관적일 수 있다. 집중의 정도에 대한 해석의 주관성 때문에 관계의 정도에 대한 해석은 불가하다.

산포도가 관계에 대한 두 개의 정보를 충분히 전달하지 못하기 때문에, 관계에 대한 정보를 보다 정확하고 요약해서 전달하기 위해서 숫자로 표현할 수 있는 방법이 제시되었다. 숫자로 관계에 관한 정보를 제공할 수 있는 가장 기초적인 방법은 공분산계수(covariance coefficient)이다.

두 현상 간의 관계를 수치로 보여주는 공분산은 [식 1]과 같다.

$$\sigma_{XY} = \frac{\sum_{i=1}^{n}(X_i - \overline{X_i})(Y_i - \overline{Y_i})}{N} \quad \text{[식 1]}$$

공분산은 산포도에 표시된 두 변인이 동시에 흩어진 정도를 계산한 통계값이다. 공분산은 집단에 속한 구성원에게서 관찰되는 각각의 값이 대푯값(일반적으로 평균이 활용된다)으로부터 떨어진 정도(즉, 평균편차)를 계산한다. 다만, 공분산의 계산에 포함되는 사건 혹은 현상이 2개이기 때문에 계산되어야 하는 평균편차도 2개이다. 또한 관심이 있는 2개의 변인들이 동시적으로 흩어진 정도를 계산하기 때문에 2개의 편차점수의 곱이 집단 수준에서 더해진다. 그리고 집단 크기의 효과를 통제하기 위해서 두 편차점수의 곱에 대한 합을 사례 수로 나누어준다.

우리 사회에서 관심을 가지는 사건 간의 관계를 수량화한 공분산계수도 제한점을 가진다. 구체적으로, 공분산계수는 관계의 방향은 공분산계수의 부호를 통해서 정확하게 전달하지만, 관계의 정도에 대한 정보는 보여주지 못한다. 예를 들어, 공분산계수는 계산하는 과정에 포함되는 변인들의 단위가 있는 그대로 포함된다. 관계에 포함되는 사건의 측정단

---

5 극단값은 통계학에서 관측된 자료에서 다른 값들과 비교했을 때 비정상적으로 높거나 낮은 값을 말한다. 극단값은 이상치(Outlier)라고도 불리며, 보통 관측된 데이터의 범위에서 많이 벗어난 아주 작은 값이나 큰 값을 의미한다. 두 현상 간 관계에서 극단값은 자료를 대표하는 관계의 형태와는 다른 모양을 보여주는 관찰값을 의미한다.

위에 따라 공분산계수의 값이 다르게 된다. 측정단위에 독립적이지 못한 공분산계수의 값은 그 크기를 해석할 수 없다는 제한점을 가지고 있다. 이에 덧붙여서 공분산계수는 관계에 포함된 두 변인의 측정단위의 곱이라는 새로운 측정단위를 가지게 된다. 곱을 통해서 만들어진 공분산계수의 측정단위는 해석이 불가하다는 단점 또한 가지게 된다.

공분산계수가 가지는 제한점은 관계에 포함되는 사건의 단위를 표준화함으로써 해결될 수 있다. 단위를 표준화한 사건 간 관계를 수량화한 공분산계수는 피어슨적률상관계수(앞으로 상관계수로 부르겠음)라고 한다.

$$r_{XY} = \frac{\sum_{i=1}^{n} Z_{Xi} Z_{Yi}}{N} \quad [식\ 2]$$

$$r_{XY} = \frac{\sigma_{XY}}{\sigma_X \sigma_Y} \quad [식\ 3]$$

[식 2]와 같이 표준화된 변인으로 공분산계수의 값을 계산한다. 또한, 원래의 단위를 사용한 사건 간의 관계를 수량화한 공분산계수를 두 사건의 표준편차로 나누는 방법으로도 상관계수를 계산할 수 있다.

앞에서 살펴본 것과 같이 두 사건 간의 관계를 보여줌에 있어서 관계의 방향과 정도라는 두 개의 독립적인 정보를 제공해야 한다. 상관계수는 [식 4]와 같은 형태로 보고된다.

$$r_{XY} = \pm\ 숫자 \quad [식\ 4]$$

[식 4]와 같이 보고되는 상관계수는 ±로 표시되는 부호로써 관계의 방향에 관한 정보를 제공한다. 또 상관계수에서 (숫자)는 관계의 정도를 보여준다. 다만 상관계수에서 보고되는 숫자는 표준화 과정을 거치기 때문에, 상관계수의 크기를 보여주는 숫자는 최소값 0, 최댓값 1이라는 범위에서 움직인다. 상관계수의 절댓값이 0을 가지는 경우에는 두 사건 간의

〈표 2〉 상관계수의 크기에 관한 해석 가이드 라인

상관계수의 크기의 절댓값 범위($|r|$)	해석
$|r| = 0$	관계 없음
$.1 < |r| < .3$	작은 관계
$.3 < |r| < .5$	중간 관계
$.5 < |r|$	큰 관계

관련성이 전혀 없음을 의미한다. 이에 반해서 상관계수의 절댓값이 1을 가지는 경우에는 두 사건 간 관계가 완벽하게 선형적으로 일치됨을 의미한다. Cohen(1988)은 상관계수의 크기에 대한 해석의 가이드라인을 제시하고 있다.

사회에서 관찰되는 사건 간의 관계를 보여주는 방법에는 그림을 활용하는 방법과 수량화 과정을 거치면서 수치로 보여주는 방법이 있다. 두 개의 방법들 중 하나를 선택하여 정보를 전달하기 보다는 각 방법의 장단점을 보완할 수 있도록 상보적으로 활용하는 것이 관계의 방향과 정도를 보다 정확하게 보여줄 수 있다. 결과적으로, 사건 간 인과성을 보여주기 위한 전제 조건인 공변을 객관적으로 평가하는 것이 필수불가결하다.

3. 인과성을 해석하기 위한 기본 가정

앞에서 살펴본 것과 같이 사회과학에서 활용되는 과학적 연구방법은 네 개의 목표를 가진다. 특히, 학술 영역에서는 인과론적 설명으로 사회현상에 관한 일반 법칙의 탐색 및 검

사건 발생의 원인 설명 이론: 일상활동이론

Lawrence E. Cohen과 Marcus Felson이 1979년에 범죄 원인론의 하나로써 일상활동이론을 제안하였다. 일상활동이론은 범죄 발생의 원인을 설명하기 위해서 세 개의 핵심 개념을 소개하고 있다. 첫째는 적절한 피해자의 존재이다. 범죄의 발생은 피해자가 범죄자의 적절한 대상이 되어야 한다. 피해자의 일상생활 활동과 관련된 것으로, 피해자가 일상에서 범죄자의 대상이 될 수 있는 활동에 노출되는 것을 의미한다. 둘째, 범죄자가 범행을 저질러야 할 동기와 범행의 기회가 있어야 한다. 범행동기는 금전적 이익, 범죄로부터 얻는 정서적 만족, 피해자에게 갖는 분노 등이 작용한다. 범죄의 기회는 범죄자와 피해자의 활동 장소 및 시간의 중첩을 의미한다. 셋째, 관리자의 부재이다. 범죄가 발생하기 위해서는 범죄자가 범죄를 저지를 가능성을 통제할 수 있는 관리자가 존재하지 않는다. 일상활동이론의 세 가지 핵심 개념을 범죄 발생의 원인으로 간주한다. 따라서 세 가지 핵심 개념에 기초한 예방정책을 통해서 범죄 발생을 제어할 수 있다. 다만, 일상활동이론은 비이론적이며 단순하다는 비판이 존재한다. 이에 덧붙여서, 일상활동이론이 범죄 감소에 효과적이지 못하고, 범죄의 발생 장소가 이동(displacement)하는 효과를 불러와 상황을 더욱 악화시킬 문제점도 있다는 주장이 존재한다.

증을 목적으로 하는 경우가 일반적이다. 사회과학 연구자는 자신들이 관심을 가지고 있는 사회 현상에 대한 연역적 혹은 귀납적인 방법을 활용하여 사건들 간의 인과관계를 정리한 이론을 탐색하고, 이론을 통해서 사회현상을 설명한다.

이론을 통해서 사회현상을 설명하기 위해서는 현상 간의 인과관계에 기초해야 한다. 그리고 인과성을 만족시키기 위해서는 적어도 다음의 세 가지 조건이 만족되어야 한다.

1) 원인과 결과가 되는 두 개의 사건 간에는 경험적인 관계가 존재해야 한다.

원인과 결과를 가정하는 사건들은 공변(covary)해야 한다. 공변함은 하나의 사건이 발생하면 다른 하나의 사건도 동시에 발생하는 것을 의미한다. 더 나아가서는 하나의 사건이 변화함에 따라 다른 하나의 사건도 동시에 변화하는 관계를 말한다. 두 사건 간의 공변성 혹은 관련성은 두 개의 사건들이 원인과 결과라는 인과적인 관계에서 뿐만 아니라 동시적으로 발생하는 것 자체만으로도 성립한다. 두 사건 간의 공변성은 인과관계 뿐만 아니라 확률적인 관계 등 다양한 원인에 의해서 발생하기 때문에 공변성만으로는 사건 간의 인과성을 증명하지 못한다. 일반적으로 사건 간의 인과관계를 증명하기 위한 가장 기본적인 조건으로 공변성을 가정한다.

2) 원인이 되는 변인이 결과로 가정되는 변인에 대하여 시간상 선행한다.

원인이라고 가정되는 사건은 결과로 가정되는 사건보다 시간상 먼저 발생해야 한다. 사건 간의 시간적 선후관계를 명확하게 구분하는 것이 항상 명확한 것은 아니다. 다만, 사건 간의 시간적인 관계가 불분명한 경우, 자료를 수집하는 과정에서 사건이 관찰되는 시점을 명확하게 하는 종단적 설계를 진행하거나, 원인이 결과보다 시간적으로 앞서 발생한다는 논리적·이론적 배경을 제시해야 한다.

인과성을 가정하는 원인과 결과의 관계에서 논리적으로 원인은 항상 결과에 선행되어야 한다. 즉, 원인이 결과를 불러오는 것이기 때문에 원인과 결과 간에는 시간상 순서가 존재해야 한다. 예를 들어, 청소년의 공격성과 공격행동 간의 관계에서는 공격성이라는 기질 수준이 높은 청소년은 학교에서 친구들을 대상으로 공격행동을 보일 가능성이 높다. 이러한 관계에서 기질이라는 것은 태어날 때부터 가지고 있는 선천적인 특성이고, 공격행동은 청소년기에 발생하는 관계이기 때문에 공격성과 공격행동 간의 시간적 연결성을 가지고 있음을 의미한다.

3) 원인변인과 결과변인 간의 관계에서 결과변인에 영향을 미치는 제3의 변인의 효과는 통제된다.

원인과 결과로 가정되는 사건 간의 관계가 제3의 변인에 의해서 발생하는 허위관계(spurious relation)가 아닌 진관계(true relation)임을 확인하는 과정이 필요하다. 두 사건에 공통적으로 영향을 미치는 제3의 변인이 존재하는 경우, 두 사건 간의 공변이 발생하는 원인은 두 사건 간의 인과관계 뿐만 아니라 제3의 변인일 수도 있다. 이러한 상황에서 사건 간의 인과성을 확인하기 위해서는 제3의 변인의 효과를 통제하는 것이 필요하다. 제3의 변인을 통제함으로써 사건 간의 공변이 발생하는 궁극적인 뿌리는 인과성만이 남게 된다.

4. 상관과 인과성

사건 간의 인과성을 추정하기 위한 가장 기본적인 조건은 상관(혹은 공변)의 존재이다. 이러한 관계를 구체적으로 살펴보기 위해서는 사건 간의 상관이 발생하는 원인을 살펴보는 것이 필요하다. $r_{xy} \neq 0$인 경우에는 X와 Y 사이에 상관이 발생하는 원인은 세 가지로 볼 수 있다. 예를 들어, 다양한 국내·외 연구에서는 아동들의 공격성과 TV에서 폭력적인 내용의 시청 간에는 상대적으로 높은 수준의 상관이 있음이 보고되고 있다(Bandura et al., 1963; Gentile & Anderson, 2003).

첫째, TV를 통한 공격적인 내용을 시청하는 것이 아동의 공격성을 증가시킨다(〈그림 7〉 참조). 이러한 관계는 Albert Bandura의 관찰학습이론(Bandura, 1971)에 의해서 설명이 가능하다.

관찰학습이론은 인간을 사회적인 동물로 보고, 직접적인 보상이나 벌의 결과를 통해서만 바람직한 행동을 형성하는 것이 아니라, 다른 사람의 행동과 그 결과를 관찰하는 것으로도 학습이 이루어진다고 보았다(Bandura, 1971). 즉, 아동이 TV를 통해서 성인들의 폭력적인 모습을 관찰하고, 폭력적인 행동이 문제 해결 방식으로 용인되는 것으로 간주한다. 이러한 관찰학습이 이루어진 이후에는 실제 생활에서 다른 친구들과 의견이 충돌하는 경우에 공격성을 의미하는 폭력적인 행동을 통해서 문제를 해결하려고 할 것이다. 이러한 이론에 근거해서 연구자들은 공격적인 TV 시청이 아동의 공격성에 영향을 미친다고 결론 내릴 수 있다.

〈그림 7〉 X와 Y 간의 상관이 발생하는 원인(1)

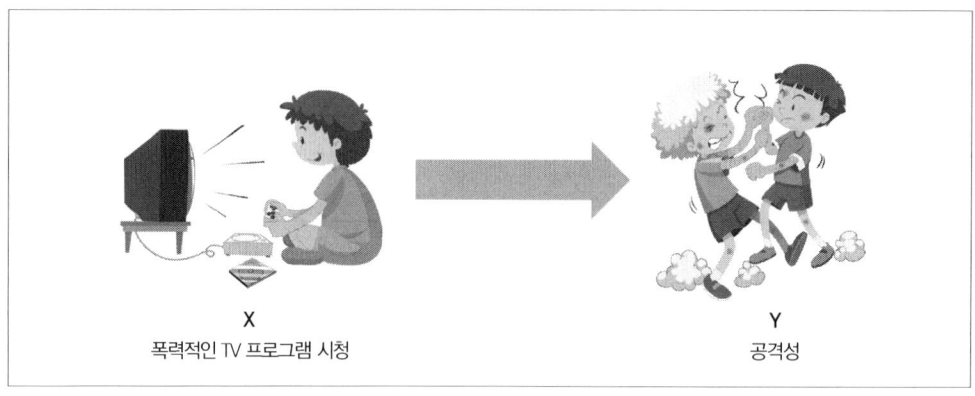

둘째, 선천적으로 공격성이라는 기질을 높은 수준으로 가진 아동들은 폭력적인 TV 프로그램을 선호하고, 이를 자주 시청할 것이다(〈그림 8〉 참조).

〈그림 8〉 X와 Y 간의 상관이 발생하는 원인(2)

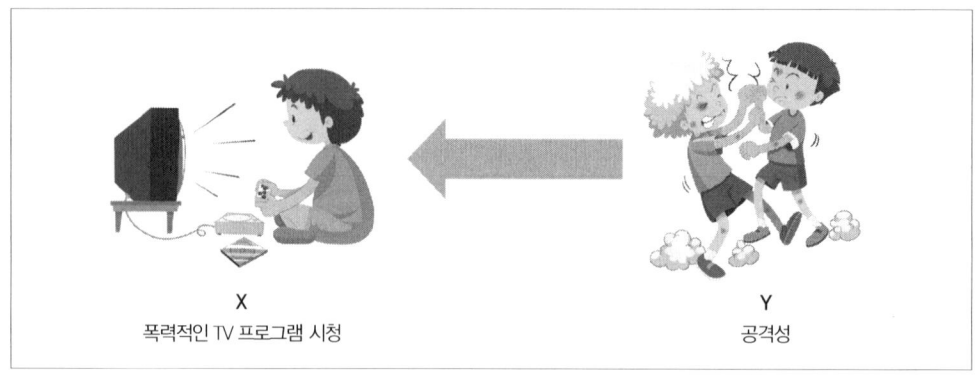

이러한 현상은 성격심리학의 관점에서 설명 가능하다. 성격은 환경에 대하여 특정한 행동 형태를 보이고, 다양한 장면에서 특정한 행동을 일관되게 유지하는 성향을 의미한다. 더 나아가 기질(trait)은 사람의 타고난 성질이나 특징을 의미하며, 행동이나 성격에서 명확하게 나타나는 부분을 의미한다. 특히, 기질은 유전에 의해 결정되기 때문에 변화하기 어렵고, 환경과 노력에 의해서도 변화하는 데 오랜 시간이 요구된다.

위의 예제에서 공격적인 TV 시청과 아동의 공격성 간의 상관이 발생하는 원인은 공격성의 기질 수준이 높은 아동이 TV에서 방영되는 비폭력적인 내용보다는 폭력적인 내용을 선천적으로 더 선호하기 때문이다. 기질적으로 타고난 선호로 인하여 폭력적인 TV 프로그램을 보다 자주 시청하게 되는 것이다. 이러한 경우에는 공격성이라는 기질이 폭력적인 TV 프로그램의 시청에 영향을 미치게 된다. 첫 번째 경우와는 다르게 원인과 결과로 가정된 변인들이 역전하게 된다.

셋째, TV를 통한 공격적인 내용을 시청하는 것이 아동의 공격성을 증가시킨다(〈그림 9〉 참조). 두 사건 간의 관계가 발생하는 원인은 공격성이라는 기질과 폭력적인 TV 내용의 시청이라는 현상이 상호 작용하기 때문이다. 즉, 첫 번째와 두 번째 설명이 모두 통합된 경우이다. 공격성이라는 기질과 관찰학습이 이루어지는 폭력적인 내용의 TV 시청이 모두 원인과 결과로써 동시적으로 작용하는 것을 말한다.

〈그림 9〉 X와 Y 간의 상관이 발생하는 원인(3)

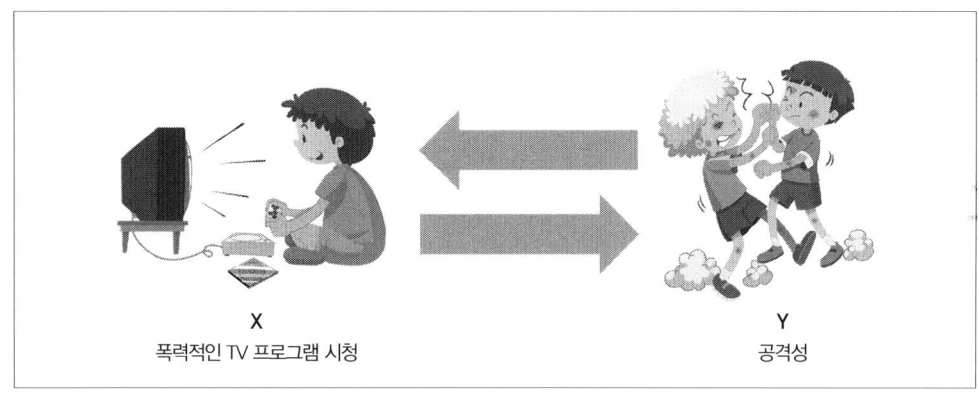

넷째, 폭력적인 내용의 TV 시청과 아동의 공격성이 부모의 감독의 부재로 인하여 발생한다고 가정한다(〈그림 10〉 참조).

즉, X로 가정되는 폭력적인 TV 프로그램의 시청과 Y로 가정되는 아동의 공격성이 제3의 변인인 부모의 감독 부재로 인하여 발생하게 되는 경우를 말한다. 부모의 부재로 인하여 아동들이 TV를 시청할 기회가 증가하고, 친구와 공격적인 행동을 보일 기회 역시 증가하게 된다. 또 부모의 감독 부재로 인하여 아동이 허용되지 않는 행동을 할 기회도 증가한다. 덧붙여서, 아동의 TV 시청이 과하거나 공격적인 행동을 보일 경우에도 이들에 대한 통제를 가하지 못하기 때문에, 두 사건이 모두 높아질 가능성이 발생한다.

상관이 발생하는 원인은 앞에서 살펴본 것과 같이 네 가지의 경우가 존재한다. 네 가지 경우에서 사건 간의 인과관계를 보여주는 것은 첫 번째 경우뿐이다. 즉, 상관이 발생한 경우에 인과관계를 확인하기 위해서는 나머지 세 개의 가능성은 배제해야만 한다. 인과관계를 가정하는 첫 번째 경우를 제외한 나머지 세 개의 가능성을 배제하기 위해서는 앞에서 살

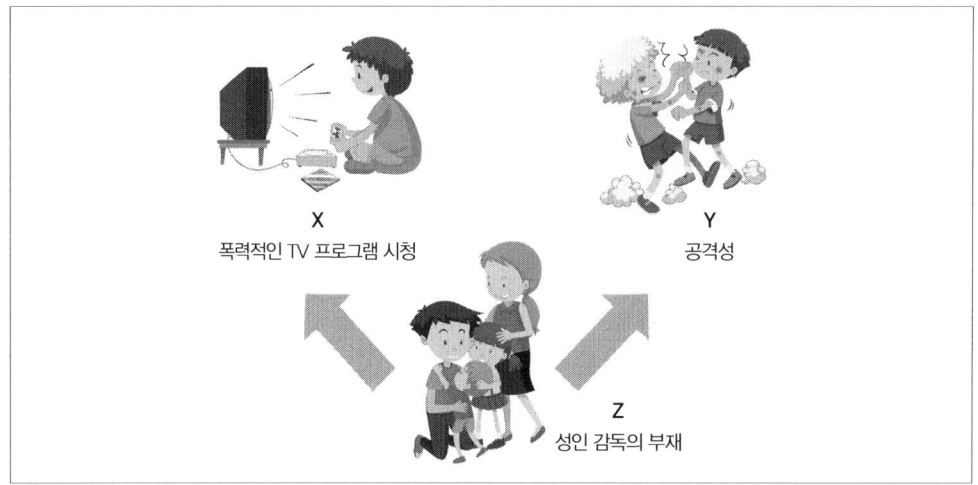

〈그림 10〉 X와 Y에 동시에 영향을 미치는 제3변수의 존재

펴본 두 개의 조건을 활용하는 것이 필요하다. 원인이 결과보다 시간상으로 선행한다는 원칙을 적용하게 되면 두 번째와 세 번째 가능성을 배제하게 된다. 나머지 네 번째 가능성은 원인과 결과에 동시에 영향을 미치는 제3의 변인을 통제하는 것이 필요하다. 즉, 제3의 변인을 통제함으로써 네 번째 가능성을 배제하고 변인 간의 상관을 해석할 수 있는 것은 첫 번째 가능성인 인과관계만이 남게 되는 것이다.

5. 통제

통제(control)라는 것은 원인과 결과에 동시에 영향을 미치는 제3의 변인의 효과를 배제하는 것이다. 구체적으로, 원인과 결과라고 가정되는 사건 간의 영향 관계가 둘 간의 순수한 것인지 아니면 제3의 변인에 의한 허위의 관계인지를 확인하는 절차가 필요하다. 물리과학에서 제3의 변인의 효과를 통제하는 것은 상대적으로 간단하지만, 인간을 대상으로 연구를 진행하는 사회과학에서는 불가능한 경우가 훨씬 많다. 앞에서 살펴본 폭력적인 TV 시청과 공격성 간의 관계에서 부모의 감독 부재 효과를 통제하는 것을 가정해 보자. 또 아동들이 생활하는 가정에서 부모의 감독 부재 효과를 통제하는 것이 가능한지에 대하여 살펴보자. 부모의 감독 부재 효과를 통제하기 위해 아동이 생활하는 가정에서 부모를 집에 기거하지 못하게 하는 것은 윤리적으로 불가능하다. 즉, 사회과학에서 제3의 변인을 통제하는 것은 윤리적으로 혹은 실제로 불가능한 경우가 존재한다.

그럼에도 불구하고, 제3의 변인을 통제하는 것은 해당 변인을 상수화시키는 것으로 가능하다. 사회과학 연구에서 활용되는 속성 혹은 사건의 구분은 변수와 상수로 구분될 수 있다. 변수로 표기되는 속성은 집단 구성원들이 속성에 대하여 다양한 수준의 값을 보이는 것을 의미한다. 이에 반해 상수로 표시되는 속성은 집단의 구성원들이 해당 속성에 대하여 동일한 값을 가지고 있음을 나타낸다. 즉, 제3의 변인에 해당하는 속성을 집단 구성원들이 모두 동일한 값을 가지도록 조정하게 되는 것이다. 예를 들어, 앞의 경우에서 부모의 감독 부재 효과를 통제하기 위해서는 부모의 감독 수준을 모든 아동들에게 동일한 수준으로 유지해야 한다.

제3의 변인을 통제하기 위해 변수를 상수로 만드는 것은 원인과 결과로 가정되는 사건 이외의 모든 조건을 동일하게 유지하는 것이다. 먼저, 실험설계를 활용함으로써 제3의 변인을 동일한 조건으로 만들 수 있다. 즉, 피험자 내 설계(within subject design)를 활용하여 동일한 피험자가 두 개의 조건에 노출됨으로써 원인에 해당하는 사건 이외의 모든 조건을 동일하게 유지한다. 둘째, 피험자간 설계(between subject design)에서 무선할당을 통해 원인에 해당하는 사건 이외의 모든 조건이 동일할 것임을 가정한다.

하지만 모든 연구에서 실험설계를 활용하여 제3의 변인을 상수화시키는 것이 가능하지는 않다. 이러한 경우에는 제3변인의 효과를 통계적으로 제거한다. 통계모형인 공분산분석이나 위계적 회귀분석을 사용함으로써 제3의 변인의 효과를 우선으로 제거하고 원인과 결과 간의 관계가 진관계임을 확인한다.

이후의 장에서는 사건 간의 인과관계를 가정하는 데 필요한 제3의 변인의 통제를 설명하도록 하겠다. 제2장에서는 실험설계에 기초한 인과관계의 추정을, 제3장에서는 통계모형에 기초한 인과관계의 추정을, 제6장에서는 경향점수를 활용한 인과관계의 추정에 대하여 설명하도록 하겠다.

CHAPTER 02 실험 설계에 기초한 인과성 추정

1. 사회과학 양적 연구의 유형

사회과학(social science)이란 인간 사회와 인간의 행동, 상호작용 등에 대하여 과학적 방법론을 사용해 체계적으로 연구하는 학문 분야를 말한다. 사회과학 연구는 인간 사회를 설명하기 위하여 크게 세 가지의 목표를 갖는다.

- 기술(description) : 복잡한 현실을 체계적이고 일관된 관점에서 재구성하여 나타냄
- 설명(explanation) : 어떤 현상 간의 관계를 밝히기 위함
- 예측(prediction) : 이론이나 법칙에 기초하여 미래에 일어날 일을 미리 추측해 보는 것

2. 조사 연구(Survey research)

조사 연구란 사람들의 생각, 의견, 그리고 감정을 평가 혹은 측정하기 위해 사용되는 연구설계 방법의 한 종류이다. 표본을 선택하고 한 세트의 미리 정해진 질문들을 물어보는 것으로, 설문조사가 가장 대표적인 예이다. 조사 연구는 주로 표본들을 대상으로 조사한 변수 간의 관계를 통해 사회현상을 설명하는 것을 목적으로 삼는다.

1) 횡단 조사와 종단 조사

조사 연구는 자료의 조사 시점에 따라 횡단 조사와 종단 조사로 나눌 수 있다.

□ **횡단 설계**(cross-sectional design)

횡단 조사는 한 번에 하나 이상의 표본을 전집에서 표집하는 조사 연구를 가리킨다. 예를 들어 SNS 유료 구독 서비스를 이용하는 것에 대한 남, 여 대학생의 의견을 알아보기 위해 횡단 조사를 실시하였다. 이때 시간상 한 시점에 있는 하나의 모집단에서 나온 표본(횡단면, Cross-section)을 조사하기 때문에 횡단 연구라고 표현한다. 단일 집단을 대상으로 하는 경우에는 특정 집단을 중심으로 변수 간의 관계를 설명하거나, 두 개 이상의 집단을 표집할 때에는 집단 간 차이를 기술하게 된다.

예를 들어, A 대학교에 재학 중인 500여 명의 참여자들을 모집하고 SNS 유료 구독 서비스에 대한 몇몇 질문(SNS 유료 구독 서비스의 가격의 적절성, SNS 유료 구독 서비스에 대한 만족도 등)의 응답을 5점 리커트 척도(1=전혀 동의하지 않는다, 5=매우 동의한다)로 측정했다. 이러한 횡단 조사 결과는 SNS 유료 구독 서비스에 대한 몇 가지 잠재적인 논의를 가질 수 있다. 예를 들어, 인문계열 학생들보다 이공계열 학생들이 SNS 유료 구독 서비스 가격의 적절성을 더 높게 평가한다거나, 남성보다 여성이 SNS 유료 구독 서비스에 대한 만족도가 높을 수도 있다는 점 등 다양한 논의들을 제시할 수 있다.

횡단 설계에서는 표집된 자료가 모집단을 전부 대표하지 못한다는 한계점을 항상 고려해야 한다. 앞선 예시에서도 모집단을 A 대학교 전체 재학생으로 하더라도 500여 명의 학생들이 A 대학교에 재학 중인 전체 대학생을 완벽하게 대표한다고 할 수 없으며, 500여 명의 자료가 서울 소재의 대학교의 학생 전체를 대표하는 것은 더욱 불가능하다. 이를 위해 횡단 조사 설계의 경우에는 연구자가 관심 있는 모집단과 밀접하고 잘 정의된 표집틀로부터 표본이 무선으로 선택되었는지를 항상 유심히 생각해야 한다.

횡단 설계는 조사 연구의 목적이 모집단의 특징에 대해 기술(description)적이고 설명적인 연구일 때 적절하다. 반면에 인과관계를 검증하기 위한 목적에는 적절한 연구 설계라 할 수 없다.

□ **종단 설계**(longitudinal design)

종단 설계는 횡단 설계와 달리 시간의 흐름에 따른 변화를 측정하기 위해 여러 시점에서 조사하는 연구 설계를 가리킨다. 조사 연구는 크게 세 가지 종류로 나누어진다.

- **추세 연구(trend study)와 연속 독립 표본 설계**

전체 집단의 경향을 시간에 따라 분석하며, 대신 조사 대상자는 시점마다 다를 수 있는 종단 설계의 한 종류이다. 예를 들어, 10년 동안 매년 국민 여론조사를 통해 국민들의 정치적 성향의 변화를 분석할 때 2000년, 2010년, 2020년에 각기 다른 사람들을 포함하여 조사할 수 있다.

이처럼 각기 다른 표본을 대상으로 일정 시간 동안 반복적으로 조사하는 연구 설계를 연속 독립 표본 설계라 한다. 연속 독립 표본 조사는 일련의 횡단 조사가 일정 시간 동안 연속적으로 수행된다고 이해할 수 있다. 동일한 하나의 모집단을 대표하는 여러 표본이 시간상 각 시점에서 조사를 완료하기 때문에 각 표본은 서로 독립적이라고 볼 수 있다. 연속 독립 표본 조사에서는 두 가지 핵심을 지켜야 한다. 먼저 각 표본의 응답자들에게 똑같은 세트의 질문지를 통해 조사해야 한다. 다음으로 각 표본은 동일한 모집단, 즉 하나의 모집단을 대표해야 한다. 이러한 연속 독립 표본 조사는 시간이 지남에 따라 한 모집단의 태도나 행동의 변화를 기술하고자 하는 연구 설계에 적합하다.

예를 들어, 정부에서 10년 전부터 현재까지 한 지역의 거주자들을 대상으로 1년에 한 번 10,000명에게 '내가 사는 거주지 혹은 동네가 각종 범죄로부터 얼마나 안전하다고 생각하는지'를 조사하여 다음과 같은 조사 결과가 나왔다고 가정해 보자. 조사 결과에 따르면 10년 전에는 강도 및 절도 범죄로 인한 불안감이 크고, 사기 범죄로 인한 불안감이 적었다. 하지만 가장 최근의 조사 결과, 사기 범죄로 인한 불안감이 가장 크고 강도 및 절도 범죄로 인한 불안감이 적었다. 이를 통해 거주민들이 어떤 범죄로 인해 불안감을 느끼는지에 대한 변화를 알 수 있다. 즉, 연속 독립 표본 설계는 동일한 모집단을 대표하는 표본들의 특징을 확인함으로써 시간에 따른 모집단의 특징 분포에 대한 변화를 기술하게 해준다.

연속 독립 표본 설계도 횡단 설계와 마찬가지로 인과관계를 규명하기 위한 목적에는 적절한 연구 설계라 할 수 없다. 모집단의 변화를 기술할 뿐 변화의 원인을 설명하기는 어렵기 때문이다. 앞선 예시에서 '시간이 지날수록 지역 거주민들이 강도 및 절도로 인한 불안감이 감소하고, 사기 범죄로 인한 두려움이 상승했는지' 그 변화의 원인을 설명하기는 어렵다. 다음으로 연속 표본이 동일한 모집단을 대표하지 않을 때 연속 독립 표본의 한계가 발생할 수 있다. 만약 해당 지역의 재개발로 인해 기존 인구의 이동 및 다른 지역에서의 인구 유입이 있었다고 상상해 보자. 이 경우 10년 전의 지역 거주민을 대표하는 표본과 현재 지역 거주민을 대표하는 표본 간에 각종 범죄로 인한 불안감을 비교하는 것은 의미가 없을 것이다. 이러한 경우가 비교 불가능한(noncomparable) 연속 표본의 문제를 보여준다. 이러한 문제를 해결하기 위해 발달된 통계적 방법들이 제안되고 있지만, 가장 좋은 해결책은 '동일

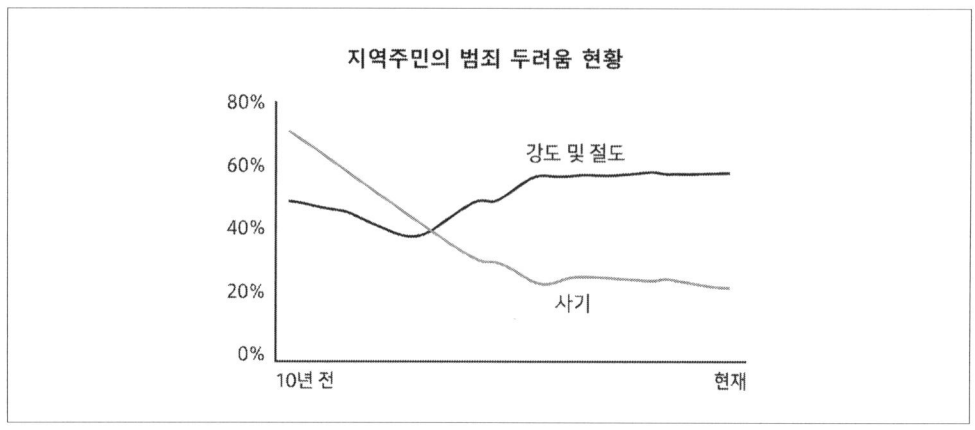

〈그림 11〉 시간에 따른 지역주민의 범죄 두려움 변화 추세

한' 모집단을 대표하는 연속 표본을 고르는 것이 중요하다.

- **코호트 연구(cohort study)**

코호트 연구는 시점마다 다른 표본을 추출하는 추세 연구와는 달리, 특정한 코호트를 반복적으로 측정하는 연구 설계를 말한다. 코호트란 동일한 출생연도 등과 같이 특정한 특성을 공유하는 집단을 의미한다. 코호트 연구는 조사 시점마다 동일한 표본을 유지하거나, 혹은 동일한 코호트 특성을 가진 새로운 표본으로 대체하는 것 또한 가능하다. 베이비붐 세대의 경제 수준을 10년 주기로 조사하는 것이 코호트 연구의 대표적인 예이다.

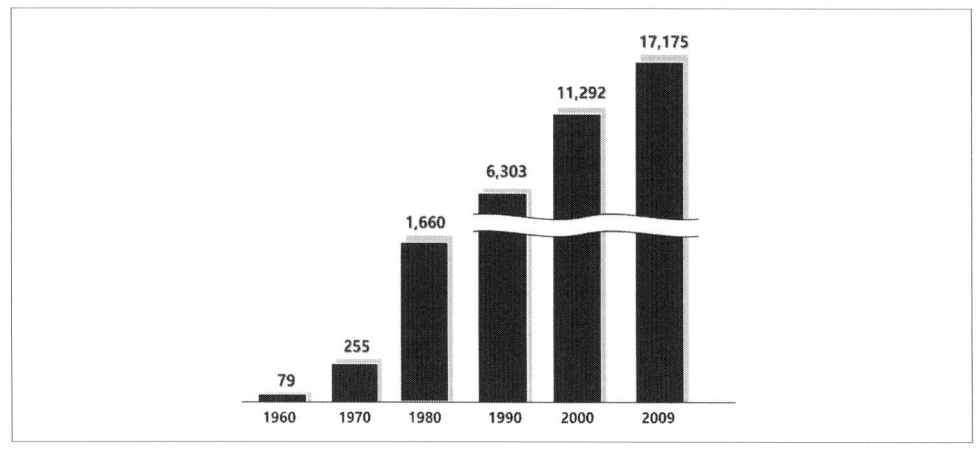

〈그림 12〉 베이비붐 세대의 1인당 국민소득 변화

- **패널 연구(panel study)**

패널 연구는 같은 표본의 응답자들을 여러 번 반복적으로 조사하는 연구 설계를 가리킨다. 같은 표본을 대상으로 반복적으로 측정하였기 때문에, 개인 응답자들의 시간의 흐름에 따른 변화의 방향성과 크기를 추정할 수 있다는 장점이 있다. 따라서 개인의 태도나 행동의 변화에 대한 원인을 추정하는데 상대적으로 쉽다. 이러한 종단 설계는 조사자가 자연적으로 발생하는 사건의 효과를 검증하는 것을 목적으로 할 때 가장 적절한 조사 설계라 할 수 있다.

국내 패널 연구의 대표적인 예시는 한국청소년정책연구원에서 실시하는 한국아동·청소년패널조사 2018(KCYPS 2018)이 있다. 2018년 기준, 초 4와 중 1 패널을 각각 2,500명씩 표집하여 아동·청소년기의 성장과 발달에 관한 복합적인 변화 양상을 체계적이고 다면적으로 살펴보기 위한 목적으로 매년 실시하고 있다.

〈그림 13〉 아동·청소년 패널 조사 연구 설계

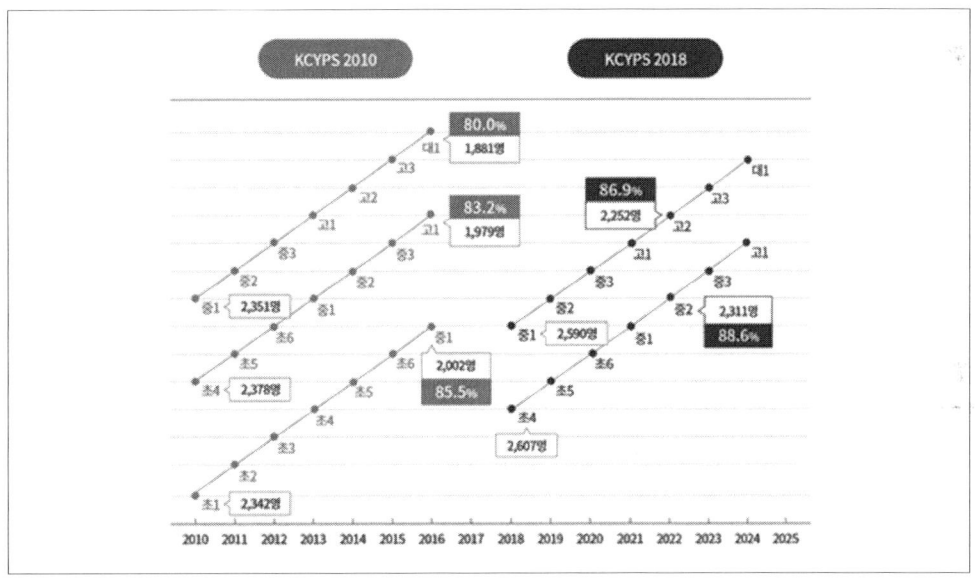

종단 설계는 인과관계를 검증하기에 가장 적절한 연구 설계이지만, 몇 가지 제한점이 있다. 첫째, 시간의 흐름에 따른 개인들의 변화에 대한 원인을 정확하게 집어내는 것이 어렵다. 이것은 인과관계에 대한 내적 타당도가 낮은 것을 의미한다. 인과관계에 대한 타당한 해석이 이루어지기 위해서는 독립변수 외에 종속변수에 영향을 미칠 수 있는 제3의 변수들이 모두 통제되어야 하는데, 종단 설계에서는 가능한 제3변수를 연구 설계상으로 통제하는

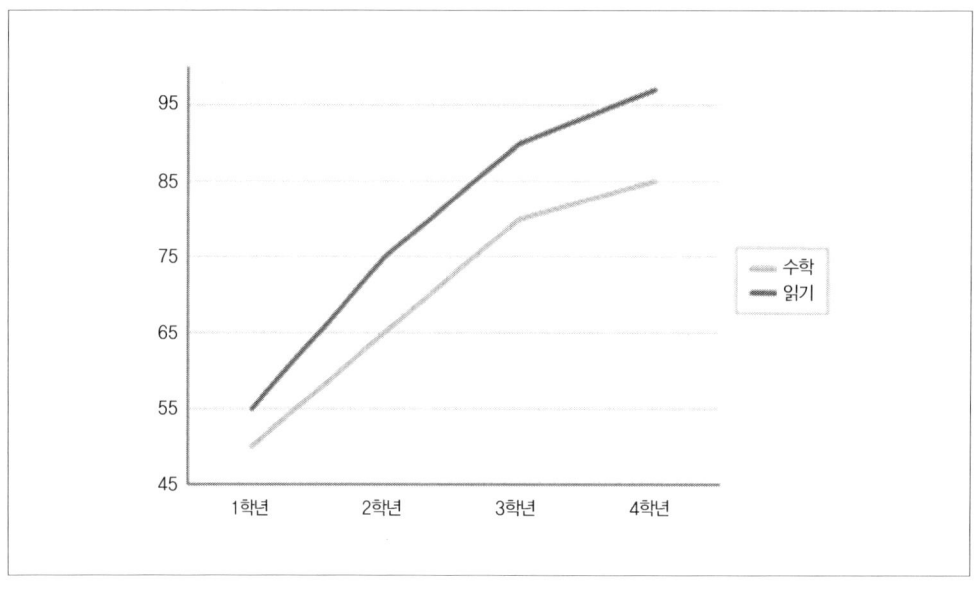

〈그림 14〉 학년별 수학과 읽기 과목의 점수 변화

것이 불가능하기 때문이다. 둘째, 장기간 진행되는 연구 동안 응답자 표본을 확보하는 것이 어렵다. 표본 중 일부가 시간이 지남에 따라 탈락(drop-out, attrition)하는 문제가 발생하기 때문이다. 예를 들어, 노인을 대상으로 하는 종단 연구에서 개인적으로 참여 중단을 밝히는 표본 외에도 사망과 같은 불가피한 탈락 문제가 발생하기도 한다. 탈락률이 높아지면 최초의 표본과 최종 표본 간에 유사성이 낮아져 전집의 대표성에 문제가 발생할 가능성이 높다. 이러한 이유 때문에 종단 연구의 결과를 유의깊게 해석할 필요가 있다. 예를 들어, 노후 과정에 따른 건강 수준에 관한 종단 연구에서 시간의 흐름에 따라 노인들의 건강 수준이 증가했다는 연구 결과를 가정해 보자. 연구 결과를 있는 그대로 노인들이 시간의 흐름에 따라 건강해진다는 것으로 해석하는 것이 적절할까? 그렇지 않다. 건강하지 않은 노인들은 사망하여 표본에서 탈락하고, 건강한 노인들만이 표본으로 남았을 가능성이 있기 때문에 이 점에 유의하여 연구 결과를 해석해야 한다.

□ 조사 연구의 제한점 – 제3변수의 통제

조사 연구는 주로 수집된 자료에 대하여 통계적 분석을 실시해 변수 간의 관계를 검증하는 '상관' 연구에 해당한다. 따라서 조사 연구만으로는 타당한 인과관계를 규명하는 것이 현실적으로 어렵다. 1장에서 언급한 바와 같이 인과관계가 존재하기 위해서는 세 가지 조건이 요구된다: ① 두 변수 간에 상관관계가 존재할 것 ② 영향을 주는 변수(독립변수)가 영향을 받는 변수(종속변수)보다 시간적으로 선행할 것 ③ 제3변수가 두 개의 변수에 영향을 주지 않을 것. 횡단 연구에서는 인과관계의 세 가지 조건 중 두 번째 조건이 충족되지 못한다. 한 시점에서만 연구가 이루어지기 때문이다. 따라서 엄밀히 말해 횡단 연구를 통해 연구자들은 두 변수 간의 상관관계에 대해서만 검증할 수 있다.

종단 설계 중 패널 연구의 경우에는 시간적으로 선행하는 두 번째 조건이 해결될 수 있다. 그러나 여전히 패널 연구도 인과관계로 해석하기에는 주의가 필요하다. 2개의 변인이 관련될 때 변수에 대한 예언을 할 수는 있지만, 단지 상관관계만으로 인과관계를 규명하는 것에는 한계가 있다. 인과관계의 세 가지 조건 중 마지막 조건인 '제3변수의 효과'가 통제되지 않기 때문이다. 제3변수의 효과가 통제되지 않는다면 우리가 보고있는 결과는 허위관계(spurious relation)일 수 있다는 점을 유의해야 한다. 따라서 종단 연구에서 검증된 인과관계는 행동의 '잠재적' 원인을 규명했다고 보는 것이 더 적절하다.

3. 실험 연구 설계(Experimental research design)

사회과학연구에서 인과관계를 규명하기 위한 가장 적절한 방법은 실험 연구이다. 조사 연구의 가장 큰 제한점인 제3변수의 효과가 통제되기 때문이다. 실험 연구는 제3변수를 통제하기 위하여 다음과 같은 절차로 진행한다.

① 연구 대상을 무선 표집한 다음 실험 집단과 통제 집단에 무선 할당한다.
② 실험 집단에는 처치를 가하고, 통제 집단에는 처치를 가하지 않거나 대안적 처치를 한다.
③ 처치가 끝난 후 실험 집단과 통제 집단에서 자료를 수집하여 처치 효과가 있는지 분석한다.

이 절차에서 가장 중요한 특징으로는 다음 다섯 가지를 뽑을 수 있다.

- 무선 표집(random sampling) : 모집단 구성원 각자가 표본에 선정될 확률이 같도록 표집하는 방법
- 무선 할당(random assignment) : 특정 개인이 실험 집단이나 통제 집단에 배치될 확률이 동일하도록 배치하는 방식

- 독립변수의 조작(manipulate) : 독립변수의 종류 혹은 강도를 인위적으로 변화시키는 것
- 제3변수의 통제 : 제3변수가 종속변수에 영향을 미치지 않도록 상수화(const)하는 것
- 집단 비교 : 실험 집단과 통제 집단을 비교하는 것

무선 표집과 무선 할당이 적절히 되었다면 표본 내에서 실험 집단과 통제 집단 간에 개인차가 비교적 고르게 분포됨으로써 실험 집단과 통제 집단 간에 동등성이 확보되었다고 가정한다. 이 상태에서 가능한 제3변수를 통제하고, 독립변수를 조작한다면 집단 간 종속변수의 차이는 독립변수의 수준에 따른 차이라고 주장할 수 있게 된다. 독립변수의 수준에 따른 종속변수의 차이가 나타나는 것을 처치 효과(treatment effect)라고도 한다.

실험 연구는 독립변수의 조작 방식에 따라 피험자 간 설계와 피험자 내 설계로 나누어진다.

〈그림 15〉 피험자 간 설계와 피험자 내 설계

피험자 간 설계		vs.	피험자 내 설계	
독립변인			독립변인	
수준1	수준2		수준1	수준2
피험자1	피험자5		피험자1	피험자1
피험자2	피험자6		피험자2	피험자2
피험자3	피험자7		피험자3	피험자3
피험자4	피험자8		피험자4	피험자4

1) 피험자 간 설계

피험자간 설계(Between subjects design)는 독립변인의 한 수준에만 노출시키는 실험 설계이다. 독립변인의 수준에 따라 집단을 구성하고 각 집단의 피험자들은 집단별로 설계된 독립변인의 수준을 각각 경험하는 것을 의미한다. 예를 들어, 교수법에 따른 수학 성적의 차이를 확인한다고 생각해 보자. 독립변인은 교수법으로서 자습, A 교수법 그리고 B 교수법이라는 세 가지 수준이 있다. 150명의 학생을 대상으로 50명은 자습을, 50명은 A 교수법을, 나머지 50명은 B 교수법을 통해 수업을 진행하고 각 집단 간 성적 차이를 확인하도록 하는

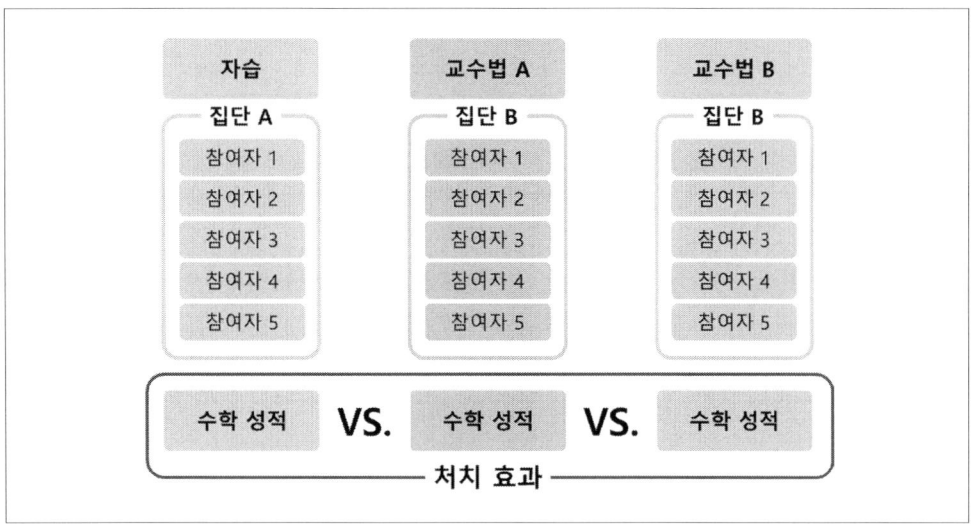

〈그림 16〉 피험자 간 설계 예시

연구 설계가 피험자 간 설계이다. 이때 집단, 즉 교수법에 따라 수학 성적의 평균 점수가 다르다면 이 차이는 교수법에 의한 것으로 해석할 수 있을 것이다.

피험자간 설계는 다음과 같은 장점을 가진다. 첫째, 피험자들이 독립변인의 한 수준에만 노출되기 때문에 각 피험자 집단이 독립적이다. 예시에서 피험자들은 집단별로 설계된 한 가지 교수법에만 노출된다는 점이 이에 해당한다. 둘째, 집단 별로 한 가지 조건에만 참여하기 때문에 실험 진행이 비교적 단순하고 명확하기 때문에 피험자가 느끼는 피로감이 적으며 집중력이 저하되는 것을 방지할 수 있다. 셋째, 피험자 내 설계와는 다르게 한 회기만을 통해 자료 수집을 마무리할 수 있고, 한 실험 회기 동안 한 수준에서 보다 많은 자료를 수집할 수 있다는 점에서 효율적이라고 할 수 있다.

하지만 피험자 간 설계는 다음과 같은 한계점을 가진다. 첫째, 독립변인의 수준에 따라 할당된 각 집단(차원)이 동등하지 않을 수 있다는 한계가 존재한다. 이는 예시에서 세 집단 간의 개인차(연령, IQ, 선행학습 정도 등)로 인해 실험 결과가 달라질 수 있음을 의미한다. 둘째, 이상적인 피험자 간 설계를 위해서는 조건 별로 새로운 피험자 집단을 구성하고 집단 간 피험자의 수가 동등해야 하기 때문에 많은 피험자 수가 필요하다. 이는 실험 설계 과정에서 피험자 모집과 관련된 비용, 자원 부담이 커질 수 있다.

피험자 간 설계의 가장 큰 한계점은 독립변인의 수준별로 동등한 집단을 보장하기가 어렵다는 점에 있다. 이러한 한계점을 보완하는 방법으로는 짝진 집단 설계(matched-groups design)와 무선화(Randomization)가 있다. 짝진 집단 설계는 사전에 피험자들의 기저선

<표 3> 피험자 간 설계의 장·단점

피험자 간 설계	
장점	단점
• 조건 간 전이효과가 없다	• 집단 간 차이가 존재한다
• 역균형화가 필요없다	• 집단별 할당을 위해 많은 수의 피험자가 필요하다
• 짝진 집단 설계를 통해 집단 간 변산을 줄일 수 있다	• 한 회기의 실험 시간이 비교적 길다
• 무선화를 통해 편향을 줄일 수 있다	• 짝진 집단 설계에 의한 시간과 자원이 소모되며, 이 과정에서의 전이효과가 없다고 가정한다

(baseline)을 파악하고, 이에 근거하여 집단을 구성하는 방식을 의미한다. 예시에서 집단을 구분하기 전에 150명 모두에게 수학 시험을 실시하고 수학 성적이 비슷한 50개의 짝을 구성하여 각각 다른 집단에 배치하는 것에 해당한다. 짝진 집단 설계보다 대중적으로 사용되는 방법으로서 무선화는 피험자가 특정 집단에 할당될 기회를 동일하게 만드는 것을 의미한다. 150명의 피험자들을 난수표 혹은 주사위를 굴린 결과를 활용하여 짝수 집단과 홀수 집단에 할당했을 경우 이는 무선화를 통한 집단 설계라고 볼 수 있다. 무선화는 피험자들의 모든 특성을 무시하고 각 조건에 할당했기 때문에 각 집단이 동등할 것으로 기대할 수 있다.

2) 피험자 내 설계

피험자 내 설계(Within subjects design)는 피험자를 독립변인의 모든 수준에 노출시키는 실험 설계이다. 앞선 예시에서 교수법에 따른 수학 성적의 효과를 피험자 내 설계로 검증한다고 가정하면, 150명의 피험자를 대상으로 새로운 교수법 이전 수학 성적을 측정하고, 새로운 교수법을 실시한 이후 수학 성적을 측정하여 두 시점에서의 수학 성적을 비교할 수 있다. 이때 비교 집단은 처치 전-후로, 피험자 간 설계와 달리 비교가 되는 두 집단이 사실 같은 표본으로 구성되어 있기 때문에 개인차를 통제할 수 있다는 장점이 있다. 같은 표본을 대상으로 연구를 실시하여 개인차가 통제된 상황에서 사전과 사후 점수 간에 유의한 차이가 있다면, 이것은 새로운 교수법으로 인한 효과라고 해석할 수 있을 것이다.

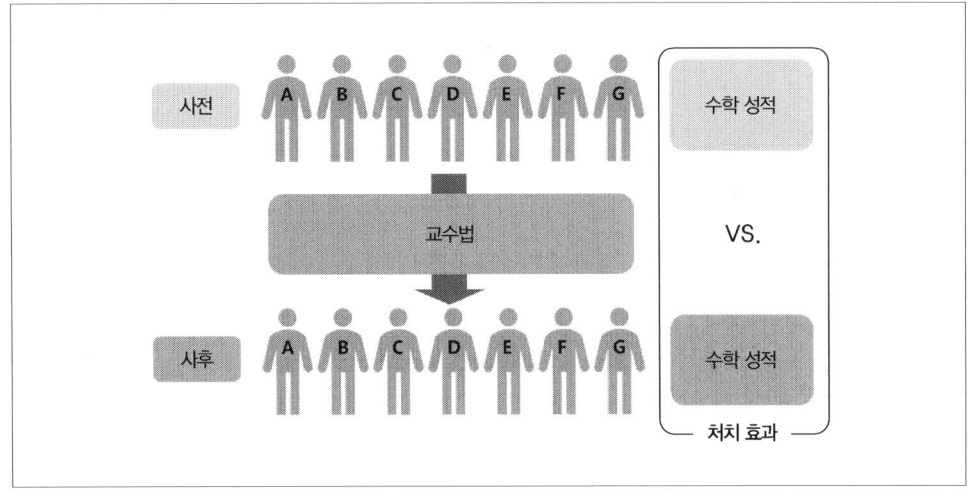

〈그림 17〉 피험자 내 설계 예시

피험자 내 설계는 다음과 같은 장점을 가진다. 첫째, 피험자 내 설계는 피험자 간 설계보다 더 적은 참여자를 필요로 한다. 이에 관하여 피험자 내 설계는 실험 대상이 전과자, 희귀한 병을 앓고 있는 사람, 일란성 쌍둥이 등과 같이 연구 대상자가 특별하고 소수만 존재하는 경우에 이상적이라고 할 수 있다. 둘째, 피험자 내 설계는 피험자 간 설계에 비해 일반적으로 민감하다는 것이다. 이는 피험자가 모든 독립변인의 수준에 노출되기 때문에 개인차로 인해 발생하는 효과를 통제할 수 있다는 점에서 비롯된다. 즉, 실험에서의 민감성이 높다는 것은 개인차로 인해 발생하는 효과를 통제함으로써 독립변인에 의한 효과가 적을 때에도 그 효과가 잘 확인될 수 있음을 의미한다. 셋째, 시간에 따라 참여자의 행동 및 태도 변화를 확인하는 것을 목표로 하는 실험 연구와 같은 특정 분야에서는 피험자 내 설계가 필요하다.

피험자 내 설계의 가장 큰 한계점은 바로 연습효과와 차별적 이월효과에 의해 실험 결과

〈표 4〉 피험자 내 설계의 장·단점

피험자 내 설계	
장점	단점
• 실험에 필요한 피험자의 수가 적다 • 실험 시간이 짧다 • 개인차를 통제할 수 있다	• 이월효과가 발생할 수 있다 • 순서효과가 발생할 수 있다

의 내적타당도가 위협받을 수도 있다는 점이다. 연습효과는 학습효과라고도 불리며, 동일한 개인이 독립변인의 모든 수준에 노출되는 과정에서 조건에 익숙해져 조건별 과업에 더욱 숙련되거나, 과업에 대한 흥미 저하와 피로감 증가와 같은 상황을 야기할 수 있다.

차별적 이월효과는 연습효과보다 심각한 한계점으로 지적된다. 예를 들어, A 교수법과 B 교수법 중 어떤 교수법을 먼저 경험하는 가에 따라 실험 결과가 달라지는 상황이 이에 해당한다. 이는 앞선 처치(교수법)가 뒤에 실시되는 처치에 영향을 줄 수 있음을 의미한다.

CHAPTER 03 통계 모형에 기초한 인과 추정

1. 관찰 자료를 활용한 인과 추정의 한계

1) 실험 설계의 한계

많은 연구자는 실험을 통해 변수 간의 인과관계를 추정하고자 한다. 인과관계를 추정하기 위해서는 실험참여자들에 대해 독립변수의 수준을 조작(manipulate)할 것이 요구된다. 그러나 다양한 연구 상황에서 여러 이유로 독립변수의 조작이 불가능한 요인들이 존재한다. 주로 인간의 안정적이고 잘 변하지 않는 특성들이 여기에 해당할 수 있겠다. 성별, 유전적 기질 등과 같은 생물학적 요인뿐만 아니라 성격 특성, 기질을 포함한 심리적 요인들이 이에 해당한다. 예를 들어, 지능과 학업 성취의 인과관계를 검증하는 실험을 설계할 때 연구자는 임의로 실험참여자의 지능 수준을 무선 할당할 수 없다.

독립변수의 수준을 조작하는 것이 가능하더라도 윤리적인 문제에 부딪히는 경우들 또한 존재한다. 연구 대상자에게 부정적인 영향을 미치거나 심리적·신체적 위험을 초래할 가능성이 있는 경우에는 실험을 진행해서는 안 되기 때문이다. 예를 들어, 폭력적인 영상 시청이 아동의 폭력성에 미치는 영향을 검증하기 위한 실험을 설계할 때 특정 아동에게는 폭력적인 영상을 시청하도록 조작해야 하지만, 이는 아동에게 정신적·심리적 스트레스를 유발하거나 부정적인 영향을 초래할 가능성이 있기 때문이다. 이 외에도 피험자에게 고의적으로 스트레스를 유발하거나 트라우마를 재현하는 등 심리적 위험을 초래하는 경우, 또는 약물 투여와 신체적 고통을 유발하는 등 건강과 안전에 대한 위험을 초래하는 경우가 있을 수 있다.

2) 생명체 대상 실험에서의 연구 윤리

실험을 설계할 때 가장 중요하게 요구되는 부분 중 하나는 바로 연구 대상에 관한 연구 윤리이다. 연구 윤리의 준수 여부는 연구 내용의 질적 수준과 직결되는 중요한 문제로, 연구자는 연구를 설계하는 과정부터 연구 윤리를 최우선시해야 한다. 생명체 대상 실험에서 연구 윤리란 무엇이며, 과학자는 왜 윤리적 의무를 지켜야 할까?

연구 윤리란 연구를 수행하는 전 과정에서 연구자가 지켜야 할 윤리이다. 연구의 시작부터 끝까지, 전체 과정에서 연구자가 자신의 연구 내용을 정확하게 이행하며 진실성을 유지하는 것과 관련된다. 위조, 변조, 표절 등과 같이 연구에서 진실하지 못한 행위들은 곧 연구 부정행위로 간주된다. 교육부 훈령「연구윤리 확보를 위한 지침」제3장 제12조에서는 다음과 같은 행위들을 연구 부정행위로 간주하고 있다.

〈표 5〉 연구 윤리 확보를 위한 지침

「연구 윤리 확보를 위한 지침」
제3장 연구부정행위 **제12조(연구부정행위의 범위)** ① 연구부정행위는 연구개발 과제의 제안, 수행, 결과 보고 및 발표 등에서 이루어진 다음 각 호를 말한다. 1. "위조"는 존재하지 않는 연구 원자료 또는 연구자료, 연구결과 등을 허위로 만들거나 기록 또는 보고하는 행위 2. "변조"는 연구 재료·장비·과정 등을 인위적으로 조작하거나 연구 원자료 또는 연구자료를 임의로 변형·삭제함으로써 연구 내용 또는 결과를 왜곡하는 행위 3. "표절"은 다음 각 목과 같이 일반적 지식이 아닌 타인의 독창적인 아이디어 또는 창작물을 적절한 출처표시 없이 활용함으로써, 제3자에게 자신의 창작물인 것처럼 인식하게 하는 행위 　가. 타인의 연구내용 전부 또는 일부를 출처를 표시하지 않고 그대로 활용하는 경우 　나. 타인의 저작물의 단어·문장구조를 일부 변형하여 사용하면서 출처표시를 하지 않는 경우 　다. 타인의 독창적인 생각 등을 활용하면서 출처를 표시하지 않은 경우 　라. 타인의 저작물을 번역하여 활용하면서 출처를 표시하지 않은 경우 4. "부당한 저자 표시"는 다음 각 목과 같이 연구내용 또는 결과에 대하여 공헌 또는 기여를 한 사람에게 정당한 이유 없이 저자 자격을 부여하지 않거나, 공헌 또는 기여를 하지 않은 사람에게 감사의 표시 또는 예우 등을 이유로 저자 자격을 부여하는 행위 　가. 연구내용 또는 결과에 대한 공헌 또는 기여가 없음에도 저자 자격을 부여하는 경우 　나. 연구내용 또는 결과에 대한 공헌 또는 기여가 있음에도 저자 자격을 부여하지 않는 경우 　다. 지도학생의 학위논문을 학술지 등에 지도교수의 단독 명의로 게재·발표하는 경우 5. "부당한 중복게재"는 연구자가 자신의 이전 연구결과와 동일 또는 실질적으로 유사한 저작물을 출처표시 없이 게재한 후, 연구비를 수령하거나 별도의 연구업적으로 인정받는 경우 등 부당한 이익을 얻는 행위 6. "연구부정행위에 대한 조사 방해 행위"는 본인 또는 타인의 부정행위에 대한 조사를 고의로 방해하거나 제보자에게 위해를 가하는 행위

뿐만아니라, 연구 내용과 관련한 사회적 책무성 또한 연구 윤리의 한 부분이라 할 수 있다. 연구자는 자신의 연구 결과가 사회에 미칠 가능성을 지속적으로 성찰하면서 사회적 책무를 고려하는 노력을 해야만 한다. 종합하면, 연구 윤리란 연구를 수행하는 전 과정에서 부정행위를 하지 않고, 연구로 인해 사회에 부정적인 영향을 주지 않도록 노력하는 것이라 할 수 있겠다.

연구 윤리가 중요한 까닭은 크게 세 가지로 정리할 수 있다. 첫째, 연구 윤리는 곧 연구 내용의 신뢰와 직결된다. 연구 과정이 진실하게 이루어지지 못했다면, 연구의 질적 수준에 대하여 신뢰할 수 없을 것이다. 둘째, 연구 행위는 곧 사회적 행위로, 사회적 규범을 지켜야 한다. 사회적으로 악영향을 끼치는 연구는 연구의 목적이 좋은 것이라 하더라도 좋은 연구라 할 수 없다. 연구자는 자신의 연구가 학문에 대한 기여 외에도 연구가 사회에 미칠 영향에 대해서도 고려를 해야만 한다. 셋째, 사회과학 연구의 특성상 대부분 인간을 대상으로 연구가 진행된다. 연구 과정에서 인간을 위험에 빠뜨리거나 인간 사회에 문제를 일으켜서는 안 된다.

그렇다면 연구 과정에서 지켜야 할 연구 윤리는 어떤 것들이 있는가? 연구 과정에서 지켜야 할 윤리는 크게 연구 대상과 연구 단계에 관한 것으로 나눌 수 있다.

□ **연구 대상과 관련한 윤리**

사회과학연구 특성상 많은 연구가 인간을 대상으로 연구를 진행하게 되는데, 이때 연구 참여자들을 연구에 참여하는 것으로 인한 위험 또는 불이익으로부터 보호해야 한다. 연구 대상자를 보호하기 위한 첫 번째 사항은 바로 연구 대상자의 동의 문제이다.

인간을 대상으로 하는 연구에서 연구자는 모든 연구 참여자의 동의를 구해야만 한다. 만일 모든 연구 참여자가 아닌 연구 대상자가 속한 집단의 대표자에게만 간접적으로 동의를 구하는 경우 윤리적으로 문제가 될 수 있다. 연구 참여자에 따라 대상자에게 직접 동의를 구하지 않고 보호자에게 동의를 구하기도 하는데, 연구 대상자가 미성년자인 경우에 그러하다. 연구 대상자에게 동의를 구하는 과정에서 연구자는 자신의 신분을 정확하게 밝혀야 하며, 연구의 내용과 목적, 절차, 그로 인해 연구 대상자에게 미칠 영향 등을 상세하게 안내한 후 참여 동의에 관한 서명을 받아야 한다.

연구 대상자의 동의 문제의 중요성을 알리게 된 사례가 있다. 바로 1961년 진행된 예일대학교 심리학과 교수인 스탠리 밀그램(Stanley Milgram)의 '권위에 의한 복종'에 관한 실험이다. 밀그램은 '징벌에 의한 학습 효과'라는 이름의 실험에 참여할 20–50대 남성 40명을 신문 광고를 통해 모집하였다. 실험 참여자들에게는 4.5달러가 보상으로 지급될 예정이었

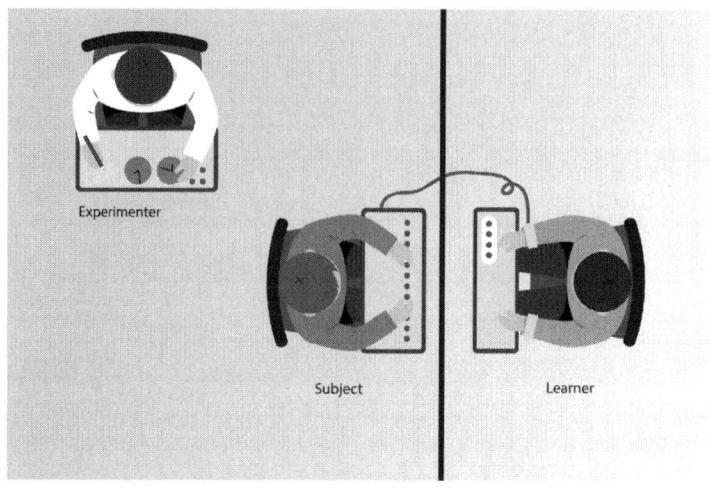

밀그램 실험

다. 피험자들은 곧 교사와 학생 역할로 나뉘어졌으며, 교사와 학생 역할의 피험자를 각각 1명씩 짝지어 실험을 진행하였다. 실험의 내용은 간단했다. 학생 역할을 맡은 피험자가 문제를 틀리면 교사 역할의 피험자가 학생 역할 피험자에게 전기 충격을 가하도록 하였는데, 전기 충격의 강도는 15V부터 시작해 15V씩 증가하여 최대 450V까지 도달하였다. 밀그램은 실험 시작 전에 피험자들이 450V까지는 전압을 올리지 않을 것으로 예상하였으나, 실험 결과는 그렇지 않았다. 65%의 피험자가 450V까지 전압을 올렸던 것이다. 밀그램은 실험 결과를 놓고 사람들이 비도덕적인 복종에 굴복하는 이유는 사회 압력이 주는 사회적 영향력에 있다고 주장하였다. 밀그램의 실험은 사회적 영향의 중요성을 시사하는 결과를 야기하였지만, 심리학 연구 윤리에 대해서도 경종을 울렸다. 실험에서 대부분의 사람들이 전기 충격의 강도를 올리는 과정에서 심리적 고통을 호소하였음에도 이들에게 계속할 것을 지시하였다. 결국 일부 피험자들은 실험 종료 이후에도 PTSD를 호소하였다. 밀그램의 실험 이후 심리학 연구 윤리에서 실험 참여자에게 연구 과정과 방법을 상세히 설명하는 것의 중요성이 강조되었다.

또 다른 주의사항으로는 연구 대상자의 사생활 등 개인 정보를 유출해서는 안 되며, 인권을 침해하는 방식으로 자료를 수집해서는 안 된다는 것이다. 연구 대상자를 드러내는 것이 부득이하게 필요하다면 반드시 가명을 사용하는 등 개인정보를 유출하지 않도록 노력해야 한다. 특히 연구 대상자가 범죄자, 소수자 등 개인정보 유출에서 더 취약한 집단이라면 이들의 인권을 보장하기 위한 각고의 노력을 기울여야 한다. 예로 1970년에 발간된 험프리(Laud Humphreys)의 '남자화장실 안에서의 거래: 공공장소에서의 비개인적 성행위(Tearoom

Trade: Impersonal Sex in Public Places)'의 연구를 들어보자. 험프리는 낯선 사람들이 공원 안 공중화장실에서 동성애 행위를 하는 것을 연구하기 위해 신분을 속인채 망보는 역할을 자처하였다. 더 나아가 그는 그들의 차량 번호를 적어두고, 이를 토대로 그들의 집 주소를 찾아내어 설문조사를 하는 척 그들의 개인정보를 수집하였다. 올바른 방법으로는 이들에 대한 자료를 수집하기 어렵다는 것이 이유였지만, 참가자의 동의 없이 신원을 추적하고 사생활을 침해했다는 점에서 논란이 되어 인권 침해에 대한 연구 윤리 기준이 강화되는 결과를 초래하였다.

마지막으로 모든 실험 과정에서 연구 대상자의 안전과 복지를 보장해야만 한다. 피험자의 건강 등에서 문제가 발생할 수 있는 경우, 사전에 이에 대한 대응책을 마련하고 비상 상황에 대처할 수 있도록 준비해야만 한다. 특히 정신질환자, 노약자, 우울증 환자 등처럼 취약 계층을 대상으로 하는 경우에는 더욱 철저히 대비해야 한다. 현대 연구 윤리 기준에서 연구 대상자의 복지와 안전 보장을 강조하는 계기가 된 것은 필립 짐바르도(Philip Zimbardo)의 '스탠포드 감옥 실험(Stanford Prison Experiment)'이었다. 그는 밀그램의 복종에 관한 실험에 대한 연장으로 인간의 권력 구조와 상황적 요인이 행동에 미치는 영향을 탐구하기 위한 실험을 계획하였다. 그는 24명의 남성들을 모집하고 무작위로 교도관과 수감자 역할을 부여하였다. 수감자 역할을 하게 된 피험자들은 체포 과정부터 교도소 입소 시 알몸 검사 등에 이르기까지 실제 죄수들과 동일한 경험을 하였다. 교도관 역할에게는 우연에 의해 교도관 역할을 부여받았음을 알리고, 교도관의 임무에 대하여 알려주었다. 교도소 생활이 시작된지 얼마 지나지 않아 수감자는 수동적으로 변하였으며, 교도관은 폭력적으로 변하기 시작하였다. 시간이 흐를수록 이러한 변화는 더욱 심화되었다. 수감자들은 초췌하고, 우울해

스탠포드 감옥실험

졌으며, 정신적으로 심각한 위기 상태에 이르렀다. 일부는 실험 중단을 원하였으나 무시되었다. 교도관들은 수감자들에게 성적 학대와 고문 등 가혹행위를 하였다. 결국 2주로 계획되었던 실험은 단 5일만에 종료되었다. 스탠포드 감옥 실험은 피험자들에게 실험이 어떻게 진행될지 충분히 설명하지 못한 채로 시작되었으며, 피험자들의 심리적 고통에 대하여 적절한 조치를 하지 않았다는 점에서 비판 받았다. 또한 윤리적으로 실험이 중단되었어야 했음에도 실험을 지속하였다. 결국 스탠포드 감옥 실험은 피험자의 복지와 안전 보장을 강조하는 윤리적 가이드라인의 중요성을 환기시키는 계기가 되었다.

앞서 논의된 비윤리적인 실험들은 결국 인간 연구에 대한 윤리강령이 마련되는 계기가 되었다. 미국 심리학회(American Psychological Association, APA)의 윤리강령(APA Ethical Principles of Psychologists and Code of Conduct)에서는 인간 연구 참여자와 관련해 다음과 같은 규정을 두고 있다.

〈표 6〉 미국 심리학회 윤리강령 중 인간 연구 참여자와 관련된 규정

1. 선의 및 비유해성(Beneficence and Nonmaleficence) : 연구는 참여자의 신체적, 심리적 안전을 보장하며, 최소한의 위험만 수반해야 합니다.
2. 정의(Justice) : 참여자에게 동등하게 연구의 혜택과 부담을 나눠야 합니다.
3. 자율성 존중(Respect for People's Rights and Dignity) : 연구 참여는 자발적이어야 하며, 동의 과정에서 충분한 정보를 제공해야 합니다.
4. 비밀 유지(Confidentiality) : 참여자의 개인정보와 결과는 철저히 비밀로 보호되어야 합니다.

〈그림 18〉 미국심리학회 윤리강령

출처: 미국심리학회; https://www.apa.org/ethics/code

2. 준실험 설계

1) 준실험 설계

앞서 설명한 것처럼 실험을 설계할 때 독립변수의 수준을 연구자가 임의로 조작하는 것이 현실적으로 불가능하거나, 윤리적으로 적절하지 않은 상황은 생각보다 빈번하게 발생한다. 이때 연구자들은 독립변수의 수준을 조작(manipulate)하는 것 대신 선택(select)하도록 실험을 설계해야 한다. 독립변수의 수준을 선택한다는 것은 기존에 형성된 집단의 개인들을 실험대상자로 체계적으로 선택하는 것을 의미한다. 이를 준실험 설계(quasi-experimental design) 또는 자연 집단 설계(natural group design)라 한다. 준실험 설계는 실험 설계와 마찬가지로 독립변수와 종속변수의 관계를 검증하지만, 독립변수의 수준을 연구자가 통제하거나 무선 할당할 수 없는 경우에 대안적인 실험 설계로 사용된다. 진정한 실험 설계라 할 수는 없지만, 독립변수와 종속변수의 관계를 탐구한다는 점에서 실험적 접근을 기반으로 하여 준실험 설계라는 이름으로 불린다.

준실험 설계에서는 기존에 존재하는 집단을 대상으로 자료를 수집하며, 이들의 집단에 따른 종속변수를 비교하는 것을 목적으로 삼는다. 따라서 준실험 설계는 엄밀히 말해 독립변수와 종속변수의 인과성을 검증하는 예측 연구가 아닌 독립변수와 종속변수의 공변을 검증하는 일종의 상관 연구에 해당한다.

2) 준실험 설계에 기초한 인과 추정의 제한

준실험 설계는 독립변수의 수준을 조작하는 것이 어려운 상황에서 실험 설계의 대안으로 사용되는 연구 방법이라는 장점을 갖는 반면에, 엄격한 조작과 통제가 이루어지지 못한다는 점에서 내적 타당도가 낮아진다는 제한점이 있다. 내적 타당도란 연구에서 검증하는 인과관계에 대한 타당도를 의미하는 용어로, 조작과 통제가 엄격하게 잘 이루어진 실험 설계에서 얻어진 결과에 대해서는 내적 타당도가 높다고 표현한다. 반대로 외적 타당도는 실험 결과의 일반화 가능성에 대한 용어로, 내적 타당도와는 반비례 관계이다. 인과관계를 검증하는 것을 목적으로 하는 실험 설계에서는 외적 타당도보다 내적 타당도가 더 중요하다고 할 수 있다.

실험 설계보다 준실험 설계에서 내적 타당도가 낮은 까닭은 엄격한 조작과 통제가 이루어지지 않아 연구자가 관심 있는 예측변수 외에 다른 변수들이 종속변수에 효과를 미칠 가능성이 있기 때문이다. 예를 들어, 서로 다른 영어 능력 수준을 가진 피험자들을 대상으로 영어 성적에 대한 새로운 교수법의 효과를 검증하는 상황을 가정해 보자. 만약 실험 집단에는 새로운 교수법을, 통제 집단에는 기존의 교수법을 실시하는 실험 설계에서 실험 집단이 통제 집단보다 더 높은 영어 점수를 받았다면 우리는 새로운 교수법이 기존의 교수법보다 효과적이라고 단언할 수 있을까? 그렇지 않다. 처치 이전에 실험 집단이 통제 집단보다 영어 능력 수준이 유의하게 높았을 가능성이 존재하기 때문이다. 만일 실제로 사전 영어 점수가 유의한 차이가 있었다면, 우리는 교수법의 진정한 효과를 검증하기 위해 기존의 영어 능력 수준을 통제해야만 할 것이다.

3. 제3변수의 통제

1) 변수와 상수

수학에서 변수(變數; variable)란 여러 가지 값으로 변할 수 있는 수를 가리킨다. 사람의 키나 체중과 같이 사람에 따라 달라질 수 있는 것들은 변수라 하며, X 또는 Y와 같은 기호를 통해 표기한다. 양적 연구에 다뤄지는 개념들은 대부분 변수에 해당한다. 상수(常數, constant)란 변화하지 않는 일정하게 고정된 값으로, 일반적으로 C로 표기한다. 변수와 상수의 구분은 정해진 것이 아니라, 연구 설계에 따라 유동적으로 변한다. 예를 들어, 남학생과 여학생이 모두 다니는 중학교에서 성별은 변수로 존재하지만, 여자중학교 또는 남자중학교에서 성별은 상수로 존재하게 된다. 이러한 맥락에서 '상수화'란 어떤 변수를 모든 피험자에게 있어 같은 값을 갖게 하는 것으로 볼 수 있다. 상수 또는 상수화된 변수는 연구에서 더 이상 어떠한 효과도 갖지 못하게 된다. 사회과학 연구의 목적이 사람들을 이해하는 것, 즉 개인차를 설명하기 위한 것임을 고려할 때 우리가 상수가 아닌 변수를 연구한다는 것은 어쩌면 당연한 이야기일 것이다.

2) 제3변수

두 변수 간에 인과관계가 존재한다고 결론내리기 위해서는 세 가지의 조건이 요구된다.

첫째, 두 변수는 서로 관련된다(X ↔ Y). 둘째, 독립변수는 종속변수보다 시간적으로 선행해야 한다(X → Y). 셋째, 두 변수 간의 제3변수(a third variable)가 영향을 주어서는 안 된다. 여기서 제3변수란 독립변수 외에 종속변수에 영향을 미치는 모든 변수를 칭하는 용어로, 외생변수(exogenous variable), 혼입변수(confounding variable)라고도 한다. 두 변수 간에 인과관계가 존재한다고 주장할 때에 연구자들이 가장 주의해야 할 점이 바로 세 번째 내용일 것이다. 제3변수에 대해 적절하게 고려하지 않는다면 자칫 잘못된 결론으로 도출될 수 있기 때문이다. 사회과학에서 다루는 변수 간의 관계는 간단명료하지 않으며, 여러 변수가 상호 복잡하게 얽혀있기 때문이다. 따라서 우리는 연구설계 단계에서 독립변수와 종속변수의 관계 사이에 숨어있는 제3의 변수에 대해서 고민해야만 한다.

3) 제3변수의 종류

□ 혼입변수(confounding variable)

제3변수는 크게 혼입변수, 조절변수, 매개변수 세 가지로 나눌 수 있다. 먼저 혼입변수(confounding variable)란 독립변수와 종속변수에 동시에 영향을 미쳐 실제로 존재하지 않는 허위의 관계(spurious relationship, spurious correlation)를 만들어내는 변수를 가리킨다. 대표적인 예로, '아이스크림 판매량'이 증가하면 '범죄 발생'이 증가하게 되는 것을 확인할 수 있다. 이러한 결과만 놓고 보았을 때는 범죄 발생을 감소시키기 위해서는 아이스크림을 판매하지 않아야 한다는 다소 엉뚱한 주장을 펼칠 수 있겠다. 하지만 사실 두 변수 사이에는 '기온'이라는 변수가 동시에 영향을 미치고 있는 것으로, 만일 기온의 효과를 통제한다면 두 변수 사이에는 어떠한 관계도 존재하지 않을 것이다. 이렇듯 혼입변수를 적절히 통제하지 않는다면 연구자는 두 변수 간의 관계에 대하여 적절한 결론을 내릴 수 없을 것이다.

□ 조절변수(moderator variable)

독립변수와 종속변수 간에 허위의 관계를 만들어내는 것 외에도 독립변수와 종속변수의 관계의 강도 혹은 방향성을 변화시키는 변수도 존재한다. 이를 조절변수(moderator variable)라 하며, Z 또는 W로 주로 표기한다. 조절변수의 수준에 따라 독립변수와 종속변수의 관계는 강도가 변하기도 하며, 또는 관계의 방향성이 역전되기도 한다. 조절변수는 실험 설계에서 상호작용효과(interaction effect)와 같은 의미를 갖는다. 두 변수가 동시에 모형에 투입됨으로써 각각의 변수들이 갖는 효과(주효과) 외에 새로운 시너지 효과를 만들어낸다는 점에서 동일하기 때문이다. 대신 조절변수는 주로 회귀모형에서, 상호작용효과는 주로 분산 분석의 틀에서 불리고 있다.

〈그림 19〉 조절효과

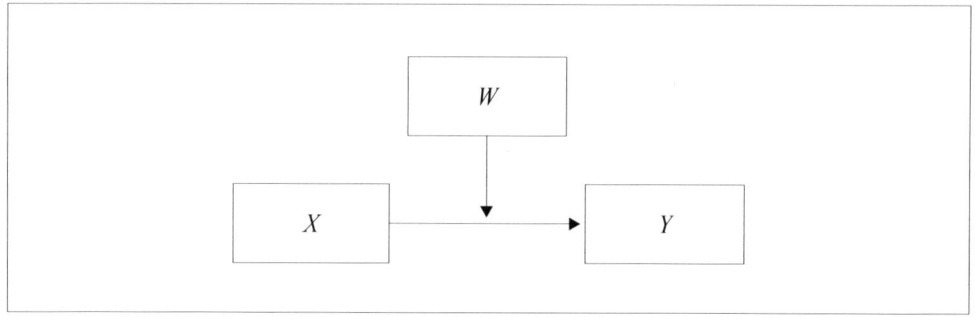

예를 들어, 공격적인 영상을 시청한 아이는 공격성이 증가하게 된다는 관계에서 부모의 적절한 지도가 조절변수로 투입된다면, 부모의 적절한 지도를 받은 아이는 그렇지 않은 아이보다 공격적인 영상을 시청하더라도 공격성의 증가가 적을 것으로 기대할 수 있다.

〈그림 20〉 조절효과 예시

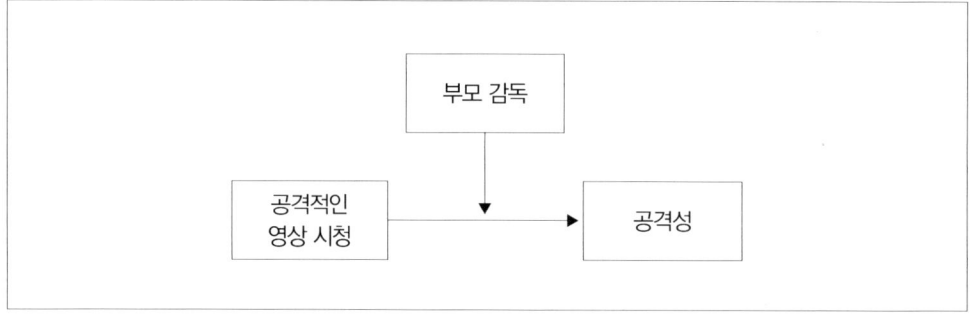

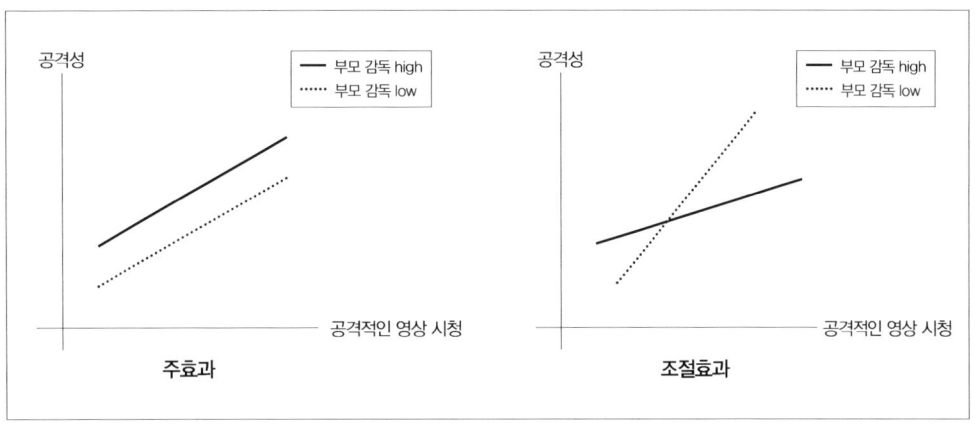

〈그림 21〉 주효과와 조절효과 비교

□ **매개변수**(mediation variable)

조절변인이 독립변수와 종속변수의 관계를 세분화하는 제3변수라면, 매개변수(mediator)는 독립변수와 종속변수의 관계의 통합이라 할 수 있다. 매개변수란 독립변수와 종속변수의 관계를 매개하는 제3변수로, 독립변수의 영향을 받는 동시에 종속변수에 영향을 주는 변수를 일컫는다. 따라서 매개변수는 독립변수가 종속변수에 어떻게(How) 영향을 미치는지 그 메커니즘을 규명하는 역할을 한다. 매개변수는 두 변수가 매개변수를 통해 연결된다는 점에서 서로 다른 이론을 통합하는 등의 새로운 통찰을 제공할 수 있다.

예를 들어, 학교폭력 피해를 많이 받을수록 청소년의 자살 생각이 증가하는 관계를 우울이 매개한다고 가정해 보자. 이 매개모형은 다음과 같은 가설이 통합된 모형이라 할 수 있다. 첫째, 학교폭력 피해가 증가하면 청소년의 자살 생각이 증가한다. 둘째, 학교폭력 피해가 증가하면 청소년의 우울 수준이 증가한다. 셋째, 학교폭력 효과를 통제한 상태에서 우울이 청소년의 자살 생각에 유의한 영향을 미친다. 이 개별적인 가설을 통합함으로써 우리는 청소년의 학교폭력 피해가 증가하면 우울이 증가하며, 증가된 우울로 인하여 자살 생각이 증가한다는 새로운 메커니즘을 발견할 수 있다. 이 새로운 메커니즘을 통해 학교폭력 피해를 경험한 청소년들의 자살 생각을 감소시키기 위해서는 이들의 우울 수준을 낮춰야 한다는 제언을 새롭게 제시할 수 있다. 이러한 점에서 매개모형은 연관된 가설의 통합을 통한 새로운 메커니즘의 규명이며, 독립변수와 종속변수의 관계를 연결 혹은 차단하기 위한 수단으로 매개변수를 활용할 수 있다.

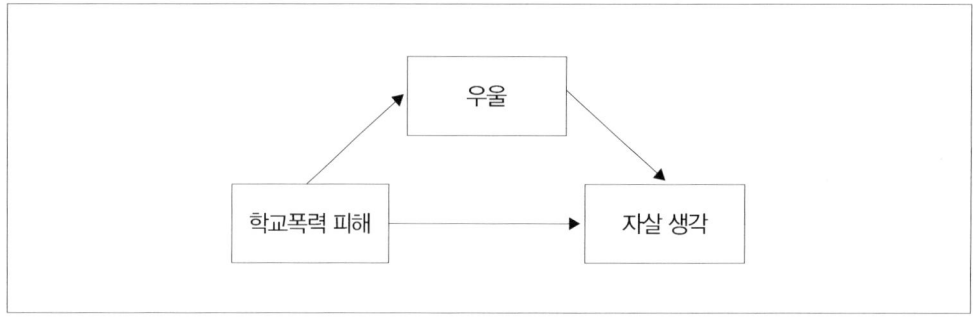

<그림 22> 매개 모형 예시

두 변수의 관계를 매개변수를 통해 설명되는 매개모형에서 독립변수가 종속변수에 미치는 효과는 크게 세 가지로 구분된다. 독립변수가 종속변수에 영향을 미치는 전체 효과를 총효과(total effect)라 하며, c로 표기한다. 독립변수가 매개변수를 통해 종속변수에 미치는 효과를 매개효과(mediation effect) 또는 간접효과(indirect effect)라고 한다. 엄밀히 말해 매개효과라고 부르기 위해서는 독립변수, 매개변수, 종속변수 순으로 시간적 순서가 전제되지만, 횡단 연구같은 경우에는 이러한 전제 조건을 달성하는 것이 어렵기 때문에 간접효과라는 표현을 사용하는 것이 적절하다. 매개효과는 독립변수가 매개변수에 영향을 미치는 경로(a)와 매개변수가 종속변수에 영향을 미치는 경로(b)의 곱으로 계산한다. 독립변수와 종속변수의 관계에서 매개변수를 통해 설명되지 않는 효과는 직접효과(direct effect)라 하며, c'으로 표기한다. 두 변수의 관계가 매개변수를 통해서만 연결되는 관계, 즉 c'이 0인 경우(c'=0)를 완전매개라 하며, 반면에 두 변수 간에 관계가 존재하지만 매개변수가 일부를 연결하는 관계로, 직접효과가 0이 아닌 관계(c'≠0)는 부분매개라 한다. 부분매개의 경우에는 독립변수가 종속변수에 미치는 효과(총효과, c)의 분산 중 매개변수를 통해 설명되는 효과(간접효

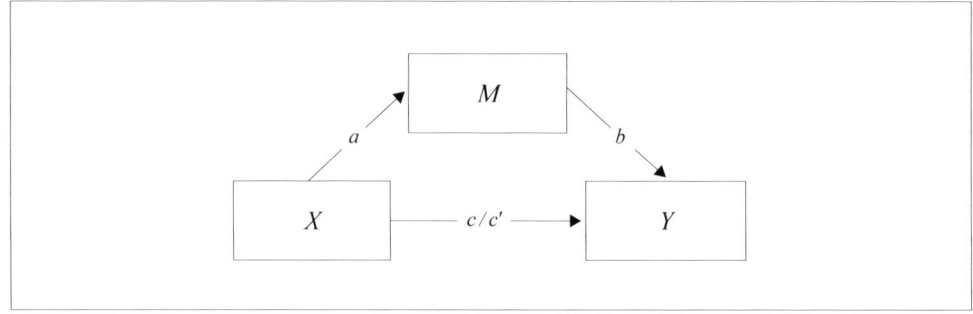

<그림 23> 매개 모형과 경로계수

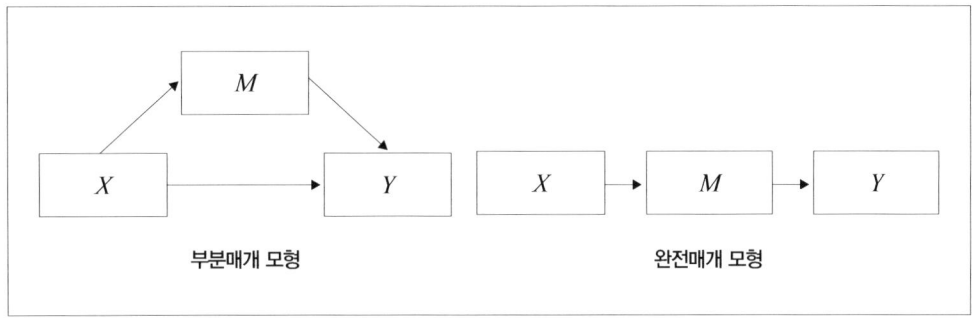

<그림 24> 부분매개 모형과 완전매개 모형

과, a*b)와 매개변수로 인해 설명되지 않는 효과(직접효과, c')로 분해하여 매개변수의 효과 크기를 추정할 수 있다.

4) 통계 분석을 활용한 제3변수의 통제

앞에서 살펴보았듯이, 제3변수는 독립변수와 종속변수의 관계를 왜곡할 수 있어 문제가 된다. 따라서 연구자는 제3변수가 독립변수와 종속변수에 미치는 영향을 제거해야 하는데, 이를 제3변수를 '통제(control)'한다고 표현한다. 통제란 종속변수에 대하여 제3변수가 효과를 미치게 하지 못하는 것으로, 앞서 설명한 '상수화'의 개념과 연관된다. 연구자들은 독립변수와 종속변수의 관계에서 허위 관계를 만들어내는 제3변수의 효과를 통제하여 올바른 관계를 파악해야 한다. 제3변수를 통제하기 위한 방법은 연구 설계와 분석 단계로 나눌 수 있다. 제3변수는 연구 설계 단계부터 통제를 고려하는 것이 더 적절하지만, 경우에 따라 연구 설계를 통해 통제가 불가능한 경우가 있으며, 이때는 통계적 방법을 통해서 대안적으로 통제를 하게 된다.

연구 설계 단계에서는 제3변수로 기능할 수 있는 다양한 변수들을 사전에 고려하여야 한다. 주로 선행연구 등에서 종속변수에 영향을 미치는 것으로 알려졌지만, 연구자의 관심 변수인 독립변수가 아닌 변수들을 제3변수로 고려할 수 있다. 실험 집단과 통제 집단에 피험자를 무작위로 배정하는 무선 할당(random assignment)을 통해 제3변수의 영향을 균등하게 분산시키거나, 제3변수와 관련된 특성이 동일한 피험자를 짝지어 비교하는 짝짓기(matching) 방법을 사용할 수 있다.

분석 단계에서는 제3변수를 모형 안에 포함하여 통계적 계산을 통해 그 영향을 제거할 수 있다. 제3변수를 공변수(covariate)로 포함하여 공분산분석을 실시하거나, 위계적 회귀분석 틀에서 통제변수로써 제3변수를 먼저 투입하여 영향을 제거하는 이른바 'partial out'의 방법을 사용할 수 있다. 방법은 다를 수 있으나 중요한 점은 제3변수의 효과를 통제하기 위해서는 제3변수를 상수화(const)한다는 것이다.

그렇다면 제3변수의 통제는 어떻게 이루어져야 하는가? 앞에서 설명한 바와 같이 제3변수의 통제는 연구 설계와 분석 단계로 나눌 수 있다. 이 챕터는 통계 모형에 기초한 인과추정을 설명하는 것이 목적이기 때문에, 분석을 통한 제3변수의 통제 방법에 대하여 구체적으로 알아보도록 하자.

□ 변수 간의 상관 추정에서 제3변수의 효과 통제

변수 간의 상관을 추정할 때 제3변수의 효과를 통제하기 위한 통계모형으로는 편상관계수(partial correlation)와 부분상관계수(semi-partial correlation, part correlation)가 있다. 두 상관계수 모두 세 개 이상의 변수 간의 상관에서 특정 변수의 효과를 통제하기 위한 피어슨 상관계수의 일종이다. 따라서 편상관계수와 부분상관계수 모두 변수가 수치형 변수이며, 변수 간에 선형적인 관계라는 피어슨 상관계수의 기본 가정을 따른다.

편상관계수와 부분상관계수는 제3변수의 효과를 통제한 상태에서 두 변수 간의 관계를 검증한다는 점은 같지만, 제3변수의 효과를 어떻게 통제할 것인가에 대한 방법이 차이가 있다. 예를 들어, X_1, X_2, Y 세 변수가 있고 X_1과 Y의 관계를 검증하는 상황을 가정한다. 부분상관계수는 Y에 대한 X_2의 효과를 통제한 상태에서 X_1과 Y의 상관을 가정한다. 반면에 편상관계수는 X_1과 X_2의 공변량을 통제한 상태에서 순수한 X_1과 Y의 상관을 가정한다. 이를 수식으로 나타내면 아래와 같다. 수식에서 r_{XY}는 X와 Y의 상관계수 r을 의미한다. 부분상관계수와 편상관계수의 분자는 동일하나 분모에서 차이가 있다.

부분상관계수 : $sr_1 = \dfrac{r_{Y1} - r_{Y2} r_{12}}{\sqrt{1 - r_{12}^2}}$

편상관계수 : $pr_1 = \dfrac{r_{Y1} - r_{Y2} r_{12}}{\sqrt{1 - r_{Y2}^2}}$

부분상관계수와 편상관계수는 그림으로 이해하는 것이 더 간단한데, 세 변수 X_1, X_2, Y에 대한 벤다이어그램이 〈그림 25〉와 같다고 가정한다. 벤다이어그램 안의 알파벳은 각각의 변수들 간의 상관을 기호화한 것이다. 예를 들어, X_1과 Y의 상관은 $B+D$가 된다. X_1과 Y의 관계에서 X_2의 효과를 통제한 순수한 관계인 B를 분모로 한다는 것은 같지만, Y에 대하여

X_1의 효과의 통제 여부가 다르므로 편상관계수와 부분상관계수는 서로 다른 값이 추정된다. 다만 중요한 점은 부분상관계수와 편상관계수를 통해 두 변수 간의 관계에서 제3변수의 효과를 'partial out'할 수 있다는 것이며, 연구자의 목적에 따라 어떤 상관계수를 추정할 것인지 선택할 필요가 있다.

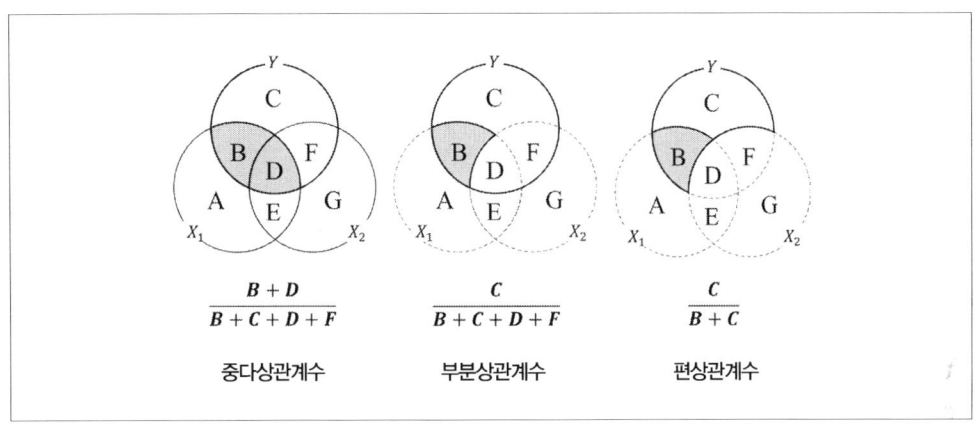

〈그림 25〉 중다상관계수·부분상관계수·편상관계수

□ **변수 간의 회귀 추정에서 제3변수의 효과 통제**

상관분석에서 제3변수의 효과를 통제할 수 있었던 것처럼, 상관분석의 연장인 회귀분석의 틀에서도 당연히 제3변수의 효과를 통제할 수 있다. 회귀분석에서 제3변수의 효과 통제는 위계적 회귀모형(hierarchical regression model)을 사용한다. 위계적 회귀모형은 중다회귀모형의 일종으로, 예측변수의 투입을 사전에 연구자가 설정한 대로 순차적으로 투입하는 회귀모형이다. 예측변수를 추가 투입하였을 때 모형의 증가된 설명량의 상대적 기여도에 따라 회귀모형의 통계적 유의성이 결정된다. 이때 모형의 증가된 설명량은 부분상관의 제곱과 동일하다. 따라서 예측변수의 투입 순서에 따라 전체 분산의 크기가 달라지는 것은 아니지만, 예측변수가 추가적으로 설명할 수 있는 분산의 크기는 달라지게 된다. 이것은 곧 예측변수의 투입 순서에 따라 위계적 회귀모형의 통계적 유의성이 달라질 수 있음을 의미한다. 〈그림 26〉을 예로 들어보자. 회색과 하늘색은 각각 Y에 대한 X_1과 X_2의 분산을 의미한다. X_2를 투입한 후에 X_1을 투입하는 회귀모형의 경우 Y에 대한 X_2의 분산은 $B+D$의 크기를 갖지만, 반대로 X_1을 투입한 후 X_2를 추가 투입하는 모형에서 X_2의 분산은 D에 지나지 않는다. 이러한 경우에는 후자의 위계적 회귀모형은 통계적으로 유의하지 않을 가능성이 높을 것이다.

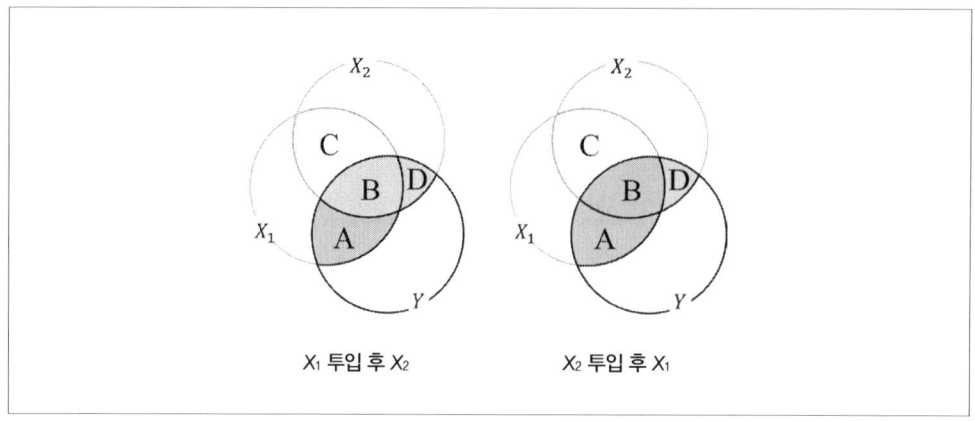

⟨그림 26⟩ 변수의 투입 순서에 따른 상관의 변화

따라서 예측변수의 투입 순서는 위계적 회귀모형의 통계적 유의성을 결정짓는 매우 중요한 역할이라 할 수 있다. 일반적으로 사회과학연구의 위계적 회귀모형에서 예측변수의 투입 순서는 두 가지 원칙에 따라 설정할 수 있다. 첫 번째로 통제하고자 하는 변수들을 먼저 투입 후 원래 관심 있는 예측변수들을 나중에 투입한다. 성별, 연령, 학력 등과 같은 인구통계학적 변수들이 주로 이 경우에 해당한다. 예를 들어, 우울을 준거변수로 하는 회귀모형을 설계할 때, 우울의 유병률에 성차가 존재하는 것을 고려하여 성별을 1단계에 투입하고 성별의 효과를 통제한 상태에서 원래의 예측변수가 우울에 미치는 효과를 검증한다. 두 번째로 준거변수에 효과를 미친 시간적 순서에 따라 예측변수를 순차적으로 투입한다. 예를 들어, 고등학생의 영어 성적에 대한 교수법의 효과를 검증할 때, 교수법 이전에 영어 성적에 영향을 미쳤던 중학생 시절 영어 성적을 예측변수로 우선 투입한 후에 교수법의 효과를 검증할 수 있다.

□ 집단 간 평균 비교에서 제3변수의 효과 통제

집단 간 평균 차이를 검증하는 것은 주로 실험 설계에서 사용되는 통계 모형이다. 원래의 실험연구에서는 제3변수를 사전에 연구 설계 단계에서 고려하여 그 효과를 통제하기 위한 설계를 진행하지만, 앞서 언급한 바와 같이 실험 장면에 따라 실험 설계를 통해 제3변수의 효과를 통제한 것이 불가능한 경우가 있다. 이에 대한 대안으로 집단 간 평균 비교 단계에서 통계적 분석을 통해 제3변수의 효과를 통제하며, 대표적인 통계모형이 바로 공분산분석(Analysis of Covariance; ANCOVA)이다. 공분산분석은 기존의 분산분석에서 제3변수의 효과를 통제하기 위하여 확장된 통계모형이라 할 수 있다.

공분산분석은 예측변수에 따른 종속변수의 평균 차이를 검증할 때, 공변수(covariate)의 영향을 통계적으로 통제하는 방법이다. 여기서 공변수란 제3변수와 같은 의미를 갖는다. 공변수의 영향을 통계적으로 통제하기 위하여 공변수의 수준에 따라 종속변수의 값을 조정한다. 공변수의 평균이 큰 집단은 종속변수가 작아지도록 조정하며, 반면에 공변수의 평균이 작은 집단은 종속변수가 커지도록 조정한다. 이때 통계적으로 조정된 평균을 추정된 '주변 평균(Estimated Marginal Means, EMM)'이라 한다. 종속변수의 평균을 조정하는 것은 곧 종속변수의 평균이 공변수와 관계 없이 모든 집단에서 유사한 수준이 되도록 조정하는 것으로, 이는 공변수를 상수화하는 것과 같은 효과를 갖는다. 공변수가 상수화된 후에도 집단 간 차이가 통계적으로 유의하다면 이는 종속변수에 대하여 독립변수가 유의한 효과를 미치는 것으로 해석할 수 있다. 즉, 공분산분석은 공변수의 수준에 따라 종속변수의 평균값을 조정하여 그 효과를 통제한 후에 집단 간 차이를 검증하는 분산분석의 일종으로 실험 설계상으로 통제가 어려운 제3변수의 효과를 통제할 때 사용된다.

앞의 예시를 차용해 서로 다른 영어 능력 수준을 가진 피험자들을 대상으로 새로운 교수법의 효과 검증을 위해 공분산분석을 적용해 보자. 이때 새로운 교수법을 실시한 실험 집단이 기존의 교수법을 실시한 통제 집단보다 사전 영어 능력 수준이 통계적으로 유의하게 높았다고 가정한다. 공분산분석에서는 먼저 실험 집단의 교수법 실시 이후 영어 시험 성적을 하향조정하고, 통제 집단은 상향조정하여 집단 간에 유사한 수준의 추정된 주변 평균을 추정한다. 그 다음으로 집단 간에 추정된 주변 평균의 차이 검정을 실시하였을 때 영어 시험 평균 성적이 통제 집단보다 실험 집단이 높았다면, 이때는 새로운 교수법이 더 효과적이라고 타당하게 주장할 수 있을 것이다.

CHAPTER 04 집단 간의 평균 비교

1. t-검정

t-검정(t-test)은 모집단의 분포를 모를 때 표본 간 또는 표본 내 차이에 관한 가설을 검증하기 위하여 사용되는 통계 방법이다. 가설 검증을 위하여 비교 분포로 t-분포를 사용하며, 표본에서 얻은 t-점수를 비교분포(t-분포)와 비교하는 절차를 따른다. t-검정은 집단 수 및 연구설계에 따라 단일표본 t-검정, 독립표본 t-검정, 대응표본 t-검정으로 나누어진다.

〈표 7〉 t-검정의 종류

집단 수	연구 설계	통계모형	
1	–	단일표본 t-검정	표본의 평균과 모집단의 평균 비교
2	피험자 간 설계	독립표본 t-검정	서로 연관이 없는 두 독립된 집단에서 추정된 평균 비교
	피험자 내 설계	대응표본 t-검정	한 집단의 처치 전·후 비교

1) t-분포 (t-distribution)

추리통계에서는 모집단의 분포에 대하여 알지 못하기 때문에 표본의 정보로 모집단을 추정해 나간다. 그러나 표본보다 모집단의 표본 크기가 더 커 다양한 값들이 포함되기 때문에 표본의 분산은 실제 모집단의 분산보다 늘 과소 추정되는 문제가 발생한다. 즉, 표본의 분산으로 추정된 모집단의 분산은 편향된 추정치라는 것이다. 따라서 비편향 추정치

(unbiased estimates)를 얻기 위하여 표본의 분산을 추정할 때 자유도를 표본 크기에서 1을 뺀 값($n-1$)으로 조정한다. 표본의 편차 제곱합(mean square, MS)을 조정된 자유도로 나누게 되면 편향이 제거되어 모집단의 분산을 과대 추정하거나 과소 추정할 가능성이 동일해진다.

$$s^2 = \frac{\sum(X-\overline{X})^2}{n-1}$$

모집단의 분산을 추정한 후에는 비교분포(표집분포)의 표준편차(표준오차)를 계산할 수 있다. 표집분포의 분산은 모집단 분산 추정치의 제곱근(표준편차)을 표본 크기로 나눈 값이다.

$$SE = \frac{s}{\sqrt{n}}$$

모집단의 표준편차(σ) 추정치와 표집분포의 표준오차는 모두 표본 크기에 영향을 받음을 알 수 있다. 최종적으로 표본 크기가 작을수록 표준오차가 커져 모집단 추정의 불확실성이 커지게 된다. 표준오차는 모집단 추정의 불확실성뿐만 아니라 비교분포의 형태에도 영향을 미친다. 표준오차가 커질수록 비교분포는 봉이 낮아지고 꼬리가 두꺼워지는 형태로 변하여 표준정규분포의 형태에서 벗어나게 되는 것이다. 따라서 모집단의 분산을 알지 못하는 경우 z-분포와 같은 표준정규분포를 비교분포로 사용하는 것이 부적절해지며, 비교분포로 t-분포를 사용한다. t-분포는 평균이 0이고 좌우대칭의 분포인 정규분포이다. 종 모양이며 단봉의 형태를 가진다. 극단적인 점수들이 더 많이 포함되어 있어, 표준정규분포보다 꼬리 부분이 높다는 차이점이 있다. t-분포는 자유도에 따라 그 형태가 달라지는 가족 분포(family distribution)이며, 특정한 자유도에 대해서는 단 하나의 t-분포만이 존재한다. 자유도가 커질수록 실질적인 정보의 수가 많아지기 때문에 표준오차가 감소해 꼬리가 더 얇은 형태를 보이게 된다. 표준정규분포와 자유도의 형태에 따른 t-분포의 형태는 〈그림 28〉과 같다.

t-분포는 정규분포에 해당하기 때문에 가설 검증의 대상인 종속변수는 수치형 변수여야 하며, 등분산 가정을 만족해야 한다. t-분포의 기본 가정은 아래와 같이 네 가지로 정리할 수 있다.

a. 모집단의 분산과 표준편차를 알지 못할 때 비교분포로 사용한다.
b. 모집단의 분포가 정규분포를 이루어야 한다.
c. 종속변수는 수치형 변수이다.
d. 등분산 가정을 충족해야 한다.

⟨그림 27⟩ 정상분포 곡선과 t 분포 곡선

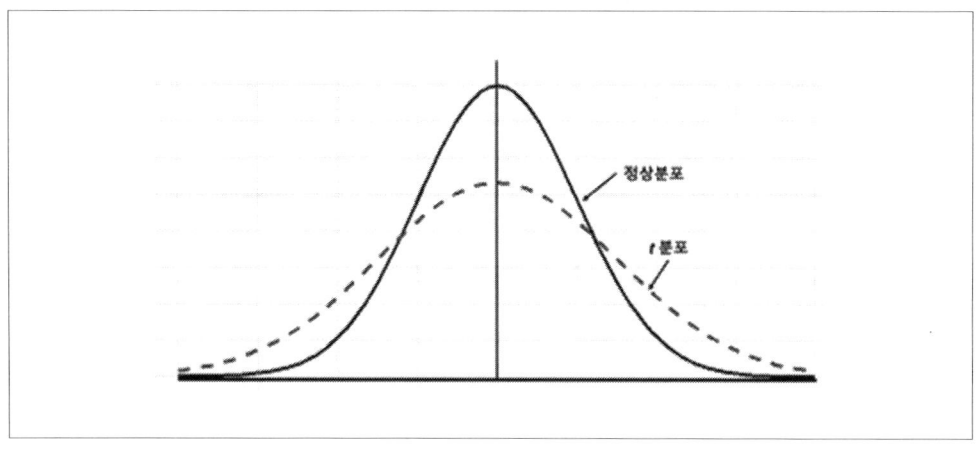

⟨그림 28⟩ 자유도에 따른 t 분포 변화

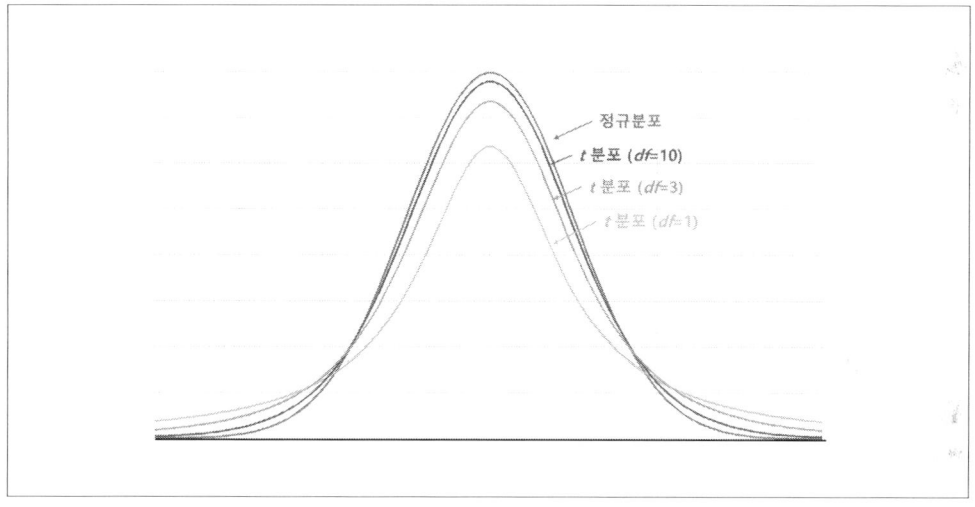

2) t-점수

t-검정을 실시하기 위해서는 표본의 평균 점수를 비교분포 상의 점수로 변환하여야 한다. 이때 변환된 점수를 t-점수라 한다. z-점수와 동일한 방식으로 계산하지만, 비교분포의 분산(표준오차)을 추정하는 방식에서 차이가 존재한다. 표본 평균에서 모집단의 평균을 뺀 값을 표준편차로 나누는 z-점수와 달리, t-점수는 표본 평균과 모집단 평균의 차이를

표준오차로 나누어 계산한다.

$$t = \frac{\overline{X} - \mu}{SE}$$

t-점수의 크기에는 다양한 요인들이 영향을 주게 되는데, 대표적으로 다음과 같은 요인들이 있다.

a. 실제로 얻어지는 차이 (효과크기) : $(\overline{X} - \mu)$
b. 표본 분산의 크기 : s^2
c. 표본 크기 : n
d. 유의수준(1종 오류) : α
e. 일방 혹은 양방 검증

3) 단일표본 t-검정(one-sample t-test)

단일표본 t-검정은 표본의 평균을 알고 있으나 모집단의 분산을 알지 못할 때 사용하는 가설 검증 절차이다. 주로 연구자가 특정한 값과 표본의 평균을 비교할 때 사용된다. 예를 들어, 2014년 당시 전국의 고등학교 남학생들의 평균 신장이 170cm였으며, 10년 후인 2024년에 전국 고등학교 남학생의 평균 신장이 10년 전과 차이가 있는지 비교하고자 하는 경우이다. 전국 고등학교 남학생 표본을 추출하여 이들의 신장에 대한 평균과 표준편차를 통해 10년 전 신장과 유의한 차이가 있는지 검증할 수 있다.

단일표본 t-검정은 기본적으로 z-검증과 동일한 원리를 따른다. 표본의 평균과 표준편차를 통해 t-검정통계량(t-점수)를 계산해 영가설을 기각하기 위한 임계값과 비교하는 방식이다. 다만 t-검정은 z-검증과 달리 검정통계량을 계산할 때 모집단의 표준편차 대신 표본의 표준편차로 계산한 표준오차를 사용하며, 자유도에 따른 t-분포에서 임계값을 확인한다.

앞의 예제에 대하여 단일표본 t-검정 절차는 다음과 같다. 앞서 논의된 연구 문제가 '2014년 전국 고등학교 남학생의 평균 신장과 2024년 전국 고등학교 남학생의 평균 신장이 차이가 있는가?'였으므로, 영가설과 연구가설은 다음과 같다.

$H_0: \mu = 170$(2024년 전국 고등학교 남학생의 평균 신장은 170cm이다.)

$H_A: \mu \neq 170$(2024년 전국 고등학교 남학생의 평균 신장은 170cm가 아니다.)

무선으로 남학생 36명의 평균 신장이 173cm였고, 표준편차는 6cm였다고 가정한다. 이때 표준오차는 1이 추정된다.

$$SE = \frac{s}{\sqrt{n}} = \frac{6}{\sqrt{36}} = 1$$

표준오차를 사용해 계산한 t-점수는 3이다.

$$t = \frac{(\bar{X}-\mu)}{SE} = \frac{(173-170)}{1} = 3$$

표본 크기가 36이므로 자유도는 1을 뺀 값인 35가 된다. 자유도가 35인 t-분포에서 영가설 기각에 대한 임계값을 확인해야 한다. 이 예시는 양방 검증에 해당하므로 자유도가 35인 t-분포에서 2.5%에 해당하는 값($t_{.975}$)은 ±2.03이다. 따라서 표본에서 구한 t-점수인 3은 임계값 2.030보다 큰 값이므로, 영가설을 기각하고 연구가설을 채택하게 된다. 따라서 2024년 전국 고등학교 남학생의 평균 키는 10년 전과 유의한 차이가 있다고 결론내릴 수 있다.

〈그림 29〉 단일표본 t-검증 예시

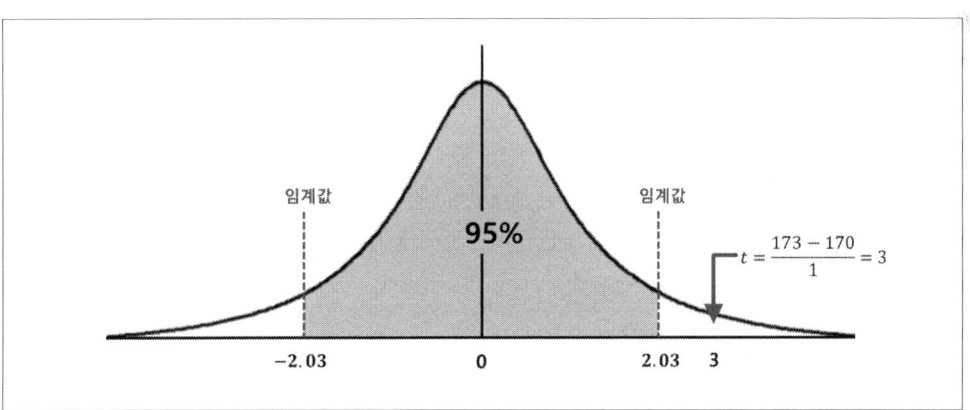

4) 종속 표본 t-검정 (dependent samples t-test)

어떤 처치의 효과를 검증하기 위해서는 처치 전·후로 변수를 비교하여야 한다. 피험자 내 설계에서 본래 피험자 집단은 단일 집단이지만, 한 집단을 두 시점(실험 전-후)에서 반복 측정하고 이를 마치 각각의 집단으로 간주하고 비교한다. 따라서 피험자 내 설계에서 분석에 사용되는 두 집단은 서로 관련되어 있다. 피험자 내 설계 또는 반복측정 설계에서 동일한 피험자가 각 처치에서 관찰된 표본을 '대응 표본(matched samples)', '짝진 표본(paired samples)' 등으로 부른다.

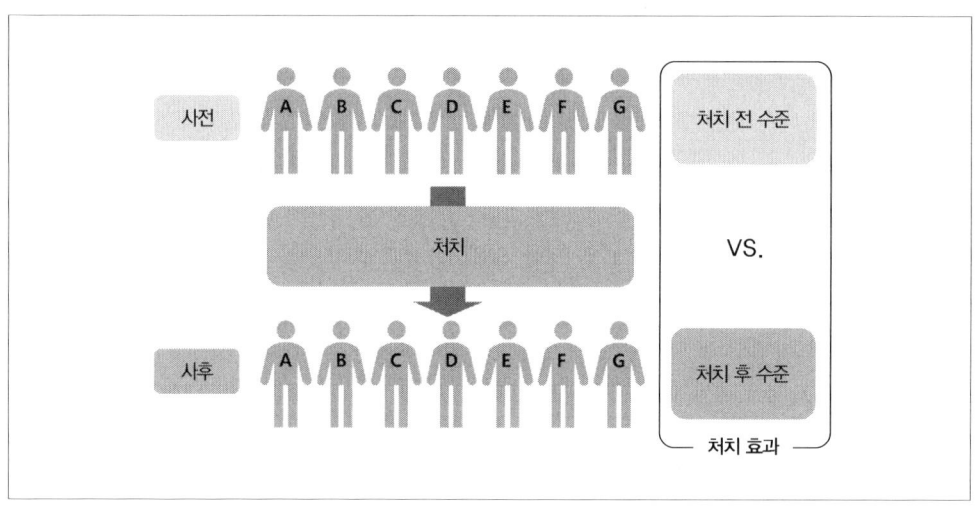

〈그림 30〉 피험자 내 설계

동일한 사람으로부터 추정된 두 집단은 서로 관련되기 때문에 각 집단으로부터 추정된 평균도 서로 상호의존적이다. 이는 독립성 가정이 성립되지 않는다는 것을 의미한다. 따라서 피험자 내 설계(반복측정 설계)에서는 피험자 간 설계와는 다른 통계모형을 사용해야 한다.

피험자 내 설계에서 두 집단 간 평균을 비교하기 위한 통계모형을 대응 표본 t-검정이라 한다. 대응 표본 t-검정의 절차는 단일표본 t-검정과 동일하다. 다만, 종속변수가 차이 점수(difference test)라는 점에서 차이가 있다. 대응표본 t-검정에서는 모집단의 차이 점수의 평균이 0이라고 가정하고, 분석을 진행한다.

대응표본 t-검정에서 차이 점수는 각 참가자별로 처치 전 점수에서 처치 후 점수를 뺀 값을 말한다. 이때 처치 전과 후의 차이는 곧 처치로 인한 변화를 의미하기도 하므로, 변화

점수(change score)라고 부르기도 한다.

$$\mu_d = \mu_1 - \mu_2$$

각 참가자들 간의 처치 전-후 비교를 통해 차이점수를 추정하고, 이 차이점수에 대하여 단일표본 t-검정과 같은 절차로 분석을 진행하게 된다. 즉, 두 집단 간의 상관으로 인한 독립성 가정의 위배를 해결하기 위해 마치 단일 표본의 점수에 대하여 분석하는 것으로 진행하는 것이다.

앞에서 언급하였듯이, 대응표본 t-검정은 차이점수에 대하여 단일표본 t-검정을 실시하는 것과 동일하기 때문에 가설 설정 또한 단일표본 t-검정과 동일하다. 대응표본 t-검정에서 영가설은 "평균적으로 두 점수 간에는 차이가 없다."가 된다. 이를 영가설과 연구가설의 형태로 아래와 같이 표현할 수 있다.

$$H_0 : \mu_d = \mu_1 - \mu_2 = 0$$
$$H_1 : \mu_d = \mu_1 - \mu_2 \neq 0$$

차이 점수에 대하여 가설 검증을 할 때는 표본에서 계산된 차이 점수의 평균을 모집단에서의 차이 점수의 평균인 0과 비교하여 t-점수를 추정한다.

$$t_{diff} = \frac{\mu_d - 0}{SD_d}$$

t-점수와 영가설 기각을 위한 임계값과의 비교를 통하여 영가설 기각 여부를 결정하게 된다.

반복측정 설계에서 처치 전-후 비교를 위해 대응표본 t-검정을 사용하는 것에 대하여 몇 가지 장점이 존재한다. 첫째, 검증력(power)이 증가하게 된다. 반복측정 설계에서 두 집단은 같은 피험자이므로 점수 간에 상관이 존재한다. 이로 인하여 표본 자료에서 개인 간 변산성(inter-individual differences)이 줄어들고, 점수의 변산이 작은 값으로 추정된다. 점수의 표준편차가 감소하면 집단 간 평균 차이를 더 쉽게 구별할 수 있게 되어 검증력이 증가한다. 또한 개인 간 변산성이 줄어듦으로 집단 간 차이와 집단 내 변동의 비율로 계산되는 효과 크기(effect size) 또한 커진다.

둘째, 독립변수 외에 종속변수의 변화에 영향을 미칠 수 있는 가외변수(extraneous variable)

를 통제하기가 쉽다. 가외변수를 통제하지 못한다면 처치의 순수한 효과를 확인하기 어렵다는 문제점이 발생한다. 그러나 반복측정 설계에서는 처치 외에 영향을 미칠 수 있는 개인의 고유한 특성(성격, 인지 능력 등)이 통제되기 때문에 독립변수의 순수한 효과를 검증하기가 더 쉽다.

셋째, 보다 적은 수의 참가자가 요구된다. 대응표본 t-검정은 동일한 참가자 간에 전-후 수준을 비교하므로, 피험자의 수가 적더라도 유의한 차이를 발견할 가능성이 높다. 일반적으로는 20-30명 정도의 적은 피험자 수로도 충분히 통계적 유의성을 발견할 수 있다.

다만 반복측정 설계에서도 여전히 제한점은 존재한다. 동일한 피험자를 대상으로 여러 번 측정하는 것이기 때문에, 순서효과와 이월효과에 대한 문제점이 존재한다.

5) 독립표본 t-검정 (independent samples t-test)

동일한 집단을 반복측정하는 피험자 내 설계와 달리, 피험자 간 설계는 서로 다른 피험자로 구성된 두 집단을 비교하는 방식이다. 이때 두 집단은 상이한 특성을 가진 서로 다른 표본으로, 모집단의 분산에 대해 알지 못한다고 가정한다. 피험자 간 설계에서는 서로 다른 두 집단으로부터 각각의 평균을 구하고, 두 집단 간의 평균이 유의한 차이가 있는지를 검증한다. 이때 사용하는 통계모형이 독립표본 t-검정인 것이다.

독립표본 t-검정은 두 집단 간 평균 차이가 유의한지를 검증하는 것이기 때문에, 영가설은 "두 집단 간 평균 차이가 없다(동일하다.)"가 된다. 이를 아래와 같이 표현할 수 있다.

$$H_0 : \mu_1 = \mu_2$$
$$H_1 : \mu_1 \neq \mu_2$$

독립표본 t-검정에서 영가설을 검증하기 위한 비교분포는 두 집단 간 평균의 차이에 관한 분포(차이 분포)이다. 두 개의 집단(집단 1, 집단 2)이 있다고 가정할 때 비교분포는 다음과 같은 절차를 통해 얻을 수 있다. 먼저 집단 1의 모집단에 대한 표집분포에서 하나의 평균값($\overline{X}_2$)을 무선으로 선택하고, 집단 2의 모집단에 대한 표집분포에서도 하나의 평균값($\overline{X}_1$)을 무선으로 뽑는다. 그 다음으로 $\overline{X}_2$에서 $\overline{X}_1$의 차이를 계산한다. 이 과정을 무한히 반복하면 집단 간 평균 차이에 대한 분포(차이 분포)를 얻을 수 있다. 위와 같은 방법으로 표집된 차이 분포에서 차이 점수(두 집단 간 평균 차이)가 차이 분포의 임계값보다 더 극단적인지 여부를 비교함으로써 영가설을 검증한다.

차이 분포를 추정하기 위하여 우선 모집단의 분산을 추정해야 한다. 독립표본 t-검정에서는 각 표본의 분산을 결합한 결합 분산(pooled variance)을 사용하여 모집단의 분산을 추정한다. 다만 두 표본 크기가 다른 경우, 표본 크기가 더 큰 집단의 분산이 더 많이 반영되어야 한다. 이를 위하여 각 표본의 자유도를 전체 자유도로 나눈 비율을 가중치로 사용해 표본 크기가 더 커 상대적으로 더 큰 정보량을 제공하는 표본에 더 큰 가중치를 부여한다. 즉, 독립표본 t-검정에서 모집단의 분산은 각 표본의 분산에 자유도에 따른 가중치를 곱한 후, 이를 합산하여 전체 자유도로 나눈 결합 분산이다. 이를 수식으로 표현하면 다음과 같다.

$$S^2 = \frac{df_1}{df_{total}}S_1^2 + \frac{df_2}{df_{total}}S_2^2,$$

$$df_{total} = df_1 + df_2$$

만약 두 모집단이 동일한 분산을 가지고 있더라도 집단 간에 표본 크기가 동일하지 않다면, 그 표본에 근거한 평균분포는 동일한 분산을 갖지 않게 된다. 평균분포의 분산은 모집단의 분산을 표본 크기로 나누어준 값이기 때문이다.

$$S_1^2 = \frac{S_{total}^2}{N_1}$$

$$S_2^2 = \frac{S_{total}^2}{N_2}$$

결합 분산은 두 모집단의 분산과 표본 크기를 모두 고려했다는 점에서 두 모집단에 대한 최선의 분산 추정치이다.

독립표본 t-검정에서 검증의 대상이 되는 차이 분포의 분산(S^2)은 모집단 1의 평균분포의 분산에 모집단 2의 평균분포의 분산을 합한 값이 된다.

$$S_{total}^2 = S_1^2 + S_2^2$$

차이분포의 표준오차(표준편차)는 분산의 제곱근이므로 다음과 같다.

$$S_{total} = \sqrt{S_{total}^2}$$

차이 분포는 모집단의 분산을 알지 못하는 상황에서 모집단의 분산 추정치를 통해 얻어지므로, t-분포에 해당한다. 차이분포의 분산은 두 표본에서 추정된 모집단의 분산에 근거하여 계산된다. 따라서 차이분포(t-분포)의 자유도는 각 표본의 자유도를 합한 값이다.

$$df_{total} = df_1 + df_2$$

□ **독립표본 t-검정의 가정**

독립표본 t-검정은 다음과 같은 기본 가정을 갖는다.
- 모집단의 분포는 정규분포이다.
- 두 모집단은 동일한 분산을 가지고 있다.

만일 분포가 정확하게 정규분포가 아니거나, 두 모집단 간에 분산이 동일하지 않는 경우에도 t-검정의 결과는 꽤 정확하다. 그러나 모집단이 정규분포에서 크게 벗어나거나, 두 모집단 간에 분산이 아주 다르거나, 혹은 두 가정에 모두 위배되는 경우에는 t-검정 결과의 정확도는 매우 낮아진다. 따라서 t-검정의 기본 가정을 만족하지 못하는 경우에는 독립표본 t-검정이 아닌 대안적인 검증 절차를 사용해야 한다.

□ **효과 크기**(effect size)

독립표본 t-검정을 통해 두 집단 간에 차이가 통계적으로 유의한지에 대한 결과를 얻을 수 있지만, 집단 간 차이의 크기에 대해서는 답을 주지 않는다. 또한 유의확률은 사례수에 영향을 받기 때문에 두 집단 간 차이가 충분히 크지 않더라도 사례수가 크다면 그 차이가 통계적으로 유의하다고 결론날 가능성이 있다. 사례수에 영향을 받지 않고 집단 간 차이의 크기에 대한 정보를 제공하기 위하여 효과 크기를 함께 보고하는 것이 권장된다.

독립표본 t-검정에서의 효과크기는 Cohen's d라고 한다. Cohen's d는 집단 간 평균 차이에 대한 비교를 위하여 집단 차이를 표준화한 값으로, 두 표본 간의 평균 차이를 두 집단 간의 표준편차의 차이로 나누어 계산한다. 구체적인 수식은 아래와 같다.

$$\text{Cohen's } d = \frac{M_2 - M_1}{SD_{pooled}}$$

$$SD_{pooled} = \sqrt{\frac{SD_1^2 + SD_2^2}{2}}$$

효과 크기는 집단 간 평균 차이의 표준화된 값이기 때문에 0부터 1의 값을 가지며, 값이 클수록 두 집단 간 차이가 큰 것으로 해석한다. Cohen은 효과 크기가 .2 이하인 경우 작은 효과 크기(small effect size), .5 이하인 경우 중간 효과 크기(medium effect size), 큰 효과 크기(large effect size)로 설명하였다.

□ 독립표본 t-검정 실습

• 연구 문제 : 청소년의 성별에 따라 우울 수준에 차이가 있을 것인가?

연구자는 청소년의 성별에 따라 우울 수준이 다를 것이라고 가정하였다. 이를 검증하기 위하여 아동청소년 패널조사 1차년도의 중학교 1학년 남학생 1,405명과 여학생 1,185명의 우울 수준을 비교하였다.

$$H_0 : \mu_{남학생} = \mu_{여학생}$$
$$H_1 : \mu_{남학생} \neq \mu_{여학생}$$

• 변수명

성별 : YGENDERw1 (1: 남학생, 2: 여학생)

우울 : dep

＊아동청소년 패널데이터에 우울은 10개의 문항으로 구성되며, 평균값을 계산하여 우울 변수를 생성하였다.

〈그림 31〉 우울 변수 만들기

• 분석 절차

− 분석 〉 평균 및 비율 비교 〉 독립표본 t 검정을 클릭한다.

〈그림 32〉 독립표본 t-검정 실시하기 (1)

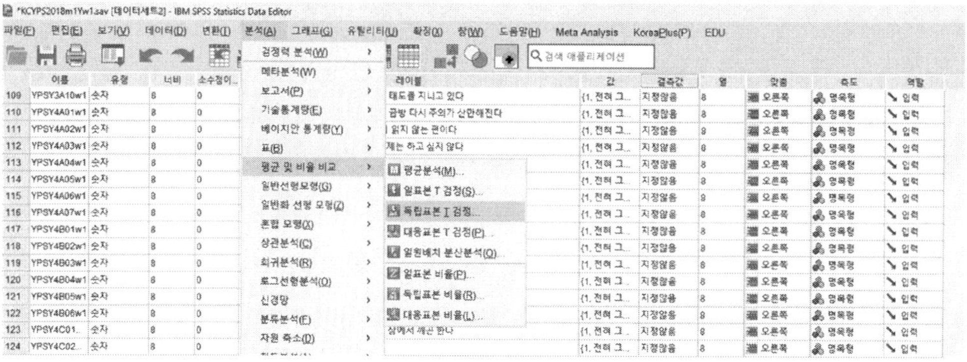

- 집단변수에는 독립변수를, 검정 변수에는 종속변수를 이동한다.
- 집단변수로 독립변수를 이동한 후에 '집단 정의'를 클릭해 독립변수의 레이블에 해당하는 값을 입력한다. 예시 데이터에서 성별 변수는 남성이 1, 여성이 2이므로 1과 2를 각각 입력한다.
- 확인을 클릭한다.

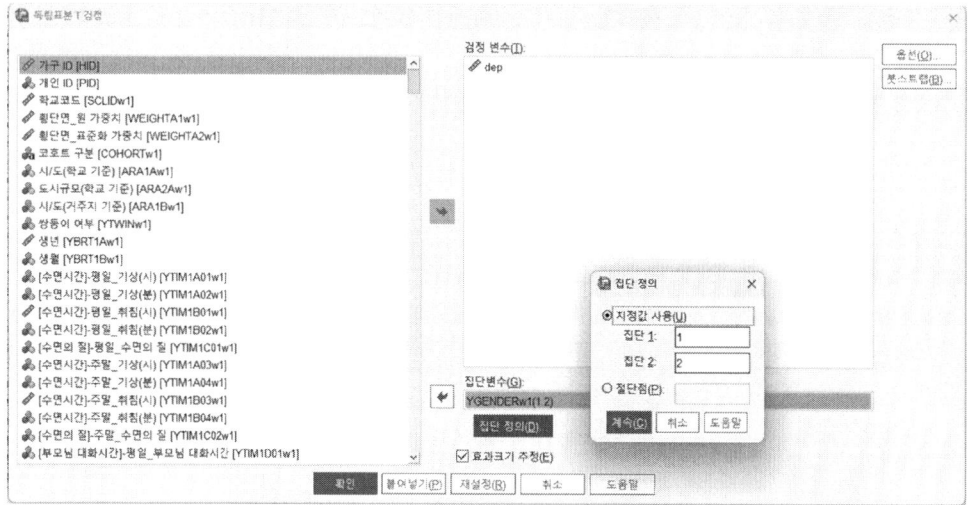

〈그림 33〉 독립표본 t-검정 실시하기 (2)

- 아래는 독립표본 t-검정의 분석에 대한 output 파일이다. 제시되는 분석 결과를 순서대로 살펴보면 다음과 같다.

- 먼저 집단통계량에서는 독립변수에 따른 종속변수의 기술통계치(평균, 표준편차, 평균의 표준오차)와 수준별 사례수를 제시한다. 남학생 1,405명, 여학생 1,185명임을 확인할 수 있다. 남학생의 평균적인 우울 수준은 1.70이며, 표준편차는 0.61이다. 여학생의 평균 우울 수준은 1.92, 표준편차는 0.65이다. 단순히 평균값만을 놓고 보았을 때 여학생이 남학생보다 평균 우울 수준이 높음을 알 수 있다.
- 아래의 독립표본 검정에서는 독립표본 t-검정 결과를 확인할 수 있다. 집단 간 평균 차이의 통계적 유의성을 살펴보기에 앞서 먼저 Levene의 등분산 검정 결과를 확인해야 한다. Levene의 등분산 검정은 독립표본 t-검정의 기본 가정인 등분산성 검정에 대한 결과를 보여준다. 등분산성 검정에 대한 영가설은 '두 집단 간 분산이 같다(차이가 없다)'이기 때문에, 등분산성 가정을 충족하기 위해서는 Levene의 등분산 검정 결과는 5% 유의수준에서 영가설 기각에 실패해야 한다. 예제 데이터에서 등분산 검정에 대한 유의확률이 .035(p=.035)이므로, 예제 데이터에 대한 등분산성 가정이 충족되었음을 알 수 있다.
- 등분산 검정 결과를 토대로 독립표본 t-검정 결과를 해석해야 한다. 만약 등분산 검정의 유의확률이 .05보다 커서 등분산 가정이 만족된다면 윗줄의 '등분산을 가정함'에 해당하는 결과를 보고해야 하며, 만일 그렇지 않다면 아랫줄의 '등분산을 가정하지 않음'에 해당하는 결과를 보고해야 한다. 등분산 가정이 만족되지 않는 경우에는 자유도 값을 보정한 독립표본 t-검정 결과를 제공하고 있다.
- 독립표본 t-검정 결과 자유도가 2,588인 t분포에서 t값은 −8.82이며, 유의확률은 .001보다 작은 값이 추정되었다($p<.001$). 두 집단 간 우울 수준의 평균 차이는 −0.22이며, 차이의 95% 신뢰구간 내에 0을 포함하지 않는 것을 확인할 수 있다(95% CI=[−0.27, −0.17]). 따라서 남학생과 여학생 간에 우울 수준의 평균 차이가 통계적으로 유의한 것으로 해석할 수 있다.
- 가장 아래는 독립표본 t-검정에 대한 효과크기 결과를 보여준다. SPSS에서는 Cohen's d, Hedges 수정, Glass 델타 세 가지를 제시하고 있으나 Cohen's d를 가장 일반적으로 많이 사용하고 있기 때문에 이것만 제시해도 충분하다. Standardizer는 효과크기 추정 공식에서 SD_{pooled}에 해당하는 값으로, 두 집단 간 표준편차의 차이에 해당하는 값이다. 위에서 추정된 평균차이를 이 Standardizer 값으로 나누면 옆의 포인트 추정값과 같은 값이 계산되며, 이것이 바로 효과크기 값이다. 실제로 위에서 평균 차이 값인 −0.21880을 0.62877로 나누어보면 −0.348이 추정된다. Cohen의 기준에 따라 남학생과 여학생의 우울 수준의 평균 차이는 중간 효과크기에 해당한다.

⟨그림 34⟩ 독립표본 t-검정 결과

• 결과 보고

앞에서 SPSS로 분석한 결과를 APA 가이드라인에 맞춰 결과를 보고하면 다음과 같이 보고할 수 있다.

청소년의 성별에 따른 우울 수준을 비교하기 위하여 독립표본 t-검정을 실시하였다. 남학생(M=1.70, SD=0.61)보다 여학생(M=1.92, SD=0.65)의 우울 수준이 높은 것으로 나타났으며, 이러한 집단 차이는 통계적으로 유의하였다(t(2588)=-8.82, p<.001). 두 집단 간 평균 차이의 효과크기는 -.35로 중간 효과크기에 해당하였다(Cohen's d=-.35).

⟨표 8⟩ 성별에 따른 우울 수준에 대한 독립표본 t-검정 결과

	남학생 (n=1,405)		여학생 (n=1,185)		t	p
우울	1.17	0.61	1.92	0.65	-8.82***	<.001

2. 분산분석(Analysis of Variance; ANOVA)

모집단에 대한 정보를 모르는 상황에서 두 집단 간 평균 비교는 앞서 다루었던 t-검정을 통해 이루어진다. 그러나 연구를 수행할 때는 둘 이상의 실험 집단과 하나 이상의 통제 집단이 존재하는 경우가 많다. 다시 말해 세 개 이상의 집단 간 비교를 하는 경우로, 이러한 연구 설계는 생각보다 흔한 일이다. 집단이 세 개 이상일 때는 t-검정을 사용하기에 적절하지 않으며, 분산분석(Analysis of Variance; ANOVA)이라는 새로운 통계모형을 사용하여야 한다. 분산분석은 분산의 원인이 집단 간 차이에 기인한 것인지를 분석하는 통계적 방법을 일컫는다.

1) 분산분석의 기본

분산분석의 필요성

세 개 이상의 집단 간 차이를 검증할 때 t-검정을 실시하는 것은 적절하지 않다. t-검정을 실시하는 것이 적절하지 않은 까닭으로는 두 가지 이유가 있다.

□ **t-검정의 독립성 가정 위배**

t-검정의 기본 가정 중 하나는 독립성 가정으로, 두 집단의 자료가 서로 독립적일 것을 가정한다. 즉, 한 집단의 자료가 다른 집단의 자료에 영향을 미치지 않아야 한다. 만일 독립표본 t-검정을 사용해 세 집단(A, B, C) 간 차이 검정을 실시한다고 가정한다면, 모든 쌍에 대하여 비교를 해야하므로 아래와 같이 세 번의 비교가 이루어져야 한다.

A vs. B

A vs. C

B vs. C

그러나 이러한 비교는 비교가 서로 독립적이지 않다는 문제를 야기한다. 여러 번의 독립표본 t-검정을 실시하면서 같은 자료를 반복적으로 사용하므로 결과가 상호 의존적일수 있기 때문이다. 따라서 t-검정의 독립성 가정을 위배하게 되는 것이다.

□ 연구자가 설정해 놓은 유의수준보다 훨씬 높은 수준에서 통계적 유의성을 검증

비교 집단이 세 개 이상으로 늘어나는 경우 t-검정을 사용하게 된다면, t-검정을 1번이 아닌 2번 이상, 혹은 그 이상으로 여러 번 실시하게 된다. 이러한 다중 비교는 t-검정의 기본 가정인 독립성 가정에 위배되며, 각 비교마다의 제1종 오류(α)를 발생시킬 가능성이 누적되어 전체 비교 수준에서 제1종 오류 발생 확률이 증가하는 문제가 발생한다. 이를 가족 제1종 오류(Familywise Type I error)이라 하며, 가족 제1종 오류는 개별 검정 횟수에 따라 계산된다.

$$\text{Family Type 1 error} = 1-(1-\alpha)^{\text{검정 횟수}}$$

예를 들어, 4개 집단에 대하여 t-검정을 실시한다면 검정 횟수는 6번이 된다. 유의수준을 5%로 가정하였을 때 가족 제1종 오류는 최대 26%까지 증가하게 된다. 이는 6번의 독립적인 검정을 실시함으로써 영가설을 채택할 확률이 최대 26%까지 증가하는 것을 의미한다. 가족 제1종 오류는 다중비교 숫자가 증가할수록 그 값이 커지게 되며, 각 횟수별 1종 오류와 가족 제1종 오류는 아래와 같다.

〈표 9〉 다중비교 횟수에 따른 가족 제1종 오류 비교

다중비교 횟수	명목상 비교 α	가족단위 α
1	.05	.05
3	.05	.14
6	.05	.26
10	.05	.40
15	.05	.54

다중비교로 인해 발생하는 가족단위 α의 문제를 해결하기 위해서는 세 개 이상의 집단 간 차이를 동시에 검증하는 다른 방법을 사용해야 한다. 이러한 문제에 대한 대안으로 분산분석이 가장 적합한 통계모형이라 할 수 있겠다.

분산분석의 가설

앞서 설명하였듯이, 분산분석은 세 개 이상의 집단 간의 차이를 동시에 검증하는데 사용

되는 통계적 기법이다. 분산분석의 영가설과 연구가설은 다음과 같이 표현할 수 있다.

H_0 : 모든 집단의 평균이 동일하다. ($\mu_1=\mu_2=\mu_3$)
H_1 : <u>**적어도 하나의**</u> 집단의 평균이 다른 하나의 집단의 평균과 다르다.

t-검정과 달리 분산분석의 영가설은 하나의 수식으로 간단하게 작성하는 것이 비교적 어렵다. 따라서 분산분석에서 영가설과 연구가설을 모두 서술하기보다는 영가설만을 서술하는 것이 일반적이다.

▫ 분산분석의 기본 가정

분산분석은 세 개 이상의 집단 간에 평균이 같은지 여부를 검증하는 것을 목표로 하는 통계적 기법으로, 두 집단 간 평균 차이를 검증하는 독립표본 t-검정이 확장된 통계적 기법이다. 따라서 분산분석의 기본 가정도 독립표본 t-검정을 그대로 따른다.

- 독립성(Independence of Observation)

각 관측값은 서로 독립적이어야 한다. 한 관측값이 다른 관측값에 영향을 주거나 상호 의존적이어서는 안 된다는 것을 의미한다. 독립성 가정은 실험 설계에서 표본을 무선 할당함으로써 충족될 수 있다.

- 정규성(Normality of Data)

각 집단의 데이터가 정규분포를 따를 것을 가정한다. 따라서 종속변수는 등간척도 또는 비율척도로 측정되어야 하며, 중심 극한정리에 따라 충분한 크기의 표본 수가 확보되어야 한다. 표본 크기가 작거나 정규성 가정의 위배가 우려되는 상황이라면 히스토그램, Q-Q 플롯 등을 통해 분포의 형태를 시각적으로 확인하거나, Shapiro-Wilk 또는 Komogorov-Smirnov(K-S) 검정을 통해 통계적으로 평가할 수 있다. 두 검정 모두 영가설은 '데이터가 정규분포를 따른다'이기 때문에 5% 유의수준에서 영가설을 채택해야 하며, 두 방법 모두 통계 프로그램인 SPSS에서 실행할 수 있다. 만일 정규성 가정이 충족되지 않는 경우에는 데이터를 로그 변환 등 변환하거나, 비모수적 검정 방법을 고려해야 한다.

- 등분산성(Homogeneity of Variances)

등분산성은 모든 집단의 분산이 동일하다는 가정을 가리킨다. 분산분석은 집단 간 평균 비교를 평균의 변산성, 즉 분산을 다루는 것이기 때문에 집단 간 분산이 크게 다르면 분산분석 결과가 왜곡될 수 있다. 등분산성 가정은 박스 플롯(Box plot)을 통해 집단 간 분산을 시각적으로 확인하거나, Levene의 등분산성 검정(Levene's Test)을 통해 통계적으로 검증할 수 있다. 등분산성 검정의 영가설도 '집단 간 분산이 같다'이므로, 5% 유의수준에서 영가설을 기각하는데 실패해야 한다. 만일 영가설을 기각하게 되는 경우에는 자유도를 보정한 Greenhouse-Geisser 방법 등으로 분산분석을 실시해야 한다.

분산분석의 원리

□ 집단 간 분산과 집단 내 분산

분산분석에서 세 개 이상의 집단 간 평균을 비교하기 위하여 평균의 분산과 집단 내 관측치들의 분산을 사용한다. 분산분석의 원리를 설명하기에 앞서, 우선 관측치가 평균의 분산과 집단 내 관측치들의 분산이 분할되는 과정을 소개하도록 한다.

가장 먼저 집단에 대한 정보가 없다고 가정하는 경우, j번째 집단에 속한 개인 i의 관측값 X_{ij}는 공통된 평균 μ로 설명된다.

$$X_{ij} = \mu$$

집단에 대한 정보가 추가로 주어지면 개별 관측값 X_{ij}는 전체 평균 μ와 집단 평균 τ_j로 분해된다. 집단 평균은 j번째 집단의 평균과 전체 평균 간의 차이로, 각 집단의 고유한 기여도를 나타낸다.

$$X_{ij} = \mu + (\mu_j - \mu)$$
$$= \mu + \tau_j$$

개별 관측값에는 전체 평균과 집단 평균으로도 설명되지 못하는 오차 ϵ_{ij}이 존재한다. ϵ_{ij}는 j번째 집단에 속한 개인의 관측값과 j번째 집단 평균의 차이로, 집단효과로 설명되지 못하는 개인차를 의미한다.

$$X_{ij} = \mu + (\mu_j - \mu) + (X_{ij} - \mu_i)$$
$$= \mu + \tau_j + \epsilon_{ij}$$

위의 예시는 관측값에 관한 예시지만, 이를 분산의 개념에도 적용할 수 있다. 분산은 상이한 근원에 따라 분할될 수 있기 때문이다. 어떤 데이터의 전체 분산은 집단 평균에 대한 분산과 집단 평균으로 설명되지 못하는 개인차에 의한 분산으로 분할되며, 분산분석은 이 두 가지 상이한 분산을 비교하여 집단 간 차이를 설명한다.

집단 평균에 의한 분산과 개인차에 의한 분산을 더 자세하게 살펴보자. 예를 들어, 우울증 치료를 위한 새로운 상담 기법의 효과성을 검증하기 위하여 30명의 표본을 세 집단으로 나누고 각각은 새로운 상담 기법을 적용하거나, 약물치료를 받거나, 혹은 어떠한 처치도 받지 않았다. 세 집단의 분포를 그림으로 나타내면 다음과 같다.

〈그림 35〉 세 집단의 평균 및 표준편차

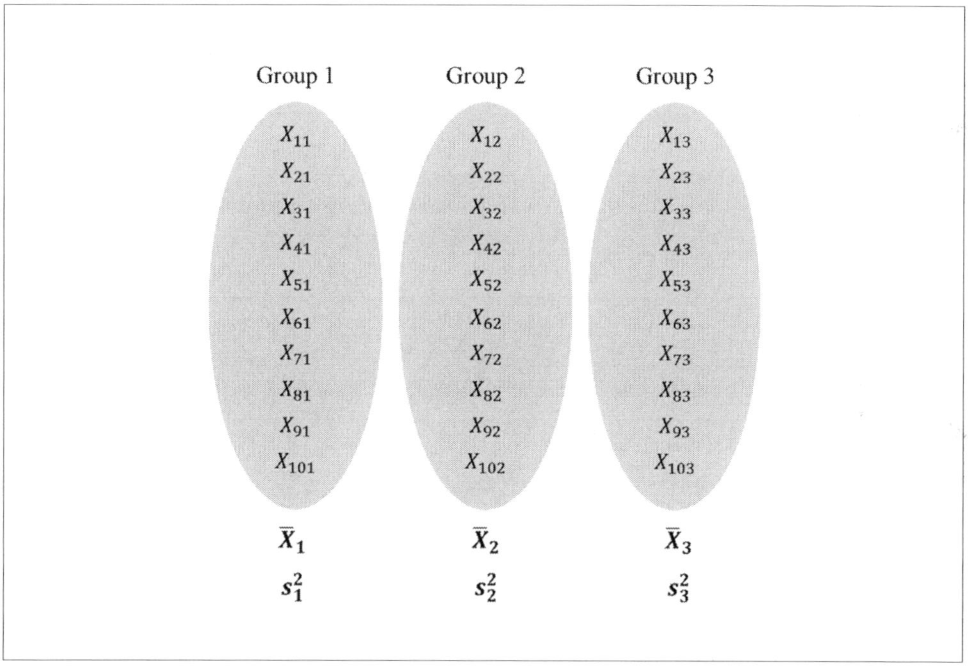

Group 1
X_{11}
X_{21}
X_{31}
X_{41}
X_{51}
X_{61}
X_{71}
X_{81}
X_{91}
X_{101}
$\bar{X}_1$
s_1^2

Group 2
X_{12}
X_{22}
X_{32}
X_{42}
X_{52}
X_{62}
X_{72}
X_{82}
X_{92}
X_{102}
$\bar{X}_2$
s_2^2

Group 3
X_{13}
X_{23}
X_{33}
X_{43}
X_{53}
X_{63}
X_{73}
X_{83}
X_{93}
X_{103}
$\bar{X}_3$
s_3^2

각 집단은 서로 다른 처치를 받았기 때문에 집단 간에 평균 차이가 발생할 것을 가정할 수 있다. 처치로 인해 집단 간 수준이 달라지는 것을 처치효과(treatment effects)라 한다. 처치효과를 추정할 때, 단순히 두 집단만이 있는 경우라면 두 집단 간 평균을 뺌으로써 추정할 수 있지만 세 집단에서는 이것이 불가능하다. 따라서 세 개 이상의 집단 간에는 집단 평균

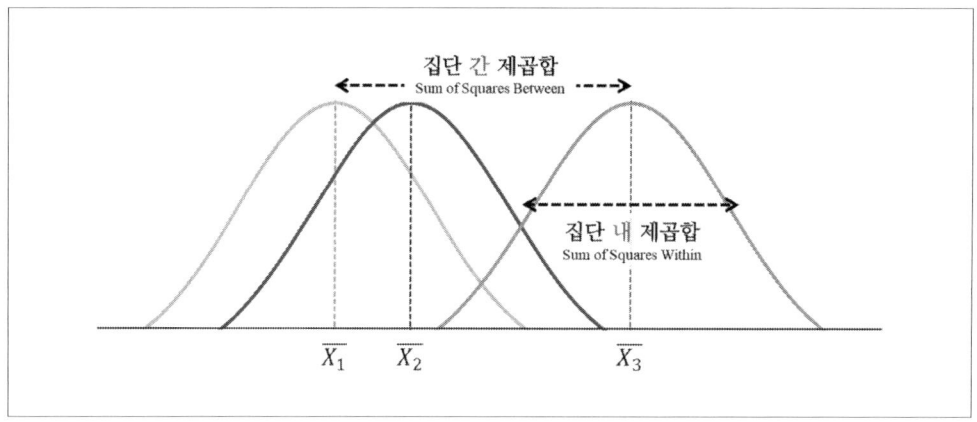

〈그림 36〉 분산분석의 집단 간 제곱합과 집단 내 제곱합

차이의 제곱합을 추정한다. 이를 집단 간 제곱합(Sum of Squares Between; $SS_{between}$) 또는 처치 제곱합(Sum of Squares Treatment; $SS_{treatment}$)이라 한다. 집단 간 제곱합이 충분히 크다면 처치효과가 있을 것으로 예측할 수 있다. 집단 간 제곱합은 아래와 같이 계산한다.

$$SS_{between} = \sum_{i=1}^{k} n_i(\overline{X_i} - \overline{X}^2)^2$$

n_i는 i번째 집단의 표본 크기를 의미한다. $\overline{X_i}$는 i번째 집단의 평균을, $\overline{X}$는 전체 평균을 나타낸다. 다만 동일한 처치를 받았더라도 집단 내 관측치들이 모두 같은 값을 갖지는 않는다. 처치로 인하여 설명되지 않는 개인차(individual differences)가 존재하기 때문이다. 개인차로 인한 변동성은 개인 내 제곱합(Sum of Squares Within; SS_{within}) 또는 오차 제곱합(Sum of Squares Error; SS_{error})이라 한다.

종합하면 데이터의 전체 변동성은 처치로 인해 발생하는 집단 간 변동성과 개인차로 인해 발생하는 집단 내 변동성으로 분할된다.

$$SS_{total} = SS_{treatment} + SS_{error}$$

제곱합은 데이터의 변동성을 보여주지만 표본크기에 영향을 받기 때문에 집단 간에 사례 수가 다르면 사용이 적절하지 않다는 한계가 존재한다. 이를 해결하기 위해 제곱합을 자유도로 나누어 평균제곱합(Mean Square; MS)을 추정한다. 평균제곱합은 제곱합을 자유도로 나눈다는 점에서 분산의 또 다른 이름으로 간주할 수 있다. 다만 분산은 전체 데이터의 변동성을 나타내는 데 사용되며, 평균제곱합은 데이터의 변동성이 특정 근원에 의한 것임을 강조한다는 점에서 분산분석의 맥락에서 사용된다.

$$MS = \frac{SS}{df}$$

제곱합을 자유도로 나눈 탓에 데이터의 크기와 무관한 평균적인 변동량을 보여주기 때문에, 표본 크기가 다른 집단 간에도 비교가 가능해진다. 평균제곱합을 계산할 때 자유도는 제곱합의 근원에 따라 값이 달라진다. 전체 자유도(df)는 전체 표본 크기에서 1을 빼준 값이며, 집단 간 자유도($df_{between}$)는 집단 수에서 1을 뺀 값이다. 마지막으로 집단 내 자유도는 집단별 사례 수에서 1을 뺀 값과 집단 수를 곱한 값이다.

$$df_{total} = N-1$$
$$df_{treatment} = k-1$$
$$df_{error} = k(n-1)$$

제곱합과 마찬가지로 전체 평균제곱합은 집단 간 평균제곱합과 집단 내 평균제곱합으로 분할된다.

$$MS_{total} = MS_{between} + MS_{within}$$
$$= \frac{SS_{between}}{df_{between}} + \frac{SS_{within}}{df_{within}}$$

다시 말해 종속변수의 전체 분산은 집단 간 분산과 집단 내 분산으로 분할될 수 있으며, 각 분산은 상이한 근원에 의한 것이다. 집단 간 분산은 실험에서 처치에 의한 분산이며, 집단 내 분산은 무작위 오차(개인차)에 의한 분산이다.

□ F 검정과 F 분포

분산분석은 무작위 오차(개인차)에 의한 분산(집단 내 분산)에 비하여 처치에 따른 집단 간 분산이 크면 처치에 의한 효과가 존재한다고 판단한다. 집단 내 분산 대비 집단 간 분산의 비율을 F 검정통계량으로 계산한다. F 검정통계량은 처치효과에 대한 평균제곱을 개인차에 대한 평균제곱으로 나누어 계산한다.

$$F = \frac{개인차 + 처치효과}{개인차} = \frac{MS_{treatment}}{MS_{error}}$$

처치로 인해 같은 집단 내의 피험자는 동질적이고, 집단 간에는 이질적일수록 F값이 커지게 되므로, F값이 클수록 집단 간 차이가 있다고 기대할 수 있다. 영가설(집단 간 차이가 없다)이 참일 경우, 처치효과는 0이 되며 F값은 1이 된다. 반면에 영가설이 거짓일 경우 처치효과는 0보다 큰 값이므로 F값 또한 1보다 큰 값을 갖게 된다.

분산분석에서 집단 내 분산과 집단 간 분산을 통해 추정된 F값은 F분포의 기각값과 비교를 통해 통계적 유의성을 결정하게 된다. F분포는 각기 다른 자유도를 가진 두 개의 값의 비율에 의한 분포이다. 각각 자유도 df_1과 df_2를 가진다고 할 때 F분포는 다음과 같이 계산된다.

$$F = \frac{\chi_2^2/df_2}{\chi_1^2/df_1}$$

χ^2 분포는 양의 값을 갖기 때문에 F분포도 양의 값을 가지며, 정적 편포의 형태를 나타낸다. 자유도에 따른 F분포의 형태는 다음과 같다.

〈그림 37〉 자유도에 따른 F 분포의 형태

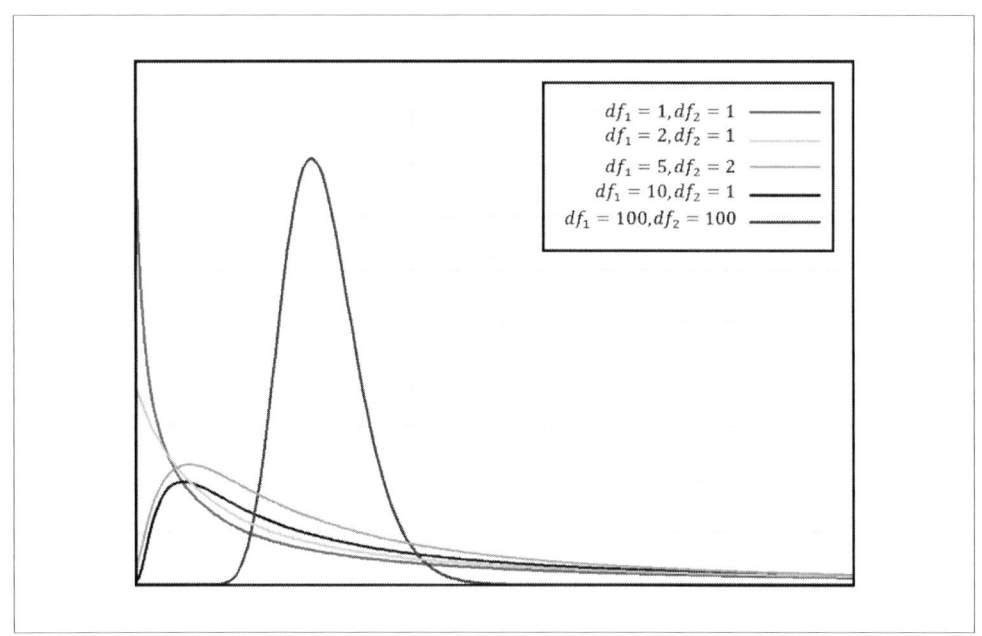

효과 크기

분산분석 결과 추정된 F값이 통계적으로 유의한 것은 집단 간 차이가 유의한 것을 의미한다. 또 다른 표현으로는 처치효과가 통계적으로 유의하다고 할 수 있겠다. 다만 F값이 의미하는 바는 효과가 유의한지 여부에 그치며, 처치로 인한 효과가 얼마나 큰지는 제시하지 않는다. 따라서 처치효과가 통계적으로 유의한 경우에는 효과크기를 함께 제시해야 한다. 효과크기란 종속변수의 전체 분산 중 처치로 인해 설명되는 분산의 비율을 의미한다. 효과크기는 0부터 1의 값을 가지며, 값이 클수록 처치효과가 큰 것을 의미한다.

대표적인 효과크기로는 η^2가 있다. η^2 외에도 다양한 효과크기가 있지만, SPSS에서 제공하는 유일한 분산분석의 효과크기 추정치이기 때문에 η^2가 가장 많이 사용되고 있다. η^2는 치료로 인한 제곱합($SS_{treatment}$)을 전체 제곱합(SS_{total})으로 나눈 값으로 계산한다.

$$\eta^2 = \frac{SS_{treatment}}{SS}$$

사후 비교

앞서 언급한 바와 같이, 세 개 이상의 집단 간 차이를 비교할 때는 t-검정을 여러 번 하는 것이 아니라 분산분석으로 집단 간 차이가 있는지를 검증하게 된다. t-검정을 여러 번 실시할 때에는 독립성 가정이 위배되는 것뿐만 아니라, 가족단위 오류로 인해 연구자가 설정해 놓은 유의수준보다 훨씬 높은 수준에서 통계적 검정을 하게 되기 때문이다.

따라서 분산분석에서는 F값을 통해 개인차에 비하여 처치로 인한 효과가 유의한지를 우선 검증한 후에, 사후 검증을 실시하여 어느 집단 간 차이가 있는지를 비교·분석해야 한다.

사후 비교에는 여러 가지 통계 모형을 사용할 수 있으며, 각 모형마다 적용 가능한 설계조건이 다르기 때문에 연구 설계에 부합하는 통계 모형을 선택하여 사용하도록 한다. 대표적인 사후 비교 방법으로는 Schéffe, Tukey, LSD(Least Square Difference), Bonferroni 등이 있다. 구체적인 내용은 다음과 같다.

- Schéffe

모든 가능한 집합에 대하여 동시에 적용할 수 있는 신뢰구간을 제공하는 사후비교 방법이다. 조건별 표본 크기가 다르더라도 사용 가능하다는 장점이 있지만, 필요 이상으로 넓은 신뢰 구간을 제시한다는 단점이 있다.

• Tukey

집단 간 차이를 가장 정밀하게 감지하는 사후 비교 방법이다. 그러나 정밀하게 감지하는 만큼 각 집단의 표본 수가 같을 경우에만 의미 있는 결과를 제공하는 엄격한 방법이다.

• LSD(Least Square Difference)

각 집단의 표본 크기가 다른 경우에도 쉽게 적용 가능한 방법이지만, 동시 검정에 적용하기에는 무리가 있다는 단점이 있다.

• Bonferroni

각 표본 크기가 다르더라도 사용이 가능하지만, 필요 이상으로 넓은 신뢰구간을 제시하는 방법이다.

2) 일원 분산분석

일원 분산분석은 독립변수가 한 개인 분산분석을 가리킨다. 이때 독립변수의 수준은 셋 이상이어야 한다. 독립변수의 수준에 따른 종속변수의 차이가 통계적으로 유의한지 검증하는 통계모형이다.

□ 일원분산분석 실습
• 연구 문제 : 도시 규모에 따라 학생들의 학습 시간이 다를 것인가?
H_0 : 모든 집단의 평균 학습 시간이 동일하다. ($\mu_1 = \mu_2 = \mu_3$)
H_1 : **적어도 하나의** 집단의 평균 학습 시간이 다른 하나의 집단의 평균과 다르다.

• 변수
− 독립변수 : ARA2Aw1(도시 규모; 1=대도시, 2=중소도시, 3=읍면도시)
− 종속변수 : study(평일 학습 시간의 평균)

변수명	레이블	값
YTIM1E01w1	[학습시간]-평일_학원 및 과외 시간	1=전혀 안 함 2=30분 미만 3= 30분~1시간 미만 4= 1~2시간 미만 5= 2~3시간 미만 6= 3~4시간 미만 7= 4시간 이상 ~
YTIM1F01w1	[학습시간]-평일_인터넷 및 TV강의 시간	
YTIM1G01w1	[학습시간]-평일_방과 후 학교	
YTIM1H01w1	[학습시간]-평일_스스로 공부하는 시간	

〈그림 38〉 일원분산분석 예시-study 변수 만들기

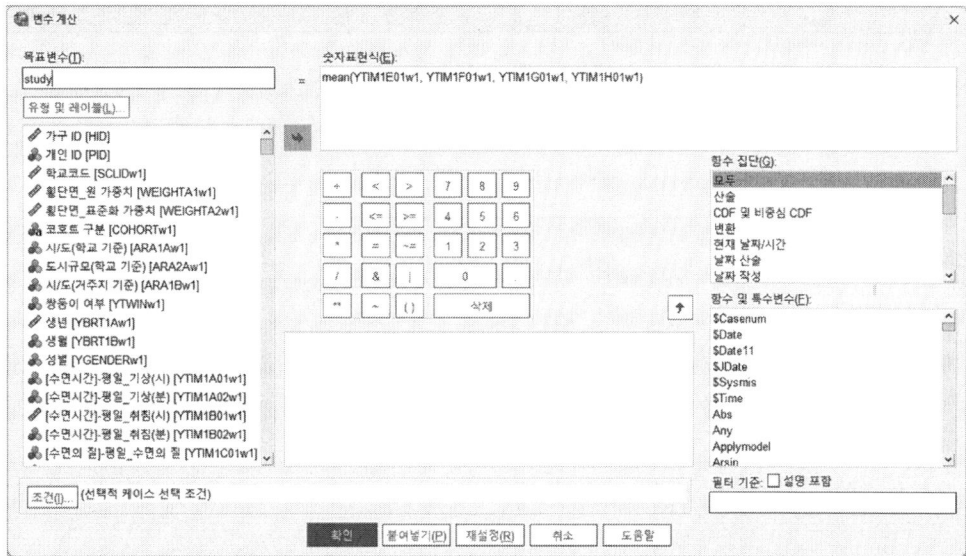

• 분석 절차
- 일원분산분석은 SPSS에서 두 가지 방법으로 실행할 수 있다. 두 가지 방법에 대해 모두 안내한다. 먼저 소개할 일원배치 분산분석은 여러 개의 일원분산분석을 동시에 실시할 수 있는 장점이 있다. 그러나 이원분산분석 그 이상에 대해서는 해당 분석으로 분석이 불가하다.

〈방법 ①〉
- 분석 > 평균 및 비율 비교 > 일원배치 분산분석 클릭

〈그림 39〉 일원 분산분석 실행 1-(1)

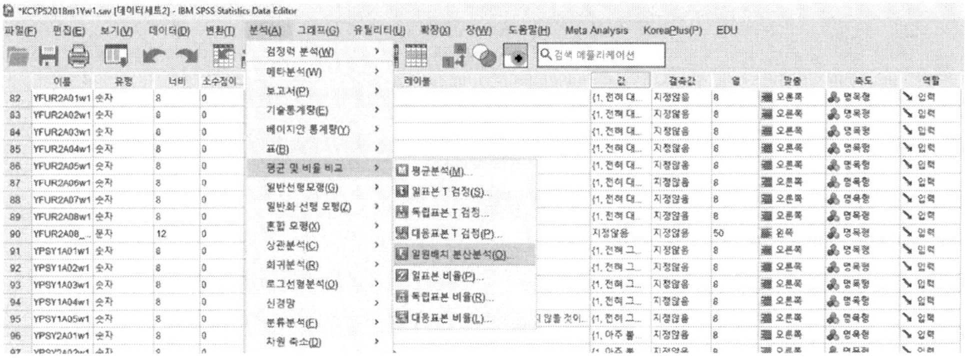

- 요인에는 독립변수를, 종속변수에는 종속변수에 해당하는 변수를 이동한다. 예제에서는 요인에 도시 규모 변수를, 종속변수에는 학습 시간 변수를 이동한다.

〈그림 40〉 일원 분산분석 실행 1-(2)

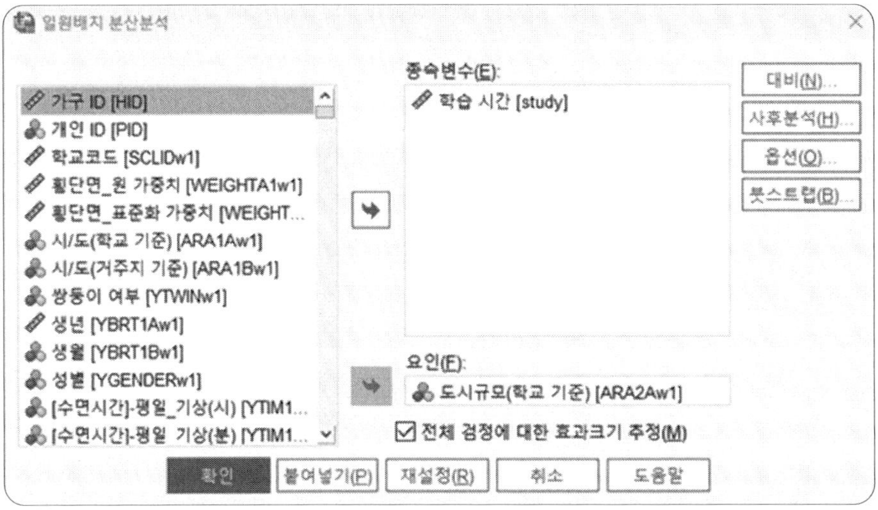

- 사후 분석 옵션을 클릭해 적절한 사후 분석 방법을 선택한다. 해당 예제에서는 가장 일반적으로 사용되는 사후 분석 방법인 Schéffe를 사용하였다.
- 옵션을 클릭해 기술통계, 분산 동질성 검정을 체크한다. 옵션에 제시된 목록은 기본적으로 제시되는 결과 외에 추가적인 결과들을 제시하도록 선택하는 탭이다.
- 아래는 SPSS에서 일원분산분석 결과로 제시되는 output이다. 가장 먼저 기술통계가 제

〈그림 41〉 일원분산분석 실행 1-(3)

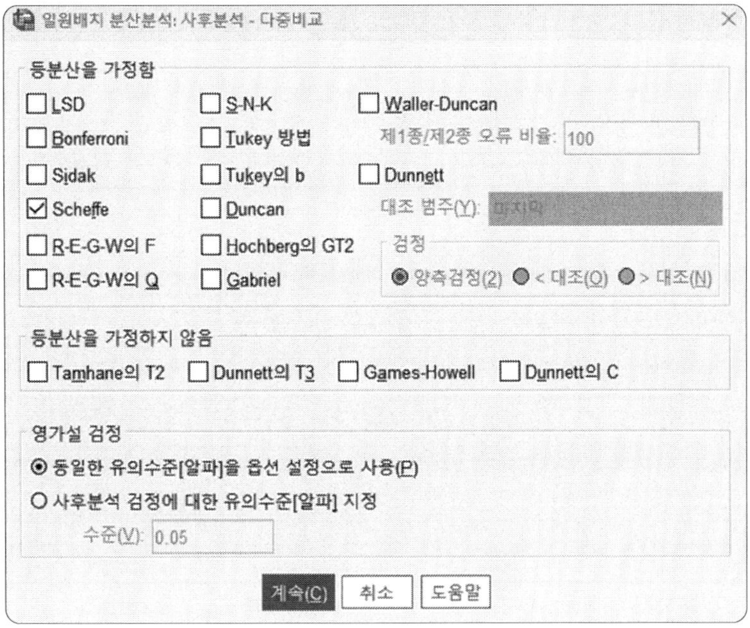

〈그림 42〉 일원분산분석 실행 1-(4)

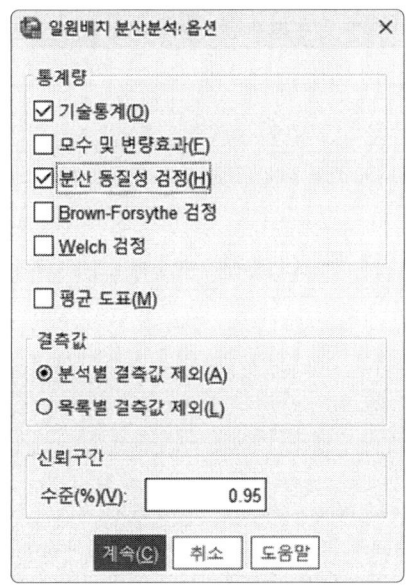

시되는데, 독립변수의 수준(대도시, 중소도시, 읍면지역)에 따른 학습 시간의 기술통계치(평균, 표준편차, 표준오차, 최솟값, 최댓값)를 제시해 준다. 결과를 살펴보면, 대도시에

거주하는 중학생은 1,087명, 중소도시는 1,136명, 읍면지역은 367명이다. 대도시 거주 학생의 평균 학습 시간은 3.03, 중소도시는 2.90, 읍면지역은 2.91로 단순히 값만 비교하였을 때는 대도시, 읍면지역, 중소도시 순으로 학습 시간이 많음을 알 수 있다.

- 다음으로 분산의 동질성 검정 결과를 보여준다. 동질성 검정 결과는 기본적으로 제시되는 결과는 아니며, 옵션에서 선택하여 추가적으로 확인할 수 있다. 독립표본 t-검정과 마찬가지로 분산의 동질성 검정의 영가설은 '집단 간 분산이 같다(차이가 없다)'이기 때문에 유의수준 5%에서 영가설 기각에 실패해야 한다. 분석 결과에서 유의확률이 .05보다 큰 값이 추정되었기 때문에, 동질성 가정이 만족되었음을 확인할 수 있다.

- 다음은 분산분석 결과이다. 집단-간에 해당하는 가로줄은 집단 간 분산, 즉 도시 규모로 인한 분산과 평균제곱에 관한 값이며, 아래의 집단-내에 해당하는 가로줄은 집단 내 분산, 즉 개인차로 인한 분산과 평균제곱에 관한 값이다. 분산분석 결과 자유도 1이 2, 자유도 2가 2,587인 F분포에서 F값은 6.81이며, 유의확률은 .001이다. 따라서 영가설을 기각하고 연구가설을 채택하므로, 도시 규모에 따라 학습 시간의 차이가 통계적으로 유의하다고 할 수 있다.

- 아래의 ANOVA 효과크기는 집단 간 차이의 크기를 제시해 주는 통계치이다. SPSS에서는 에타 제곱, 엡실런 제곱, 오메가 제곱 고정효과, 오메가 제곱 변량효과 네 가지를 제시해 준다. 가장 일반적으로 사용되는 효과크기는 에타 제곱(η^2)이다. 에타제곱 기준으로 효과크기는 .01이며, 이는 작은 효과크기에 해당하는 값이다.

- 아래의 사후 검정과 동질적 부분집합은 모두 사후검정에 대한 결과이다. 도시 규모에 따른 학습 시간의 평균 차이가 통계적으로 유의하였으므로, 사후 검정 결과가 제시된다. 만약 사후분석 탭에서 사후분석 방법을 선택하였더라도 F값이 통계적으로 유의하지 않다면 사후분석 결과를 제공되지 않는다. 다중비교 결과는 독립변수의 모든 가능한 경우의 수에 따른 개별 차이 검정 결과를 보여준다. 가장 첫줄은 대도시와 중소도시 간의 차이검정 결과로, 평균차이는 0.13이다. 유의확률은 .002로, 대도시와 중소도시의 차이가 통계적으로 유의함을 보여준다. 반면에 아랫줄의 대도시와 읍면지역의 경우 평균차이는 0.12이지만 유의확률이 .088로 집단 간 차이가 통계적으로 유의하지 않음을 보여준다.

- 아래의 동질적 부분집합은 위의 다중비교 결과를 종합하여 보여주는 결과이다. 같은 열에 있는 값들은 같은 부분집합, 즉 통계적으로 유의한 차이가 없음을 보여준다.

〈그림 43〉 일원분산분석 결과 (1)

➡ 일원배치 분산분석

기술통계

학습 시간

	N	평균	표준편차	표준오차	평균의 95% 신뢰구간 하한	평균의 95% 신뢰구간 상한	최소값	최대값
대도시	1087	3.0320	.89624	.02718	2.9786	3.0853	1.00	7.00
중소도시	1136	2.8988	.87248	.02589	2.8480	2.9496	1.00	6.75
읍면지역	367	2.9142	.88076	.04598	2.8238	3.0046	1.00	5.50
전체	2590	2.9569	.88568	.01740	2.9227	2.9910	1.00	7.00

분산의 동질성 검정

		Levene 통계량	df1	df2	유의확률
학습 시간	평균을 기준으로 합니다.	.699	2	2587	.497
	중위수를 기준으로 합니다.	.569	2	2587	.566
	자유도를 수정한 상태에서 중위수를 기준으로 합니다.	.569	2	2585.462	.566
	절삭평균을 기준으로 합니다.	.638	2	2587	.529

ANOVA

학습 시간

	제곱합	자유도	평균제곱	F	유의확률
집단-간	10.635	2	5.317	6.809	.001
집단-내	2020.231	2587	.781		
전체	2030.866	2589			

〈그림 44〉 일원분산분석 결과 (2)

ANOVA 효과 크기[a]

		포인트 추정값	95% 신뢰구간 하한	95% 신뢰구간 상한
학습 시간	에타 제곱	.005	.001	.012
	엡실런 제곱	.004	.000	.011
	오메가 제곱 고정 효과	.004	.000	.011
	오메가 제곱 변량효과	.002	.000	.006

a. 에타 제곱 및 엡실런 제곱은 고정 효과 모델을 기반으로 추정됩니다.

사후검정

다중비교

종속변수: 학습 시간
Scheffe

(I) 도시규모(학교 기준)	(J) 도시규모(학교 기준)	평균차이(I-J)	표준오차	유의확률	95% 신뢰구간 하한	95% 신뢰구간 상한
대도시	중소도시	.13320*	.03749	.002	.0414	.2250
	읍면지역	.11780	.05335	.088	-.0129	.2485
중소도시	대도시	-.13320*	.03749	.002	-.2250	-.0414
	읍면지역	-.01540	.05306	.959	-.1454	.1145
읍면지역	대도시	-.11780	.05335	.088	-.2485	.0129
	중소도시	.01540	.05306	.959	-.1145	.1454

*. 평균차이는 0.05 수준에서 유의합니다.

동질적 부분집합

학습 시간

Scheffe[a,b]

도시규모(학교 기준)	N	유의수준 = 0.05에 대한 부분집합 1	유의수준 = 0.05에 대한 부분집합 2
중소도시	1136	2.8988	
읍면지역	367	2.9142	2.9142
대도시	1087		3.0320
유의확률		.951	.053

동질적 부분집합에 있는 집단에 대한 평균이 표시됩니다.
a. 조화평균 표본크기 662.977을(를) 사용합니다.
b. 집단 크기가 동일하지 않습니다. 집단 크기의 조화평균이 사용됩니다. I 유형 오차 수준은 보장되지 않습니다.

〈방법 ②〉

다음으로 소개하는 분석 절차는 앞에서 소개한 일원배치분산분석과 달리 이원분산분석 이상에 대해서도 사용할 수 있는 분산분석 절차이다. 그러나 앞과 달리 종속변수 한 개에 대해서만 분석이 가능하기 때문에 여러 개의 분산분석 모형을 한 번에 검증할 수 없다.

- 분석 〉 일반선형모형 〉 일변량 클릭

〈그림 45〉 일원분산분석 실행 2-(1)

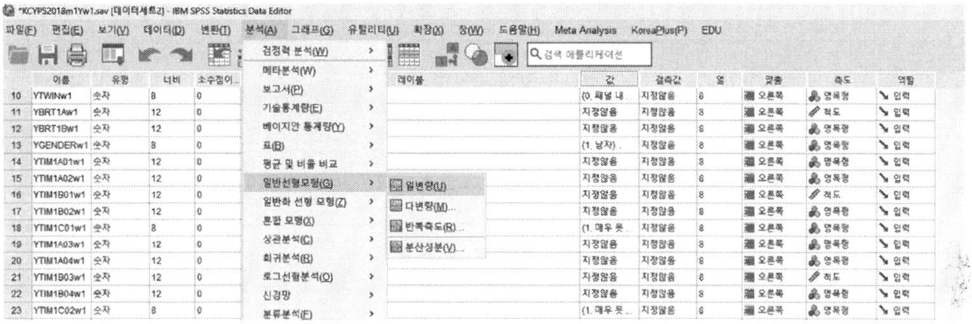

- 고정 요인에는 독립변수를, 종속변수에는 종속변수를 이동한다. 예제에서는 고정 요인에 도시 규모를, 종속변수에는 학습 시간 변수를 이동한다.

〈그림 46〉 일원분산분석 실행 2-(2)

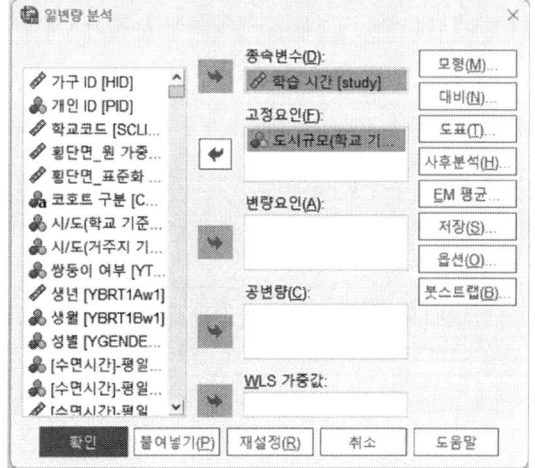

- 도표 탭을 눌러 독립변수의 수준에 따른 종속변수의 평균 값을 시각화할 수 있다. 수평축 변수에 독립변수를 이동하고 추가를 클릭한다. 후에 계속을 누른다. 선형 차트가 기본값이지만 변수의 특성에 따라 막대형 차트로 변경할 수 있다.

〈그림 47〉 일원분산분석 실행 2-(3)

- 다음으로 사후분석 탭을 눌러 사후분석을 위한 방법을 선택한다. 독립변수를 사후검정변수 칸으로 이동한다. 예제에서는 Scheffe를 사후분석 방법으로 사용하기 위하여 체크하였다.
- 마지막으로 옵션 탭을 눌러 추가적인 정보들이 제시되도록 선택한다. 앞에서 일원배치분산분석과 마찬가지로 기술통계량, 동질성 검정, 그리고 효과크기 추정값을 추가해준다. 일원배치분산분석에서는 효과크기가 추가적인 옵션 선택 없이 자동으로 보고되지만, 일변량분석에서는 반드시 옵션에서 효과크기 추정값을 추가적으로 선택해야만 한다.

⟨그림 48⟩ 일원분산분석 실행 2-(4)

⟨그림 49⟩ 일원분산분석 실행 2-(5)

• 분석 결과

아래는 일변량분석으로 실시한 일원분산분석의 output이다. 앞에서 보고한 일원배치분산분석과 결과는 동일하나, 세부적인 결과 제공에서 약간의 차이가 있다. 일원배치분산분석 결과와 차이가 있는 부분에 대해서만 언급하도록 한다.
- 개체 간 효과검정은 일원분산분석 결과를 제시한다. 도시 규모 변수명인 ARA2Aw1에 해당하는 횡은 집단 간 분산에 해당하는 결과이며, 추정값이 집단 내 분산(개인차)에 해당하는 결과이다. 따라서 결과를 보고할 때는 집단 간 분산, 집단 내 분산, 그리고 전체 세 가지만 보고하여도 무방하다.
- 일원배치분산분석과 달리 일변량분석에서는 효과크기로 부분 에타 제곱만을 제공하고 있다. 만약 일원분산분석에서 효과크기로 에타제곱 대신 다른 효과크기 추정치를 보고하고 싶다면 일원배치분산분석으로 분석할 것을 권장한다.
- 가장 아래의 프로파일 도표에는 독립변수의 수준에 따른 종속변수의 평균값을 도식화한 결과를 보여준다.

<그림 50> 일원분산분석 결과 2-(1)

개체-간 요인

	값 레이블	N
도시규모(학교 기준)	1	대도시	1087
	2	중소도시	1136
	3	읍면지역	367

기술통계량

종속변수: 학습 시간

도시규모(학교 기준)	평균	표준편차	N
대도시	3.0320	.89624	1087
중소도시	2.8988	.87248	1136
읍면지역	2.9142	.88076	367
전체	2.9569	.88568	2590

오차 분산의 동일성에 대한 Levene의 검정[a,b]

		Levene 통계량	자유도1	자유도2	유의확률
학습 시간	평균을 기준으로 합니다.	.699	2	2587	.497
	중위수를 기준으로 합니다.	.569	2	2587	.566
	자유도를 수정한 상태에서 중위수를 기준으로 합니다.	.569	2	2585.462	.566
	절삭평균을 기준으로 합니다.	.638	2	2587	.529

여러 집단에서 종속변수의 오차 분산이 동일한 영가설을 검정합니다.
a. 종속변수: 학습 시간
b. Design: 절편 + ARA2Aw1

개체-간 효과 검정

종속변수: 학습 시간

원인	제 III 유형 제곱합	자유도	평균제곱	F	유의확률	부분 에타 제곱
수정된 모형	10.635[a]	2	5.317	6.809	.001	.005
절편	17288.762	1	17288.762	22139.064	<.001	.895
ARA2Aw1	10.635	2	5.317	6.809	.001	.005
추정값	2020.231	2587	.781			
전체	24675.188	2590				
수정된 합계	2030.866	2589				

a. R 제곱 = .005 (수정된 R 제곱 = .004)

〈그림 51〉 일원분산분석 결과 2-(2)

사후검정

도시규모(학교 기준)

다중비교

종속변수: 학습 시간
Scheffe

(I) 도시규모(학교 기준)	(J) 도시규모(학교 기준)	평균차이(I-J)	표준오차	유의확률	95% 신뢰구간 하한	95% 신뢰구간 상한
대도시	중소도시	.1332*	.03749	.002	.0414	.2250
	읍면지역	.1178	.05335	.088	-.0129	.2485
중소도시	대도시	-.1332*	.03749	.002	-.2250	-.0414
	읍면지역	-.0154	.05306	.959	-.1454	.1145
읍면지역	대도시	-.1178	.05335	.088	-.2485	.0129
	중소도시	.0154	.05306	.959	-.1145	.1454

관측평균을 기준으로 합니다.
오차항은 평균제곱(오차) = .781 입니다.
*. 평균차이는 .05 수준에서 유의합니다.

동질적 부분집합

학습 시간

Scheffe[a,b,c]

도시규모(학교 기준)	N	부분집합 1	부분집합 2
중소도시	1136	2.8988	
읍면지역	367	2.9142	2.9142
대도시	1087		3.0320
유의확률		.951	.053

동질적 부분집합에 있는 집단에 대한 평균이 표시됩니다.
관측평균을 기준으로 합니다.
오차항은 평균제곱(오차) = .781 입니다.
 a. 조화평균 표본크기 662.977을(를) 사용합니다.
 b. 집단 크기가 동일하지 않습니다. 집단 크기의 조화평균이 사용됩니다. I 유형 오차 수준은 보장되지 않습니다.
 c. 유의수준 = .05.

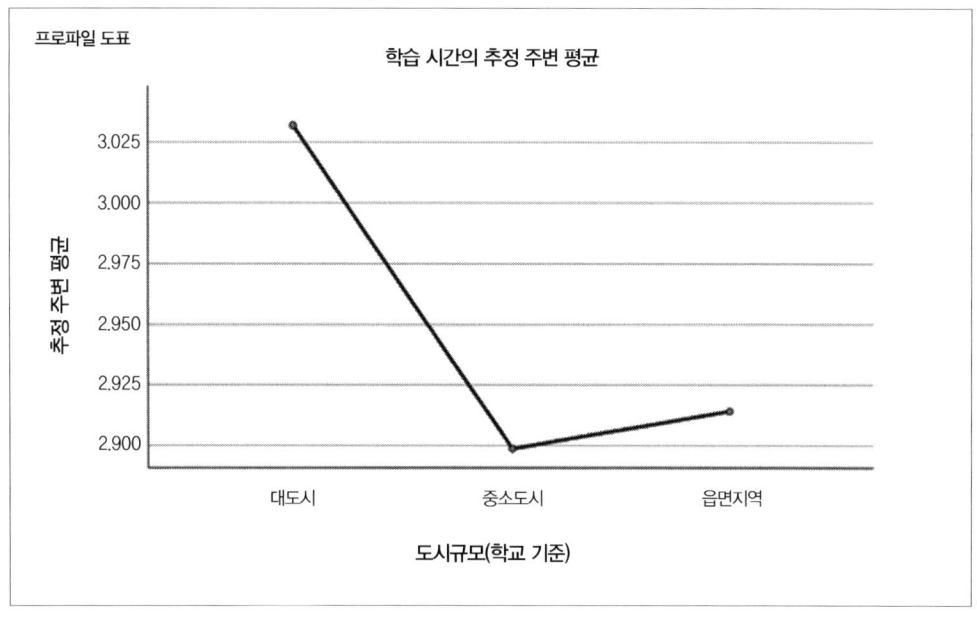

〈그림 52〉 일원분산분석 결과 2-(3)

• 분석 결과 예시

도시 규모에 따른 학습 시간의 차이를 비교하기 위하여 일원분산분석을 실시하였다. 분석 결과, 도시 규모에 따른 학습 시간의 차이는 통계적으로 유의하였다($F(2, 2587)=6.81$, $p=.001$). 학습 시간에 대한 도시 규모의 효과 크기는 .01으로 작은 크기에 해당하였다 ($\eta^2=.01$).

〈표 10〉 도시 규모에 따른 학습 시간의 일원분산분석 결과

	SS	df	MS	F	p	η^2
도시 규모	10.63	2.00	5.32	6.81	.001	.01
오차	2020.23	2587.00	0.78			
전체	2030.87	2589.00				

*$p<.05$ **$p<.01$ ***$p<.001$

4) 요인설계(factorial design)

분산분석을 통해 종속변수에 대한 독립변수의 효과를 검증할 때 두 개 이상의 독립변수가 미치는 효과를 동시에 분석할 수 있다. 종속변인을 설명하는데 한 개 이상의 독립변수가 교차적으로 결합하여 사용되는 것을 요인설계(factorial design)라 한다. 요인설계는 두 개 이상의 독립변수에 대해서, 혹은 피험자 간 설계와 피험자 내 설계가 혼합되는 등 다양한 형태가 가능하다.

□ **요인설계의 장점**
요인설계를 함으로써 연구자는 경제성, 실험의 통제 가능성, 일반화 가능성의 장점을 얻을 수 있다. 각 장점에 대한 구체적인 설명은 다음과 같다.

• 경제성(Efficacy)
요인설계는 하나의 실험 설계에서 여러 개의 독립변수를 동시에 고려하기 때문에, 실험 진행 과정에 있어 시간과 자원을 절약할 수 있다. 예를 들어, 학습 성과에 대한 교수 방법과 학습 시간 두 개의 독립변수의 효과를 검증하는 상황을 고려해 보자. 각 변수는 모두 세 개의 수준으로 구성되어 있으며, 집단별로 30명의 사례수를 수집할 예정이다.

각 변수의 효과를 개별적으로 검증하는 단요인 연구 설계 상황에서는 총 180명의 실험 참여자를 모집해야 한다.

교수 방법

M1	M2	M3
$n=30$	$n=30$	$n=30$

학습 시간

L1	L2	L3
$n=30$	$n=30$	$n=30$

그러나 두 변수를 동시에 검증하는 이요인 설계를 하는 경우에는 90명으로도 조건별 사례수 30명을 확보할 수 있다.

		교수 방법		
		M1	M2	M3
학습 시간	L1	$n=10$	$n=10$	$n=10$
	L2	$n=10$	$n=10$	$n=10$
	L3	$n=10$	$n=10$	$n=10$

또한 요인설계를 통해 각 독립변수가 종속변수에 미치는 효과뿐만 아니라 독립변수 간의 상호작용효과(interaction effect)를 검증할 수 있다. 상호작용효과는 각 독립변수의 효과를 개별적으로 검증하는 일요인 연구 설계에서는 검증할 수 없는 정보이다.

- 실험 통제 가능성(Experimental Control)

요인설계는 독립변수의 수준을 피험자에게 무선 할당하거나, 요인의 수준을 균등하게 설정하기 때문에 혼입변수(confounding variable)의 영향을 통제할 수 있다. 예를 들어, 처치 외에 종속변수에 영향을 미칠 수 있는 개인차 변수를 통제하기 위해 개인차 변수를 하나의 독립변수로 실험 설계에 포함한다. 이를 통해 전체 분산 중 개인차 분산(즉, 오차분산 혹은 피험자 내 분산)의 비율이 감소하게 된다. 이를 통해 실험에 대한 통제력이 높아지고, 검증력이 상승하는 것이다.

- 일반화 가능성(Generalizability)

일반화 가능성이란 연구 결과를 실험 상황 외의 다양한 맥락이나 조건에 적용할 수 있는 능력을 의미한다. 여러 개의 독립변수를 동시에 고려하는 요인설계는 일요인 설계보다 현실 세계를 더 잘 반영하는 연구설계이기 때문에 일반화 가능성을 높이는 연구설계라 할 수 있다. 현실에서는 특정한 독립변수가 독립적으로 영향을 미치기보다는 여러 독립변수가 동시다발적으로 영향을 미치며, 이로 인하여 독립변수 간의 상호작용효과 또한 자주 발생하기 때문이다.

또한 요인설계에서는 연구자가 독립변수를 실험 설계 내에서 체계적으로 변화시킴으로써 특정 조건에서의 타당성을 확보할 수 있다. 예를 들어, 특정 교수법의 효과를 검증하는 연구를 가정할 수 있다. 연구자는 강의 시간과 학습자의 연령을 동시에 변화시켜 교수법의 효과를 검증함으로써, 강의 시간과 연령이 바뀌었을 때에도 교수법이 효과적인지를 검증할 수 있다. 즉, 실험 조건을 인위적으로 다양하게 변화시켜 현실의 여러 조건을 실험 상황에 반영할 수 있으며, 이를 통해 실험 결과가 더 다양한 상황에서 적용될 수 있는 가능성을 높이게 된다.

□ **요인설계의 기본 원리**

두 개 이상의 독립변수를 동시에 검증하는 요인설계는 기존의 분산분석의 선형모형에 상호작용효과가 추가된다. 예를 들어, 종속변수 Y에 대한 독립변수 A와 B의 효과를 검증하는 실험 설계를 가정해보자. 독립변수 A의 j번째 수준과 독립변수 B의 k번째 수준의 영향을 받은 i번째 피험자 Y_{ijk}의 종속변수는 다음과 같은 선형모형을 따른다.

$$Y_{ijk} = \mu + a_j + \beta_k + r_{jk} + \epsilon_{ijk}$$

μ : 전체 평균
a_j : 독립변수 A의 효과
β_k : 독립변수 B의 효과
r_{jk} : 두 독립변수 A, B의 상호작용 효과
ϵ_{ijk} : 개인차

즉, 두 개의 독립변수에 대한 종속변수 Y의 값은 독립변수 A로 인한 효과(a_j), 독립변수 B로 인한 효과(β_k), 두 독립변수의 상호작용 효과(r_{jk})와 개인차(ϵ_{ijk})로 구성된다.

이를 실제 연구에서의 편차제곱합의 형태로 나타내면 다음과 같다.

$$SS_{total} = SS_A + SS_B + SS_{AB} + SS_{error}$$

위의 식에서 알 수 있듯이, 2개의 독립변수가 동시에 종속변수에 미치는 효과를 검증하는 요인설계에서는 처치효과가 세 가지로 분해된다. 이중 각 독립변수가 미치는 고유한 효과(SS_A와 SS_B)를 주효과(main effect)라 하며, 두 독립변수가 동시에 미치는 효과(SS_{AB})를 상호작용효과(interaction effect)라 한다. 일반적으로 요인설계의 목적은 바로 상호작용효과를 검증하는 것이라 할 수 있다.

상호작용효과를 이해하기 쉽게 다음과 같이 예시를 들 수 있다. 예를 들어, 각각 두 개의 수준을 가진 두 개의 요인 A(a1, a2), B(b1, b2)의 효과를 검증하는 상황을 가정해 보자. 이요인설계에서 검증할 수 있는 효과는 상호작용효과, 주효과, 단순주효과이다.

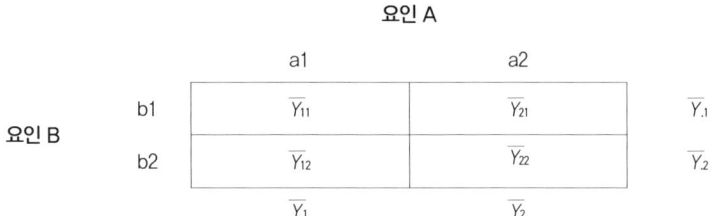

우선 각 독립변수의 고유한 효과인 주효과를 계산할 수 있다. 주효과는 다른 하나의 독립변수를 통제했을 때 독립변수가 종속변수에 미치는 효과를 의미한다. 주효과는 독립변수의 각 수준의 평균 차이로 계산한다.

독립변수 A 주효과 : $\bar{Y}_{1.} - \bar{Y}_{2.}$
독립변수 B 주효과 : $\bar{Y}_{.1} - \bar{Y}_{.2}$

단순주효과는 한 독립변수의 수준을 고정한 상태에서 다른 독립변수의 수준에 따라 종속변수가 어떻게 달라지는지를 계산한다. 독립변수 A와 B의 단순주효과는 다음과 같이 계산한다.

a1일 때 요인 B의 단순주효과 : $\bar{Y}_{21} - \bar{Y}_{22}$
a2일 때 요인 B의 단순주효과 : $\bar{Y}_{11} - \bar{Y}_{12}$

마지막으로 상호작용효과는 한 독립변수의 효과가 다른 독립변수의 수준에 따라 어떻게 달라지는지 계산한다. 구체적으로 a1에서 요인 B의 단순주효과와 a2에서 요인 B의 단순주효과의 차이를 계산한다.

요인 A와 B의 상호작용효과 : $(\bar{Y}_{11} - \bar{Y}_{22}) - (\bar{Y}_{21} - \bar{Y}_{12})$

□ **요인설계에서 통계 결과 해석 순서**
분산분석에서 추정되는 세 가지의 효과(상호작용효과, 주효과, 단순주효과)는 다음과 같은 순서를 통해 해석한다. 먼저, 상호작용효과의 통계적 유의성을 검증한다. 상호작용효과가 통계적으로 유의한 것은 한 독립변수의 수준에 따라 다른 독립변수의 효과가 달라지는 것을 의미하므로, 독립변수의 수준에 따라 효과를 세분화하여 추정할 필요가 있다. 따라서 상호작용효과가 통계적으로 유의한 경우 단순주효과를 검증 및 보고하도록 한다. 상호작용효과는 그림으로 함께 제시하여 설명한다. 만일 상호작용효과가 통계적으로 유의하지 않다면, 효과가 독립변수의 수준에 따라 차이가 없는 것을 의미하므로 각 변수의 주효과를 보고하도록 한다.

〈그림 53〉 요인설계 결과 해석 순서

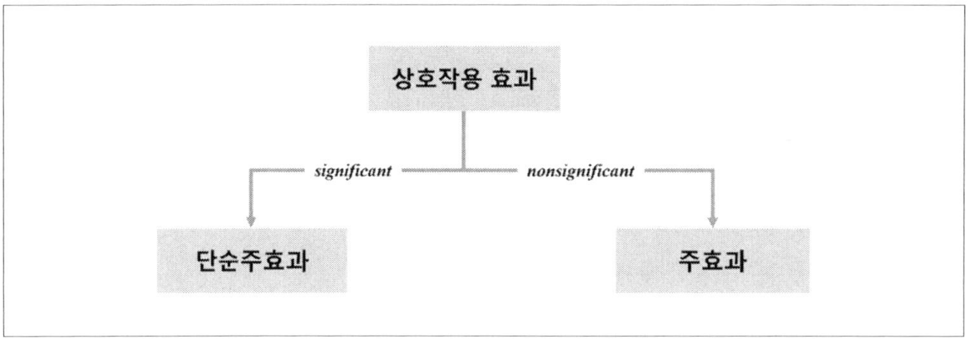

□ 이원분산분석 실습
- 연구 문제 : 성별과 운동 여부에 따라 신체 증상 차이가 있는가?
- 변수
  - 독립변수 : 성별, 운동
  - 종속변수 : 신체 증상

변수	변수명	레이블	값
신체 증상	YPSY4C01w1	깊이 잠들지 못하고 자다가 잠에서 깨곤 한다	1=전혀 그렇지 않다 2=그렇지 않은 편이다 3=그런 편이다 4=매우 그렇다
	YPSY4C02w1	머리가 자주 아프다	
	YPSY4C03w1	속이 자주 메슥거린다	
	YPSY4C04w1	공부를 하면 배가 아플 때가 있다	
	YPSY4C05w1	입맛이 없을 때가 있다	
	YPSY4C06w1	자주 피곤하다	
	YPSY4C07w1	숨쉬기 어려울 때가 있다	
	YPSY4C08w1	자주 열이 나는 것처럼 느껴진다	
성별	YGENDERw1	성별	1=남자 2=여자
운동	YPHY1B00w1	지난 일주일 간 땀이 날 정도로 운동한 시간	1=없다 2=1시간 3=2시간 4=3시간 5=4시간 이상

- 운동은 원래 연속형 변수이나, 이분형 변수로 더미 코딩하여 분석에 사용하도록 한다.
- 변환 〉 다른 변수로 코딩 변경 클릭

〈그림 54〉 이원분산분석 실습-다른 변수로 코딩 변경 (1)

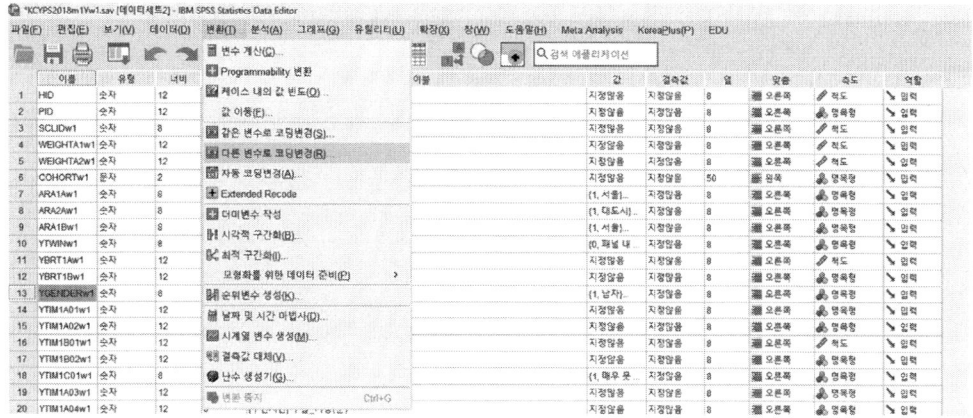

- 운동의 원래 변수(YPHY1B00w1)를 이동한 후 오른쪽 출력변수에 새로운 변수명과 레이블을 입력하고, 변경을 클릭한다. 예제에서는 exercise로 변수명을, 운동으로 레이블을 작성하였다.
- 새로운 변수명을 입력한 후에는 기존값 및 새로운 값을 클릭한다.

〈그림 55〉 이원분산분석 실습-다른 변수로 코딩 변경 (2)

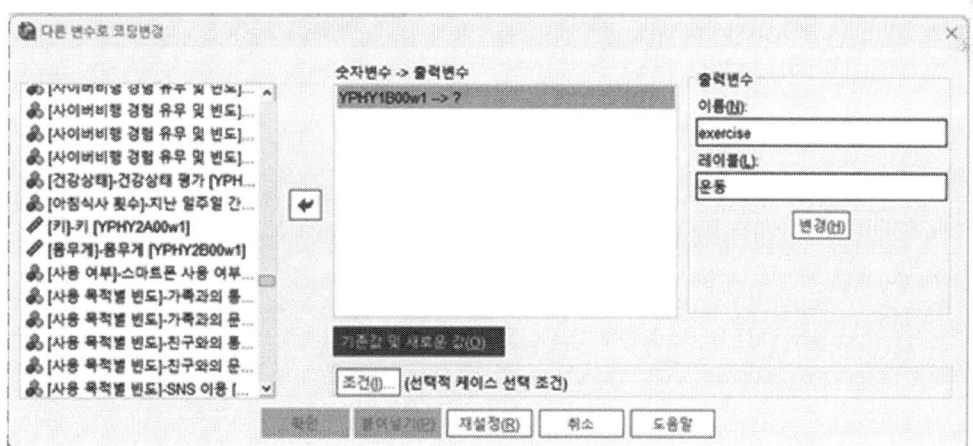

- 더미코딩을 위하여 '1(없다)'는 0으로, 나머지는 1으로 재코딩한다. 이를 위해 1은 0으로, 기타 모든 값은 1로 입력해 준다. 완료한 후에는 계속을 눌러 마무리한다.

<그림 56> 이원분산분석 실습-다른 변수로 코딩 변경 (3)

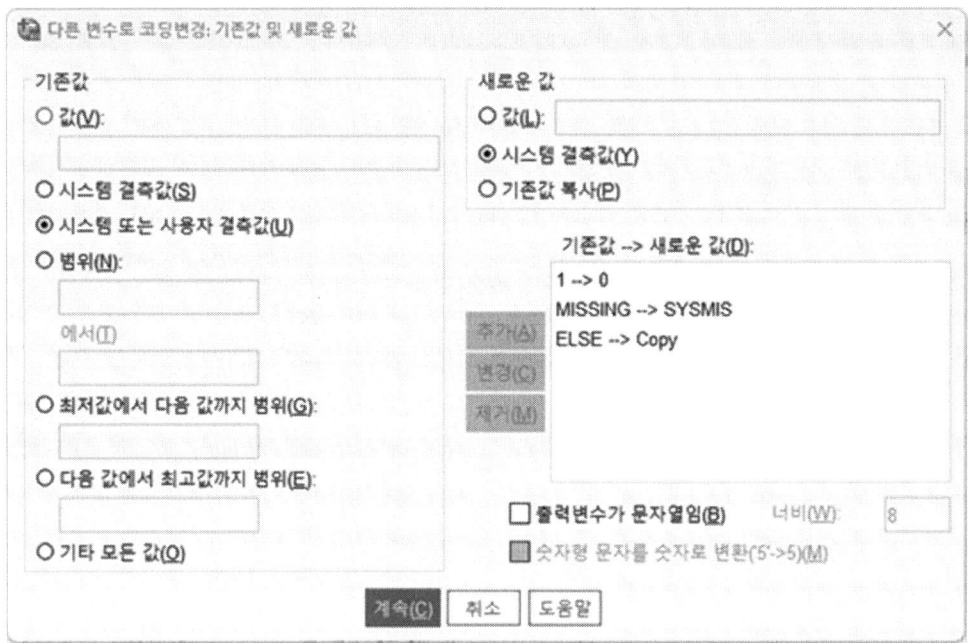

- 분석
- 이원분산분석부터는 일반선형모형의 일변량을 사용하여 분석을 실시하여야 한다. 앞에서 언급하였듯이 평균비교의 일원배치분산분석에서는 독립변수를 1개만 선택할 수 있기 때문이다.
- 분석 〉 일반선형모형 〉 일변량 클릭

<그림 57> 이원분산분석 실행 예시 (1)

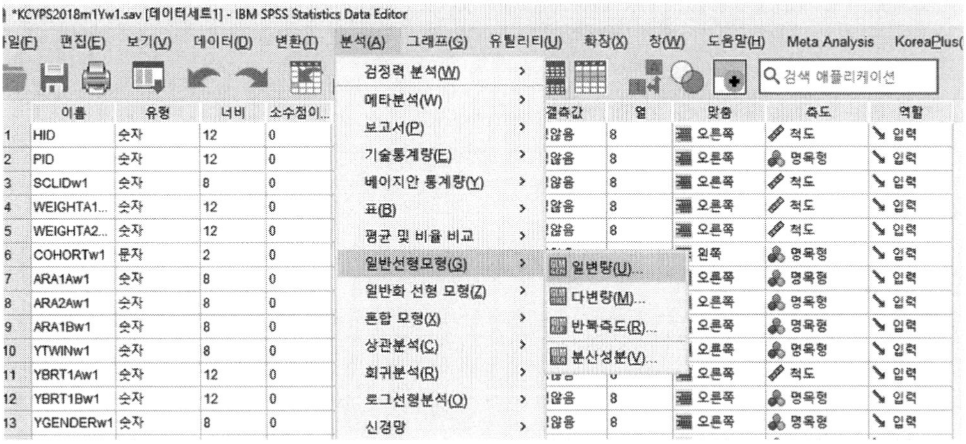

- 종속변수에는 신체증상 변수를, 고정요인에는 독립변수인 운동과 성별을 이동한다.

<그림 58> 이원분산분석 실행 예시 (2)

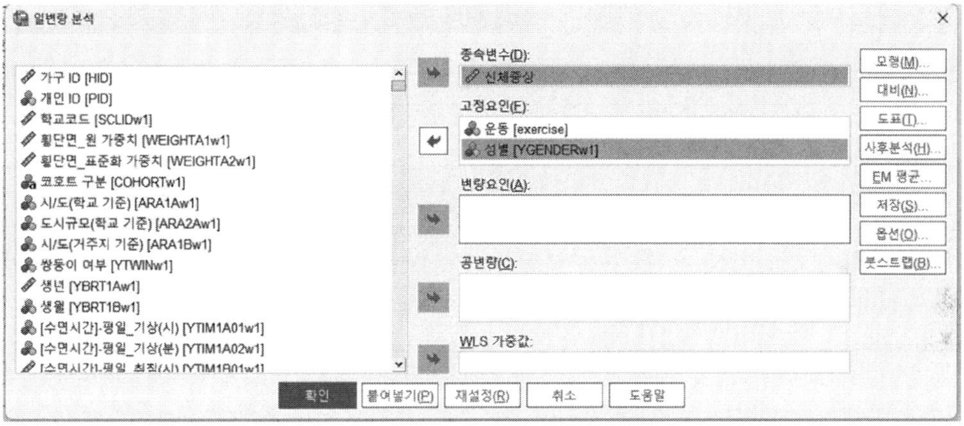

- 이원분산분석에서 상호작용효과를 가장 직관적으로 보여주는 것은 도표이기 때문에 도표를 그릴 것을 권장한다. 도표는 도표 탭을 클릭하여 그릴 수 있다.

수평축 변수와 선구분 변수에는 독립변수 두 가지를 연구자의 목적 따라 이동한다. 선구분 변수는 독립변수의 수준에 따라 선을 그려준다. 예제에서는 운동 여부에 따른 신체 증상을 남학생과 여학생별로 제시하기 위하여 수평축 변수에는 운동을, 선구분 변수에는 성별을 이동하였다.

〈그림 59〉 이원분산분석 실행 예시 (3)

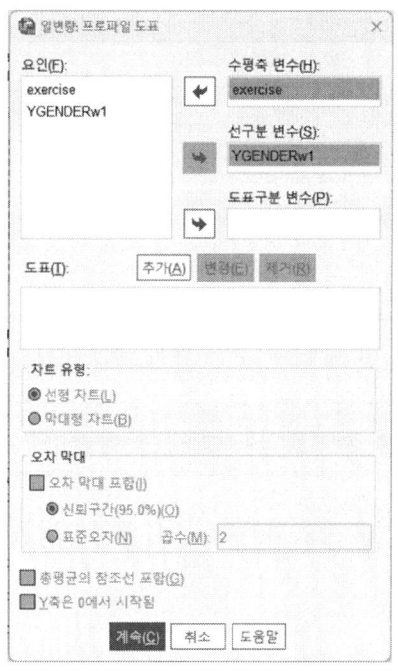

- 일원분산분석과 마찬가지로 기술통계량, 효과크기 추정값, 동질성 검정을 체크한다.

〈그림 60〉 이원분산분석 실행 예시 (4)

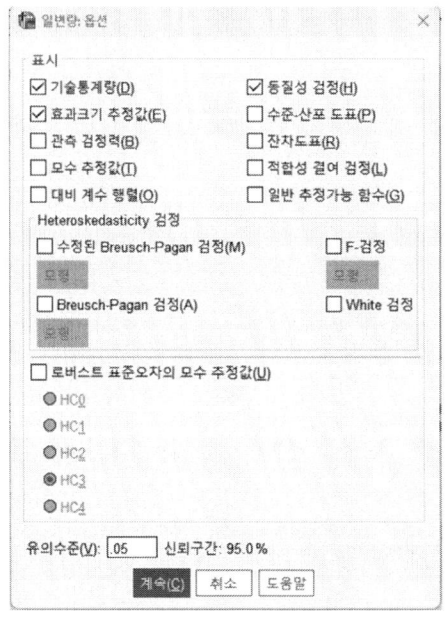

• 분석 결과
- 아래는 신체 증상에 대한 운동과 성별의 이원분산분석 output이다.
- 가장 먼저 개체간 요인에서는 두 개의 독립변수의 수준별 사례수를 보여준다. 운동을 전혀 하지 않는 학생은 478명, 운동을 하는 학생은 2,112명이다. 남학생은 1,405명, 여학생은 1,185명으로 구성되어 있다.
- 그 다음은 독립변수의 각 조합에 따른 기술통계치(평균과 표준편차), 그리고 사례수를 보여준다. 운동과 성별의 제시 순서는 분석 당시에 독립변수의 투입 순서이기 때문에, 변경을 원하는 경우에는 성별과 운동 순서로 독립변수를 투입하면 된다. 운동을 하지 않는 남자 중학생의 평균 신체증상은 1.98, 운동을 하지 않는 여자 중학생의 평균 신체증상은 1.99이다. 운동을 하는 남자 중학생의 경우에는 1.77. 여자 중학생은 1.93이다. 기술통계치만을 살펴보았을 때 남자 중학생은 운동 여부에 따른 신체 증상의 차이가 여학생보다 큰 것을 확인할 수 있다.
- 아래는 종속변수의 오차 분산에 대한 집단 간 동질성 검정 결과를 보여준다. 신체 증상의 분산은 집단 간에 동일한 수준임을 알 수 있다.
- 아래 개체-간 효과 검정은 이원분산분석 결과를 보여준다. 일원분산분석과 달리 한 행이 추가된 것을 알 수 있는데, 두 독립변수 간의 곱이 원인인 행이 새롭게 추가되었다. 이것이 바로 상호작용효과로, 이원분산분석 결과에서 가장 핵심적인 부분이라 할 수 있다. 분석 결과를 살펴보면, 운동과 성별의 주효과는 통계적으로 유의하다. 또한 상호작용효과도 통계적으로 유의함을 알 수 있다.

〈그림 61〉 이원분산분석 결과 (1)

➡ 일변량 분산분석

개체-간 요인

		값 레이블	N
운동	.00	운동 안 함	478
	1.00	운동 함	2112
성별	1	남자	1405
	2	여자	1185

기술통계량

종속변수: 신체증상

운동	성별	평균	표준편차	N
운동 안 함	남자	1.9764	.61978	122
	여자	1.9933	.59746	356
	전체	1.9890	.60262	478
운동 함	남자	1.7725	.57722	1283
	여자	1.9290	.63731	829
	전체	1.8339	.60621	2112
전체	남자	1.7902	.58364	1405
	여자	1.9483	.62605	1185
	전체	1.8625	.60842	2590

오차 분산의 동일성에 대한 Levene의 검정[a,b]

		Levene 통계량	자유도1	자유도2	유의확률
신체증상	평균을 기준으로 합니다.	2.238	3	2586	.082
	중위수를 기준으로 합니다.	1.936	3	2586	.122
	자유도를 수정한 상태에서 중위수를 기준으로 합니다.	1.936	3	2512.668	.122
	절삭평균을 기준으로 합니다.	2.282	3	2586	.077

여러 집단에서 종속변수의 오차 분산이 동일한 영가설을 검정합니다.
a. 종속변수: 신체증상
b. Design: 절편 + exercise + YGENDERw1 + exercise * YGENDERw1

– 마지막으로 프로파일 도표는 운동 여부에 따른 신체 증상 수준의 차이가 성별에 따라 달라지는 것을 시각화하여 보여준다.

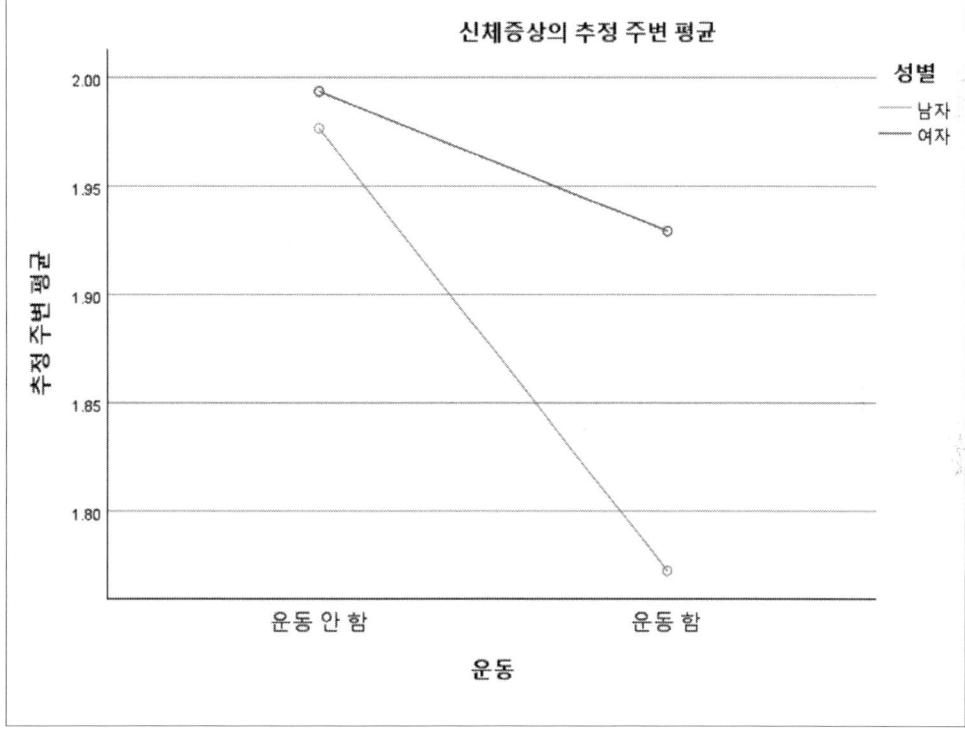

〈그림 62〉 이원분산분석 결과 (2)

- 단순주효과 분석
  - 상호작용효과가 통계적으로 유의했으므로, 운동과 성별에 대한 단순주효과 분석을 실시해야 한다. 두 독립변수에 대한 단순주효과를 모두 보고하기도 하지만, 연구 목적에

따라 가장 관심 있는 독립변수의 단순주효과만을 보고하는 것도 가능하다. 예제 데이터에서는 성별의 단순주효과만을 분석하도록 한다. SPSS에서 단순주효과는 독립변수의 수준에 따라 케이스 선택 후 *t*-검정 또는 일원분산분석을 실시하거나, Syntax를 활용하여 분석도 가능하다.

- 아래는 단순주효과분석을 위한 SPSS Syntax이다. 두 개의 독립변수(IV1, IV2)가 있고, 각각의 독립변수는 n개와 m개의 수준이라고 가정했을 때의 예시이다.

〈표 11〉 단순주효과분석을 위한 SPSS syntax

```
MANOVA DV by IV1(1,n) IV2(1, m)
/design IV1 within IV2(1)
       IV1 within IV2(2)
           ⋮
       IV1 within IV2(m).
EXECUTE.
```

Note. DV = 종속변수, IV1 = 독립변수 1, IV2 = 독립변수 2, n=독립변수1의 수준의 수, m=독립변수2의 수준의 수

- 예제 데이터에서 성별의 단순주효과를 검증하기 위하여 아래와 같이 작성할 수 있다. 작성 후에는 명령문 전체를 선택하여 PLAY 단추(▶)를 클릭하여 명령문을 실행한다.

〈그림 63〉 단순주효과분석을 위한 spss syntax 예시

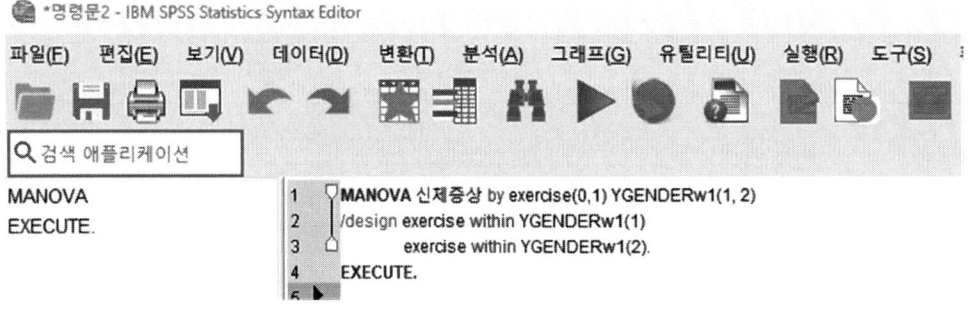

- 단순주효과 output 파일은 독립변수의 수준에 따른 제곱합을 분해한 결과를 보여준다. 독립변수의 수준에 따라 제곱합은 아래와 같이 분해된다.

<표 12> 단순주효과 분산분석표

분산원	제곱합(SS)	자유도(df)	평균제곱(MS)	F	p
변수 A $B=k$ $(k=1,...,K)$	$SSA_{B=k}$	df_A	$MSA_{B=k}$	$MSA_{B=k}/MSW$	
변수 B $A=j$ $(j=1,...,J)$	$SSB_{A=j}$	df_B	$MSB_{A=j}$	$MSB_{A=j}/MSW$	
오차	SSW	df_W	MSW		

- 아래는 성별의 단순주효과 검증 결과이다. EXERCISE WITHIN YGENDERw1(1)은 남학생에 대한 단순주효과를, EXERCISE WITHIN YGENDERw1(2)는 여학생에 대한 단순주효과를 보여준다. 남학생의 F값에 대한 유의확률이 .05보다 작은 값이므로, 남학생은 운동 여부에 따른 신체 증상의 차이가 통계적으로 유의한 것을 의미한다. 반면에 여학생은 유의확률이 .05보다 큰 값이므로, 여학생의 신체 증상은 운동 여부에 따른 차이가 통계적으로 유의하지 않은 것을 의미한다.

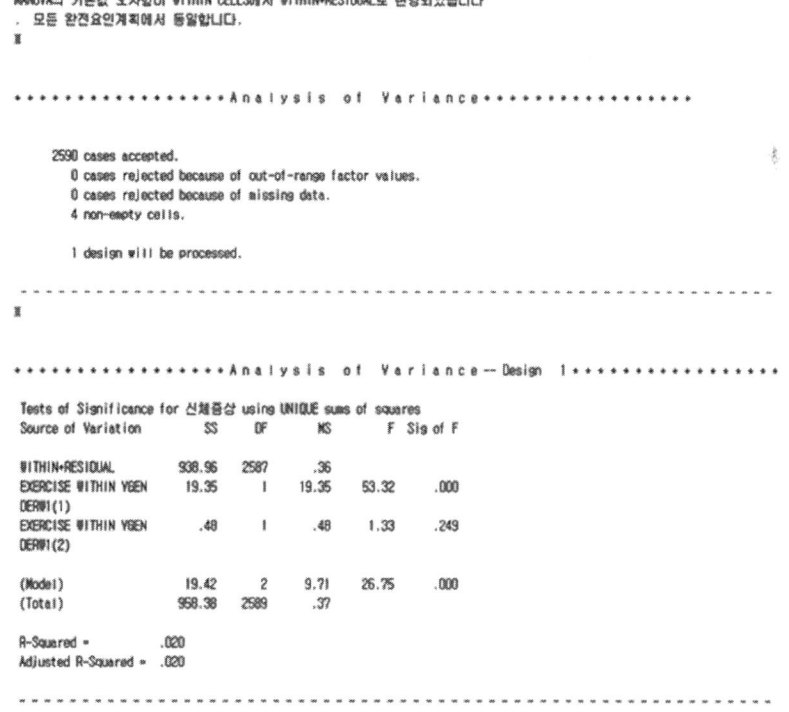

〈그림 64〉 단순주효과 분석 결과 예시

3. 공분산분석(Analysis of Covariance; ANCOVA)

실험 설계에서는 독립변수와 종속변수의 인과성을 검증하기 위해서 독립변수 외에 종속변수에 영향을 미칠 수 있는 비체계적이고 우연적인 효과(오차 요인에 의한 효과)를 통제해야 한다. 그러나 실험 환경 또는 목적에 따라 불가피하게 오차 요인에 의한 효과를 통제하지 못하여 처치효과를 타당하게 검증하기 어려운 경우가 발생하기도 한다.

예를 들어, 교수법(교수법 A, B, C)이 학생들의 시험 성적에 미치는 영향을 검증하는 연구 설계를 가정할 수 있다. 이때 교수법 외에도 학생들의 기존의 학업 수준이 시험 성적에 영향을 미칠 수 있다. 따라서 교수법 실시 이전의 학업 수준을 통제한 후에 각 교수법이 시험 성적에 미치는 순수한 효과를 검증하는 것이 필요하다. 그러나 실험 설계에서 처치 이전에 연구 참여자의 학업 수준을 통제하는 것은 쉬운 일이 아니다. 따라서 실험 설계를 통해 시험 성적을 통제하는 것 대신에 통계적 절차를 통해 학업 수준을 간접적으로 통제한 후 교수법이 시험 성적에 미치는 효과를 검증하는 것이 바로 공분산분석의 원리이다.

□ 공분산분석의 정의

공분산분석이란, 분산분석 과정에서 공분산의 효과를 통계적인 절차를 통해 통제한 후 독립변수가 종속변수에 미치는 효과를 검증하는 통계모형을 의미한다. 기존의 분산분석 모형에 연속형 변수의 공변수가 추가된 형태로, 분산분석과 회귀분석의 합쳐진 통계모형이다. 여기서 공분산 혹은 공변수(covariance)이란 독립변수 이외에 종속변수에 영향을 미칠 수 있으나 연구자의 관심사에 해당하지 않는 개인차(individual difference) 변수를 의미한다. 주로 사회경제적 지위(Social Economic Status; SES), 처치 이전의 사전 점수, 연령과 같이 실험 설계 과정에서 조작하기 어려운 변수들이 공변수로 투입될 수 있다. 다만 공분산은 처치 이전부터 존재하는 개인차이기 때문에, 실험에서 처치가 이루어지기 전에 측정이 이루어져야 한다.

한 개의 독립변수와 한 개의 공변수 X_{ij}를 갖는 공분산분석의 통계모형은 다음과 같다.

$$Y_{ij} = \mu + a + \beta(X_{ij} - \overline{X}) + \epsilon_{ij}$$
$$\sum a_i = 0, \ \epsilon \sim N(0, \sigma^2)$$

Y_{ij}는 j번째 집단의 i번째 개인의 종속변수의 값을 나타낸다. μ는 종속변수 Y의 전체 평균을 의미하며, a는 집단 j의 효과로, 주효과를 나타낸다. 분산분석과 마찬가지로 독립변수

는 고정효과(fixed effect)이며, 각 집단의 주효과의 총합은 0이 된다. ϵ_{ij}은 j번째 집단의 i번째 개인의 오차로, 평균이 0이고 분산이 σ^2인 정규분포에서 독립적으로 추출된 것을 가정한다.

공분산분석과 분산분석의 통계모형에서 가장 큰 차이점은 $\beta(X_{ij}-\overline{X})$이 새롭게 추가된 것이다. $\overline{X}$는 공변수 의 X평균을 의미하는 것으로, $X_{ij}-\overline{X}$는 공변수 X의 평균중심화(mean-centering)된 값을 의미한다. 공변수를 평균중심화하는 까닭은 두 가지 이유가 있다.

첫째, 공변수를 평균중심화하면 공변수의 평균값에 대한 종속변수의 예측값이 절편으로 표현된다. 이는 절편의 해석이 더 직관적이고 유용하게 만드는 결과가 된다. 둘째, 공변수와 독립변수 간의 다중공선성(multicollinearity)이 감소한다. 만약 공변수와 독립변수의 관계의 강도가 큰 경우라면 두 변수 간에 관계에 대하여 왜곡된 결론이 도출될 수 있으나, 평균중심화를 통해 각 변수의 분산이 독립적으로 해석되도록 조정할 수 있어 해석 결과가 더욱 안정적으로 변한다.

β는 종속변수에 대한 공변수의 회귀계수를 나타내며, 모든 집단에서 회귀계수가 동일함을 가정하기 때문에 전체 표본에 대한 회귀계수를 의미한다. 회귀계수를 통해 종속변수의 값을 원래의 집단 j의 주효과를 공변수의 평균값으로 조정할 수 있게 된다. 이때 집단 j의 주효과가 공변수의 평균값으로 조정된 값을 추정된 주변 평균(estimated marginal means)이라 한다.

□ 공변수와 추정된 주변 평균(Covariate and Estimated Marginal Means)

공분산분석은 분산분석에서 공변수에 대한 회귀계수가 새롭게 추가된 것인 만큼 공변수에 대한 회귀계수가 핵심이라 할 수 있다. 공변수의 회귀계수는 종속변수가 원래의 집단 j의 주효과에서 공변수의 값에 따라 조정된 값인 주변 평균을 추정하기 위함이다. 추정된 주변 평균은 공변수의 영향을 통계적으로 조정한 값이라 할 수 있으며, 공변수의 평균이 작은 집단은 상향조정을, 평균이 큰 집단은 하향조정을 하는 것이 그 원리이다. 이때 조정된 값은 공변수의 효과를 통제한 후 종속변수의 평균값을 의미한다. 따라서 공분산분석 결과로 얻은 추정된 주변 평균은 원래의 기술통계치와 다른 값이 추정된다.

□ 공분산분석의 기능

Fisher(1932)에 따르면, 공분산분석은 두 가지 측면에서 유용성을 지닌다고 할 수 있다.

첫째, 독립변수 외에 종속변수에 영향을 미칠 수 있는 오차 변인의 효과를 간접적인 방법으로 통제함으로써 실험 설계의 효율성을 증가시킨다. 앞서 예시와 같이 개인의 초기 능력, 환경적 차이와 같은 변수들은 실험 설계에서 독립변수로 다루거나 통제할 수 없는 때도 있다. 이때 오차 변인 중 측정 가능한 변수를 사전에 측정하고 통계적 절차를 통해 그 효과를 통제함으로써, 종속변수에서 불필요한 변동성을 줄이고 독립변수가 종속변수에 미치는 순수한 효과를 검증할 수 있다. 즉, 공분산분석은 공변수의 영향을 제거하여 분산을 줄이고, 독립변수의 효과에 대한 검정력이 증가하게 되는 효과가 있다.

둘째, 공변수의 정보를 이용하여 종속변수의 측정치를 사전에 조정하여 실험 전에 존재할 수 있는 집단 간의 차이를 조정할 수 있다. 실험 장면에 따라 실험 이전에 집단 간 불균형(초기 차이)이 존재할 수 있는데, 공변수를 활용해 종속변수의 점수를 사전에 보정(adjust)함으로써 초기 차이로 인해 발생할 수 있는 왜곡을 감소시킬 수 있다. 처치 이전의 집단 간 차이를 통제하여 공정하고 신뢰할 만한 비교가 가능해진다.

▫ 공분산분석의 논리

공분산분석의 논리를 몇 가지 단계에 걸쳐 설명하면 다음과 같다.

1. 종속변수의 전체 분산은 처치효과로 설명될 수 있는 분산과 처치효과로 설명될 수 없는 분산의 합이다.

   공분산분석도 기본적으로 분산분석의 틀을 따르기 때문에, 분산분석의 논리에 따라 종속변수의 전체 분산은 처치에 의한 분산과 오차에 의한 분산으로 분해된다. 이를 수식으로 표현하면 아래와 같다.

   Total Variance(Sum of Square Total)
   = Treatment effect(Sum of Square between) + Error Variance(Sum of Square Error)

2. 처치효과로 설명될 수 없는 분산(오차 분산)은 개인차 변인(공변수)으로 설명될 수 있는 분산과 그렇지 않은 분산의 합이다.

   개인차 변인에 의해 설명될 수 없는 분산이란, 진정한 오차 분산을 의미한다. 만약 개인차 변인이 오차 분산에 포함되는 경우에는 오차 분산의 값이 커지고, 이로 인해 전체 분산 중 처치에 의한 분산의 비율이 감소함으로써 독립변수의 효과 추정치를 신뢰할 수 없는 결과가 발생할 수 있다. 특히 공변수와 종속변수 간의 상관이 클수록 개인차 변인에 의한 분산(공분산)의 크기가 커져 오차 분산이 과대추정될 가능성이 있다. 이로 인하여 2종 오류가 증가하게 된다.

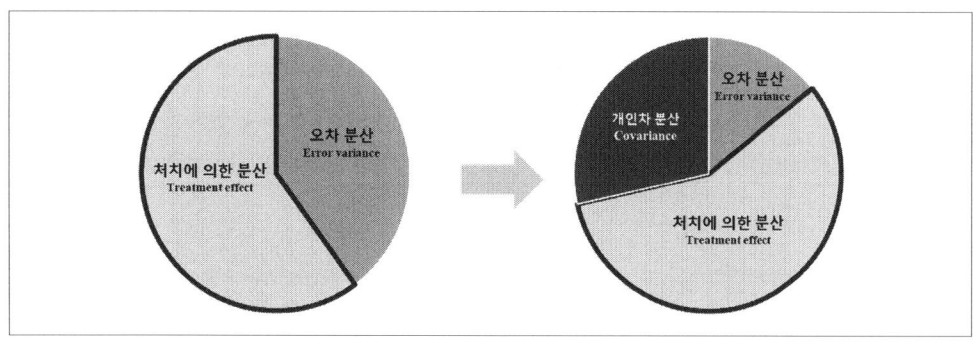

〈그림 65〉 처치효과에 따른 전체 분산의 분할

3. 회귀분석과 분산분석을 결합한다.

공변수의 효과를 통제하기 위해서는 회귀분석과 분산분석을 결합한 통계모형인 공분산분석을 실시하여야 한다.

3.1. 회귀분석을 통해서 개인차 변인에 의해 설명되는 종속변수의 분산을 오차분산에서 제거한다.

먼저 공변량과 종속변수의 관계를 회귀모형의 틀에서 공변량에 의해 설명되는 종속변수의 분산(공분산)을 계산하고, 이를 오차분산에서 제거한다. 즉, 종속변수에 대한 공변량의 선형적 효과를 통제하는 것이다.

3.2. 분산분석을 통해서 오차분산에서 제거된 종속변수의 분산에 대하여 처치효과를 검증한다.

공변량으로 인한 효과를 통제한 후 남은 분산(수정된 종속변수의 분산)에 대하여 독립변수의 효과를 검증한다. 이를 통해 종속변수에 대한 독립변수의 순수한 효과를 검증할 수 있다.

□ **공분산분석의 기본 가정**

공분산분석에서는 몇 가지 기본 가정이 요구되며, 기본 가정에 대한 자세한 설명은 다음과 같다.

1. 피험자들은 처치 조건에 무선할당되어야 한다.

피험자들은 처치 조건에 무선 할당되어야 집단 간의 초기 차이를 최소화할 수 있다. 무선 할당은 외생 변수의 영향을 통제하고, 독립변수의 효과를 더 명확히 평가할 수 있게 하는 가장 기본적인 실험 설계 원칙 중 하나이므로, 공분산분석에서도 처치 조건에 대한 무선 할당이 이루어져야 한다. 만약 무선 할당이 이루어지지 않는다면 집단 간 초기 차이가 발생하여 분석 결과가 왜곡될 수 있다.

2. 공변수의 측정에 처치효과의 영향이 없어야 한다(처치 이전에 공변수를 측정한다).

　공변수가 처치에 영향을 받으면 공변수가 순수한 오차 분산을 반영하지 못하고 결과가 왜곡될 가능성이 있다. 따라서 공변수를 반드시 처치 이전에 측정하여 처치의 효과를 배제해야 한다.

3. 공변수의 측정은 측정의 오차 없이 이루어져야 한다.

　공변수를 측정할 때 측정 오차가 크면 공변수로 설명될 수 있는 분산이 오차 분산에 포함되어 분석의 효율성이 저하될 수 있다. 따라서 공변수는 신뢰할 수 있도록 타당하게 측정되어야 한다.

4. 공변수와 종속변수 간의 선형 관계가 있어야 한다.

　공분산분석은 공변수와 종속변수 간의 선형 관계를 가정한다. 만약 선형 관계에 대한 가정이 위배된다면 회귀분석을 통해 공변수의 효과를 정확하게 제거할 수 없다. 따라서 공분산분석 이전에 공변수와 종속변수 간의 선형 관계를 확인하는 것이 권장된다. 선형 관계는 공변수와 종속변수 간의 산포도(scatter plot)를 그리거나 회귀분석을 실시해봄으로써 확인할 수 있다. 만일 비선형 관계로 추정되는 경우에는 로그 변환 등 선형회귀분석을 실시할 수 있도록 값을 변환할 것이 요구된다.

5. 공변수에 대한 종속변수의 회귀가 집단 간에 동일해야 한다.

　각 처치 집단에서 공변수와 종속변수의 관계(회귀계수)가 동일해야 한다. 이 가정이 성립되지 않으면 공분산분석의 결과를 신뢰할 수 없으며, 처치효과가 잘못 추정될 가능성이 있다. 따라서 공변수와 종속변수의 관계에서 처치효과의 조절효과를 사전에 검증해 봄으로써 집단 간 회귀계수의 차이가 있는지를 확인하는 것이 요구된다. 공분산분석의 핵심인 추정된 주변평균을 추정하기 위해서는 모든 집단에서 회귀계수가 동일해야하기 때문에 위와 같은 가정이 요구된다.

6. 공변수의 각 수준에서 종속변수의 조건분포는 정규분포를 이루어야 한다.

　회귀분석의 기본 가정 중 한 가지는 정규성 가정이기 때문에, 공분산분석에서도 공변수의 각 수준에 따라 종속변수의 분포가 정규분포를 따르는지 확인해야 한다. 정규성 가정은 Kolmogorov-Smirnov 검정이나 Q-Q 플롯을 통해 확인할 수 있다.

7. 공변수의 각 수준에서 종속변수의 분산은 처치집단 간에 일정해야 하며, 공변수와는 독립적이어야 한다.

종속변수의 분산은 공변수의 각 수준에서 동일해야 하는 등분산성 가정을 전제로 한다. 공변수와 오차 분산 간의 독립성이 보장되어야 공분산분석의 결과를 신뢰할 수 있다. 만약 집단 간 분산 차이가 커 등분산성 가정이 위배되는 경우에는 공분산분석의 결과가 왜곡될 수 있다. 등분산성 가정은 Levene의 등분산성 검정을 통해 확인할 수 있다.

□ 공분산분석 실습

- 연구 문제 : 지난학기 학업 성취 만족도의 효과를 통제한 상태에서 성별에 따른 학업 열의 수준 차이가 있는가?
- 변수
- 공변수 : 학업성취 만족도
- 독립변수 : 성별
- 종속변수 : 학업 열의
- 분석
- 분석 〉 일반선형모형 〉 일변량분석 클릭
- 종속변수와 독립변수에 해당하는 변수를 이동하고, 공변량에는 공변수에 해당하는 변수를 이동한다.

변수	변수명	레이블	값
신체 증상	YINT2A01w1	1.내가 하고 있는 공부의 의미와 목적을 분명히 안다	1=전혀 그렇지 않다 2=그렇지 않은 편이다 3=그런 편이다 4=매우 그렇다
	YINT2A02w1	2.공부란 도전해 볼만한 것이라고 생각한다	
	YINT2A03w1	3.공부를 하면 뿌듯해진다	
	YINT2A04w1	4.공부를 통해 자아실현을 할 수 있다고 생각한다	
	YINT2A05w1	5.공부할 때 힘이 나고 활기가 생긴다	
	YINT2A06w1	6.공부할 때 에너지가 생긴다	
	YINT2A07w1	7.공부할 때 정신적으로 힘이 난다	
	YINT2A08w1	8.아침에 일어나면 수업 들으러 학교에 가고 싶다	
	YINT2A09w1	9.공부를 잘한다	
	YINT2A10w1	10.공부에 있어 누구에게도 뒤지지 않는다	
	YINT2A11w1	11.공부에 자신이 있다	
	YINT2A12w1	12.어려운 과제도 충분히 해결할 만한 능력이 있다	
	YINT2A13w1	13.공부할 때 내 주변의 다른 모든 것을 잊어버린다	
	YINT2A14w1	14.공부를 시작하면 푹 빠진다	
	YINT2A15w1	15.공부를 하다보면 나도 모르게 집중할 때가 있다	
	YINT2A16w1	16.공부할 때 시간이 잘 간다	
성별	YGENDERw1	성별	1=남자 2=여자
학업성취 만족도	YINT1B00w1	[학업성취 만족도]-지난 학기 학교성적 만족 수준	1=매우 불만족 2=불만족 3=보통 4=만족 5=매우 만족 6=잘 모르겠음(결측치)

〈그림 66〉 공분산분석 실행 예시 (1)

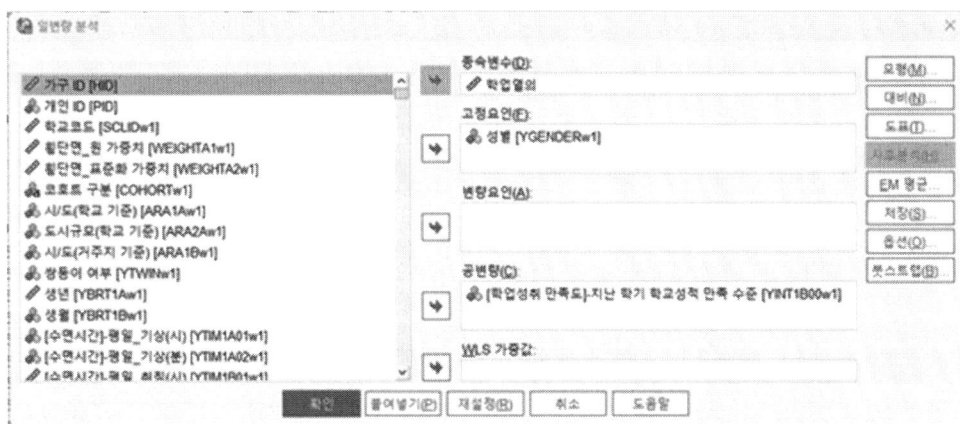

- 공분산분석에서 독립변수의 주효과를 검정하기 이전에 공변수의 영향을 배제해야 한다. 이를 위해 아래 제곱합을 기존의 제Ⅲ 제곱합에서 제Ⅰ 유형의 제곱합으로 설정한다.

〈그림 67〉 공분산분석 실행 예시 (2)

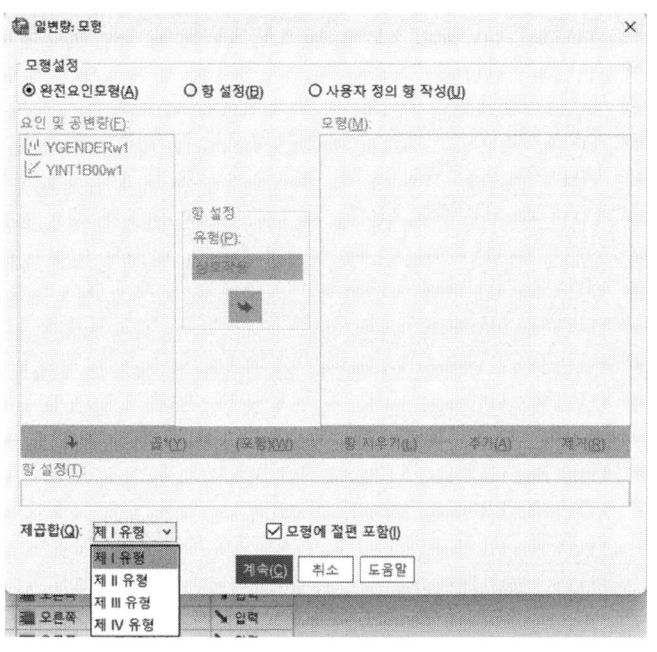

- 그 다음 EM 평균을 클릭하여 독립변수의 추정된 주변 평균이 보고되도록 설정한다. 독립변수를 평균 표시 기준으로 이동하면 독립변수의 추정된 주변 평균이 계산된다.

〈그림 68〉 공분산분석 실행 예시 (3)

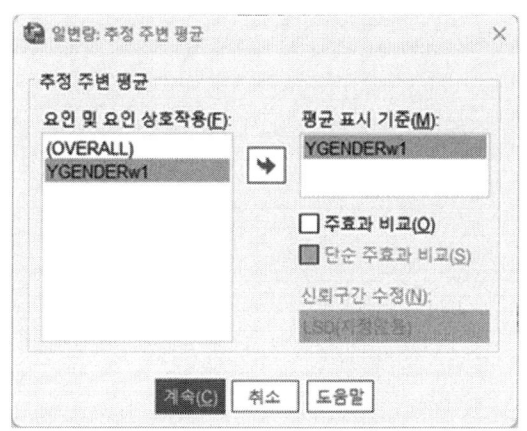

- 다음으로 옵션을 클릭하여 세부적인 추가 결과가 제공되도록 한다. 앞의 분산분석과 마찬가지로 기술통계량, 효과크기 추정값, 동질성 검정을 체크한다.

〈그림 69〉 공분산분석 실행 예시 (4)

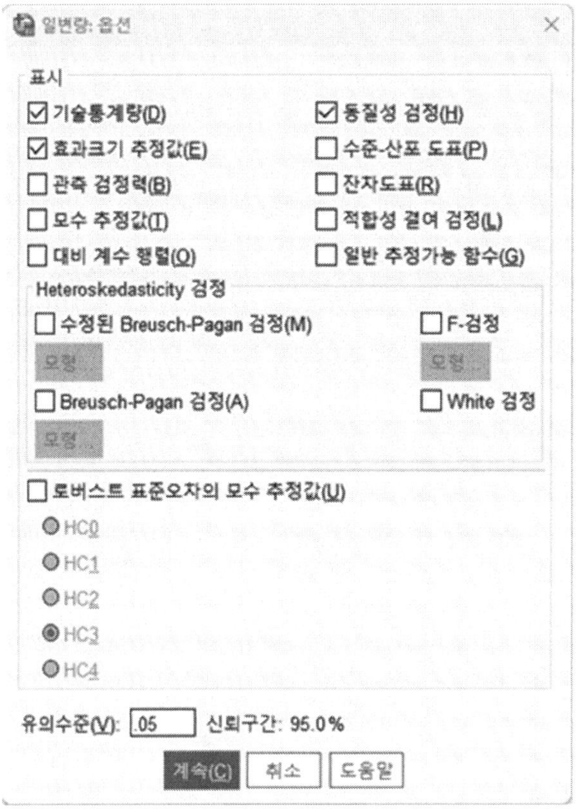

- 분석 결과
- 아래는 공분산분석에 대한 output이다. 모든 결과는 앞에서 설명한 분산분석과 동일한 구성으로 제공되기 때문에 공분산분석 결과의 핵심적인 부분만 살펴보도록 한다.
- 개체-간 효과 검정을 살펴보면 공변수인 지난 학기 학업성취 만족도(YINT1B00w1)의 유의확률이 .05보다 작아 통계적으로 유의한 것으로 나타났다. 이것은 지난 학기 학업성취 만족도가 학업 열의에 유의한 영향을 미치고 있으며, 따라서 공분산분석을 사용하는 것이 타당함을 의미한다. 지난 학기 학업성취 만족도를 통제한 후의 학업 열의에 대한 성별의 F값은 9.83, 유의확률은 .001보다 작은 값으로, 성별에 따른 효과가 유의한 것을 의미한다.

- 아래 추정 주변 평균에는 지난 학기 학업 열의의 공분산분석에 의해 추정된 주변 평균이 제시되어 있다. 위의 기술통계치에서 제시된 원래의 평균값과 비교했을 때 그 값이 조정되었음을 알 수 있다.

<그림 70> 공분산분석 결과 (1)

➡ 일변량 분산분석

개체-간 요인

	값 레이블	N
성별 1	남자	1352
2	여자	1144

기술통계량

종속변수: 학업열의

성별	평균	표준편차	N
남자	2.5168	.55747	1352
여자	2.4252	.53537	1144
전체	2.4748	.54925	2496

오차 분산의 동일성에 대한 Levene의 검정[a]

종속변수: 학업열의

F	자유도1	자유도2	유의확률
.639	1	2494	.424

여러 집단에서 종속변수의 오차 분산이 동일한 영가설을 검정합니다.

a. Design: 절편 + YINT1B00w1 + YGENDERw1

개체-간 효과 검정

종속변수: 학업열의

원인	제 I 유형 제곱합	자유도	평균제곱	F	유의확률
수정된 모형	104.401[a]	2	52.200	200.742	<.001
절편	15287.209	1	15287.209	58788.495	<.001
YINT1B00w1	101.845	1	101.845	391.656	<.001
YGENDERw1	2.556	1	2.556	9.827	.002
추정값	648.273	2493	.260		
전체	16039.883	2496			
수정된 합계	752.674	2495			

a. R 제곱 = .139 (수정된 R 제곱 = .138)

〈그림 71〉 공분산분석 결과 (2)

추정 주변 평균

성별

종속변수: 학업열의

성별	평균	표준오차	95% 신뢰구간	
			하한	상한
남자	2.504[a]	.014	2.477	2.532
여자	2.440[a]	.015	2.410	2.470

a. 모형에 나타나는 공변량은 다음 값에 대해 계산됩니다.: [학업성취 만족도]-지난 학기 학교성적 만족 수준 = 3.43.

CHAPTER 05 변수 간의 관련 추정

1. 상관

1) 상관의 개념

상관(相關, Correlation)은 통상적으로 '서로 관련을 가짐. 또는 그런 관계'를 의미하며, 통계적 의미의 상관은 '둘 이상의 변수들의 관계'를 의미한다. 상관의 개념은 실생활에서도 살펴볼 수 있다. 예를 들어, 기온과 아이스크림의 판매량은 관련성이 있는가?, 수학 점수와 과학 점수는 관련성이 있는가?, 하루 커피 음용량과 수면의 질은 관련이 있는가? 등과 같이 우리는 상관의 개념 속에서 살고 있다. 상관에 대한 명확한 통계적 정의는 '두 변수 혹은 그 이상의 변수의 관계(association)'를 의미한다.

〈표 13〉 일상 속 상관의 예시

질문	변수 A	변수 B
기온과 아이스크림의 판매량은 관련성이 있는가?	월 평균 기온	아이스크림 판매량
수학 시험 점수와 과학 시험 점수는 관련성이 있는가?	수학 점수	과학 점수
하루 커피 음용량과 수면의 질은 관련이 있는가?	일 평균 커피 음용량	수면의 질

두 변수의 상관을 알아보기 위해서는 변수 A 혹은 변수 B가 변화할 때 다른 나머지 한 변수가 어떻게 변하는지를 확인해야 한다. 기온과 아이스크림 판매량의 예시에서 만약 4월부터 8월까지 기온이 상승하였고, 아이스크림 판매량의 상승했다면 두 변수는 상관이 있다고 추측할 수 있다. 이와는 다르게 한 학급에서 수학 시험 점수의 높고 낮음에 관계없이 과학

시험 점수가 일정하다면 두 과목의 점수는 상관이 없다고 추측할 수 있다. 즉, 통계적 의미의 상관은 변수들 간 서로 관계되어 있는 정도로서 '변수 하나의 상대적 위치와 다른 변수의 상대적 위치의 관련성'이라고 할 수 있다.

2) 두 변수의 상관

그렇다면 두 변수의 상관을 확인하기 위한 방법으로는 무엇이 있을까? 이 교재에서는 두 변수의 상관을 확인하기 위한 방법으로 산점도(Scatterplot), 공분산(Covariance), 상관계수(Correlation coefficient)를 소개하고자 한다.

(1) 산점도

두 변수의 상관을 확인할 수 있는 가장 기초적인 방법은 2차원의 공간(좌표선상)에 각 값을 표시하여 나타내는 산점도(scatterplot)가 있다. 산점도는 두 변수의 관계성을 통찰할 수 있는 가장 유용한 기술적 통계 기법 중 하나이다. 산점도를 활용할 경우 상관의 기본 가정을 점검할 수 있다. 먼저 자료의 극단치(Outlier)가 있을 경우 상관이 과대 혹은 과소 추정될 가능성이 있기 때문에 산점도를 통해 극단치를 확인할 수 있다. 다음으로 상관의 개념은

〈그림 72〉 몸무게(X축)와 키(Y축)의 산점도

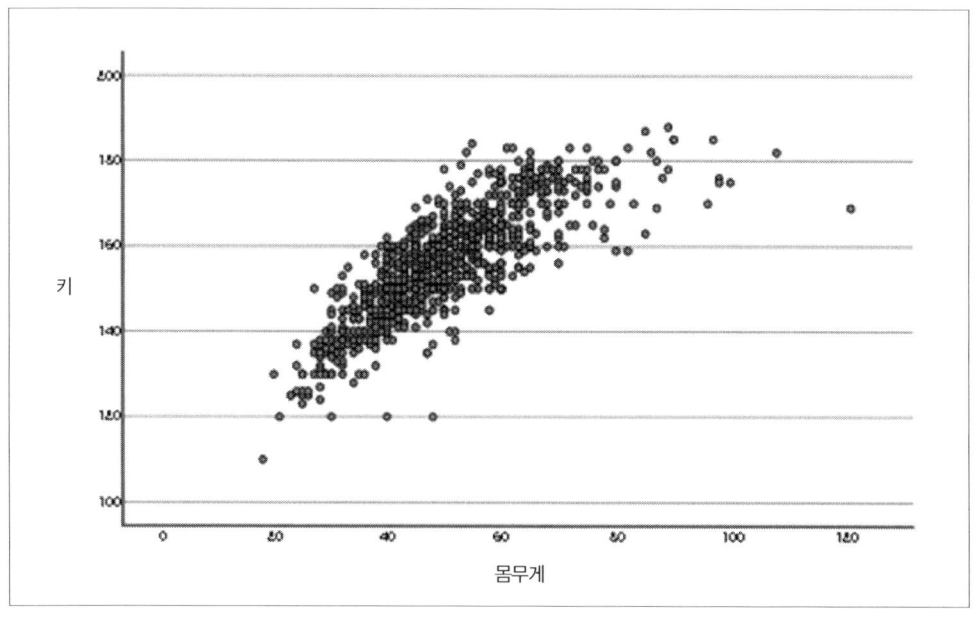

기본적으로 두 변수 간의 선형적(Linear) 관계를 가정하기 때문에, 산점도를 통해 두 변수 간 관계의 형태가 선형성을 가지는지 확인할 수 있다. 〈그림 72〉는 아동청소년 패널데이터에서의 몸무게와 키를 산점도로 나타낸 것이다. 산점도는 SPSS 29.0에서 [그래프 → 산점도/점도표]의 경로를 통해 생성 가능하다.

산점도를 보면 알 수 있듯이 대체적으로 몸무게가 낮은 표본은 키가 작은 것을 알 수 있으며, 몸무게가 무거운 표본은 키가 큰 것을 알 수 있다. 이와는 다르게 키가 작음에도 불구하고 몸무게가 무거운 표본들과 키가 큼에도 불구하고 몸무게가 작은 표본들은 극단치 여부를 확인할 필요가 있음을 알 수 있다. 이렇게 산점도를 활용하여 두 변수 간의 선형적 관계의 여부를 파악할 수 있다.

(2) 공분산

공분산은 두 변수의 관계를 시각적으로 표현한 산점도에서 '두 변수가 동시에 흩어진 정도를 계산한 통계치'를 의미한다. 변수 X와 변수 Y의 공분산은 σ_{XY}로 표현하며, 이를 계산하는 공식은 다음과 같다.

$$\sigma_{XY} = \frac{\sum(X_i - \bar{X})(Y_i - \bar{Y})}{N}$$

두 변수가 동시에 흩어진 정도를 의미하는 공분산을 계산하는 과정에서 흩어진 정도를 계산하기 위해서는 '어디를 기준으로 흩어져있는지'를 설정할 필요가 있다. 위 공식에서 알 수 있듯이 공분산을 계산하는 과정에서의 기준은 평균을 사용한다. 즉, 각 변수별 평균을 기준으로 동시에 두 변수가 흩어져 있는 정도를 계산한 통계치가 공분산이라고 할 수 있다.

〈표 14〉 수학 시험 점수와 과학 시험 점수의 공분산

수학 점수(X)	과학 점수(Y)	$(X-\bar{X})$	$(Y-\bar{Y})$	$(X-\bar{X})(Y-\bar{Y})$
10	7	3	0.5	1.5
6	7	−1	0.5	−0.5
8	3	1	−3.5	−3.5
4	6	−3	−0.5	1.5
9	10	2	2.5	5
5	8	−2	0.5	−1

〈표 14〉는 여섯 명의 학생의 수학 시험 점수와 과학 시험 점수이다. 여섯 명의 학생들의 수학 시험 점수와 과학 시험 점수의 공분산은 0.5이다.

$$\sigma_{XY} = \frac{\sum(X_i - \overline{X})(Y_i - \overline{Y})}{N} = \frac{3}{6} = 0.5$$

공분산을 통해 두 변수의 관계에 대해 알 수 있는 정보는 두 변수가 가지는 관계의 방향(Direction)이다. 관계의 방향은 정적 관계 혹은 부적 관계가 있다. 정적 관계의 경우 공분산의 값이 0보다 큰 경우이며, 이는 변수 X가 평균보다 큰 값에 위치할 때 변수 Y 또한 평균보다 큰 값에 위치함을 의미한다. 또한 변수 X가 평균보다 작은 값에 위치할 때 변수 Y 또한 평균보다 작은 값에 위치함을 의미한다. 이와는 다르게 부적 관계의 경우 공분산의 값이 0보다 작은 경우이며, 이는 변수 X가 평균보다 큰 값에 위치할 때 변수 Y 또한 평균보다 작은 값에 위치함을 의미한다. 또한 변수 X가 평균보다 작은 값에 위치할 때 변수 Y 또한 평균보다 큰 값에 위치함을 의미한다.

〈그림 73〉 공분산과 산포도

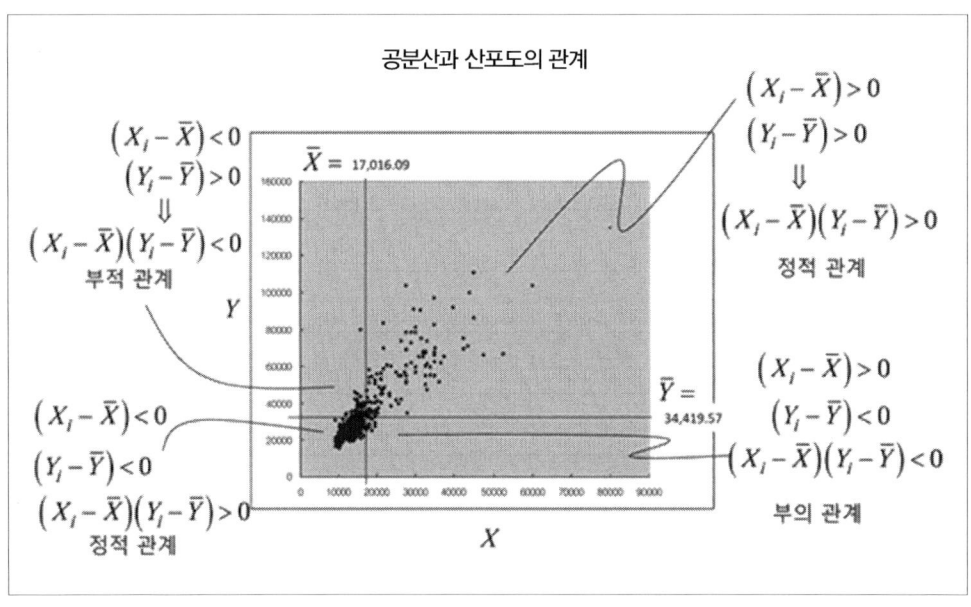

위의 〈그림 73〉을 통해 산포도와 공분산의 관계를 확인할 수 있다. X와 Y의 평균을 기준으로 각 사분면을 나누었을 때 각 사분면을 중심으로 두 변수의 관계를 해석할 수 있다. 제1사분면은 X가 평균보다 큰 값일 때 Y도 평균보다 큰 값인 경우를 의미하고, 제3사분면은

X가 평균보다 작은 값일 때 Y도 평균보다 작은 값인 경우를 의미한다. 제1, 3사분면의 경우는 X, Y 변수가 정적 관계를 가지고 있다고 볼 수 있다. 이와는 다르게 제2사분면은 X가 평균보다 작은 값일 때 Y는 평균보다 큰 값인 경우를 의미하고, 제4사분면은 X가 평균보다 큰 값일 때 Y는 평균보다 작은 값인 경우를 의미한다. 제2, 4사분면은 X, Y 변수가 부적 관계를 가지고 있다고 볼 수 있다.

이렇듯 공분산을 통해 관계의 방향에 대한 정보를 알 수 있지만, 각 변수의 측정 단위에 의해 값이 변할 수 있다는 한계가 있다. 예를 들어, 몸무게와 키의 관계에 대한 공분산을 구할 때 몸무게는 g, kg, t으로 측정할 수 있고, 키는 mm, cm, m로 측정할 수 있다. 어떤 측정 단위를 사용하는지에 따라 공분산의 통계치는 달라질 수 있다. 또한 두 변수의 측정 단위가 가지는 의미가 사라진다는 한계 또한 존재한다. 측정 단위의 의미가 있는 대표적인 예시는 속도와 시간의 관계에서 시간당 거리를 의미하는 km/h가 있다. 하지만 몸무게와 키의 공분산의 단위는 (kg ∗ m)가 되며, 이는 해석할 수 없기 때문에 그 의미가 없다고 볼 수 있다. 즉, 공분산은 두 변수의 흩어진 정도를 양(값)으로 환산하여 나타내 주지만, 관계의 크기에 대한 의미있는 해석을 할 수 없다. 이러한 공분산의 한계점을 보완하기 위해 각 변수의 표준편차로 나누어 준 적률상관계수를 활용할 수 있다.

(3) 상관계수

상관계수는 두 변수의 공분산을 각 변수의 표준편차로 나누어 표준화한 값이다. 상관계수를 구하는 공식은 아래와 같다.

$$r_{XY} = \frac{Cov(X-Y)}{s_X s_Y}$$

공분산과 달리 상관계수는 두 변수의 관계에 대한 방향(Direction)과 크기(Magnitude)라는 두 가지 정보를 알 수 있다. 이해를 돕기 위해 다음 〈표 15〉의 각 변수 간 상관계수를 해석해 보자.

〈표 15〉 상관계수 예시

변수 X	변수 Y	상관계수
월 평균 기온	아이스크림 판매량	.70
수학 점수	과학 점수	.00
일 평균 커피 음용량	수면의 질	-.50

가장 먼저 상관계수를 통해 두 변수 간의 상관의 유무를 살펴보자. 월 평균 기온과 아이스크림 판매량 그리고 커피 음용량과 수면의 질은 상관이 있지만($r \neq 0$), 수학 점수와 과학 점수는 상관이 없다고 해석할 수 있다.($r=0$)

다음으로 관계의 방향을 살펴보자. 월 평균 기온과 아이스크림 판매량은 정적 관계를 가지고, 커피 음용량과 수면의 질은 부적 관계를 가진다고 할 수 있다. 정적 관계와 부적 관계의 해석은 공분산의 해석과 동일하다.

마지막으로 상관계수는 공분산과 달리 상관계수의 절대값을 통해 관계의 크기를 알 수 있다. 〈표 15〉의 예시를 보면, 기온과 아이스크림 판매량의 상관의 크기($|r|=.70$)가 커피 음용량과 수면의 질의 상관($|r|=.50$)보다 더 강하다고 해석할 수 있다.

또한 상관계수 r은 최소 −1과 최대 +1 사이의 값을 가진다($-1 \leq r \leq 1$). 따라서 $r=-1$ 이라면 완전한 부적 상관을 가진다고 볼 수 있으며, 반대로 $r=1$이라면 완전한 정적 상관을 가진다고 말할 수 있다. 정리하자면 상관계수에서는 계수의 부호를 통해 관계의 방향을, 계수의 절대값을 통해 관계의 크기를 파악할 수 있다.

최종적으로 다음 〈그림 74〉를 통해 두 변수의 상관에 대해 이해해 보자. 왼쪽부터 각각 변수 X와 Y의 상관이 0.3, 0.6, 0.9인 산점도이다. 상관계수의 부호에 따라 세 산점도 모두 두 변수 간 양적 상관을 가지고 있다고 볼 수 있다. 또한 상관계수 크기의 절대값이 증가함에 따라 두 변수의 선형적 관계의 차이를 알 수 있다. 구체적으로 상관계수가 0.3인 경우($r=.30$)는 두 변수의 선형적 관계를 가진다고 쉽게 판단할 수 없지만, 상관계수가 0.9인 경우($r=.90$)에서 두 변수의 선형적 관계가 더욱 명확하게 드러나고 있음을 알 수 있다.

〈**그림 74**〉 상관계수에 따른 산점도

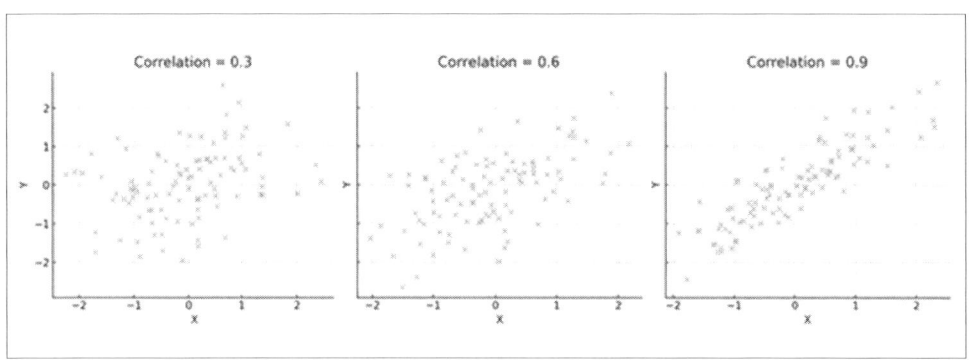

3) 상관계수의 종류

상관계수는 두 변수를 측정하는 척도의 수준에 따라 여러 종류로 나뉜다. 대표적으로 적률 상관계수, 순위 상관계수, 이연 상관계수, 점이연 상관계수, 파이 상관계수가 있으며, 각 상관계수를 설명하자면 다음과 같다.

적률 상관계수(Pearson correlation coefficient)는 두 변수 모두 연속형이어야 하며, 정규성 가정과 선형성 가정을 만족할 때 사용 가능하다. 예를 들면, 키와 몸무게의 상관, 수학 시험점수와 물리 시험점수의 상관 등이 있다. 앞서 소개한 바와 같이 적률 상관계수를 구하는 공식은 아래와 같다.

$$r_{XY} = \frac{Cov(X, Y)}{s_X s_Y} = \frac{\sum (X-\overline{X})(Y-\overline{Y})}{s_X s_Y}$$

순위 상관계수(Spearman's rank correlation coefficient)는 두 변수를 측정하는 척도의 수준이 모두 서열 척도일 경우 사용한다. 즉, 순위 상관계수는 서열 척도로 측정된 두 변수 간의 값인 비모수(nonparametric) 통계치로서 정규성 가정과 선형성 가정이 충족되지 않아도 사용 가능하다. 예를 들면, 달리기 대회에서 몸무게 순위와 등수 간의 상관을 구하는 경우에는 순위 상관계수를 활용하여야 한다. 순위 상관계수를 구하는 공식은 다음과 같다.

$$r_{XY} = 1 - \frac{6 \sum d^2}{n(n^2-1)}, \ (d = \text{변수 간 순위 차이}, \ n = \text{표본의 수})$$

점이연 상관계수(Point biserial correlation coefficient)는 한 변수는 연속형이며, 나머지 하나는 이분변수일 경우에 사용한다. 구체적으로 이분형 변수의 값(0 혹은 1)에 따른 연속형 변수의 평균 차이를 중심으로 두 변수의 상관을 구할 수 있다. 예를 들어, 특정 강의 수강 여부와 수학 시험 점수의 관계를 측정하는 경우 점이연 상관계수를 활용하여야 한다. 점이연 상관계수(r_{pb})를 구하는 공식은 아래와 같다. $\overline{X}_n$은 이분형 변수의 값이 n일 때, 연속형변수의 평균을 의미하고, n_n은 이분형 변수의 값이 n일 때의 빈도를 의미한다. n은 전체 표본 수를 의미하고 s는 연속형 변수의 표준편차를 의미한다.

$$r_{pb} = \frac{\overline{X}_1 - \overline{X}_0}{s} \sqrt{\frac{n_1 n_0}{n^2}}$$

이연 상관계수(Biserial correlation coefficient)는 한 변수는 연속형이며 다른 한 변수는 연속변수로 측정되었지만 이를 인위적으로 이분형 변수로 나눈 경우에 사용한다. 이연 상관계수는 이분형 변수가 연속형 변수였다는 점을 고려하기 때문에 점이연 상관계수보다 더 정교한 추정치를 제공한다. 예를 들어, 수학 시험 성적이 90점 이상인 학생을 장학 수혜 대상자라고 할 경우, 수학 시험 성적과 장학 수혜 대상자 간의 상관계수는 이연 상관계수를 활용하여야 한다. 이연 상관계수(r_b)를 구하는 공식은 아래와 같다. X_n과 s는 점이연 상관계수와 동일하다. p, q는 이분형 변수의 상대빈도를 의미한다($p+q$=1). y는 이분형 변수의 기존 값(연속형 변수)에 대하여 표준정규분포에서 p와 q가 나누어지는 임계값(z값)을 의미한다.

$$r_{pb} = \frac{\overline{X_1} - \overline{X_0}}{s} \sqrt{\frac{pq}{y}}$$

마지막으로 파이 상관계수(Phi correlation coefficient)는 두 변수가 모두 이분형 변수인 경우에 명목형 척도 수준에서 측정되고, 두 변수가 모두 이분형 변수일 때 사용한다. 예를 들어, 특정 강의 수강 여부(수강/미수강)와 시험 합격 여부(합격/불합격)의 상관을 확인할 때 파이 상관계수를 활용하여야 한다. 2*2 분할표에서 1행의 값을 a, b 그리고 2행의 값을 c, d라고 하였을 때, 파이 상관계수(r_ϕ)를 구하는 공식은 다음과 같다.

$$r_\phi = \frac{ad - bc}{\sqrt{(a+b)(c+d)(a+c)(b+d)}}$$

4) 상관의 크기에 영향을 미치는 요소들

상관계수는 두 변수의 관계에 대한 방향과 크기라는 정보를 담고 있는데, 이는 다양한 요소들에 의해 영향을 받는다. 여기서는 상관계수에 영향을 미치는 다섯 가지 요소에 대해 소개하고자 한다.

첫째, 범위 제한(Range restriction)은 상관계수에 영향을 미친다. 변수의 변산도에 관하여 범위는 최소값과 최대값의 차이를 의미한다. 범위를 제한한다는 것은 X 혹은 Y의 특정값에서만 상관을 구할 경우 상관의 크기가 변할 수 있음을 의미한다. 경찰 선발 시험점수와 근무 성과의 상관관계를 그린 〈그림 75〉의 예시를 살펴보자. 경찰 선발 시험점수와 근무 성과의 상관은 .52였으나, 50점보다 높은 점수를 받은 사람들로 한정하여 근무 성과와의 상관을 다시 구하면 상관은 .28로 감소한다. 이렇게 전체 표본의 범위를 제한하면 상관계수는 감소할 수 있으며, 이는 범위 제한으로 인한 결과이다.

〈그림 75〉 범위 제한 예시

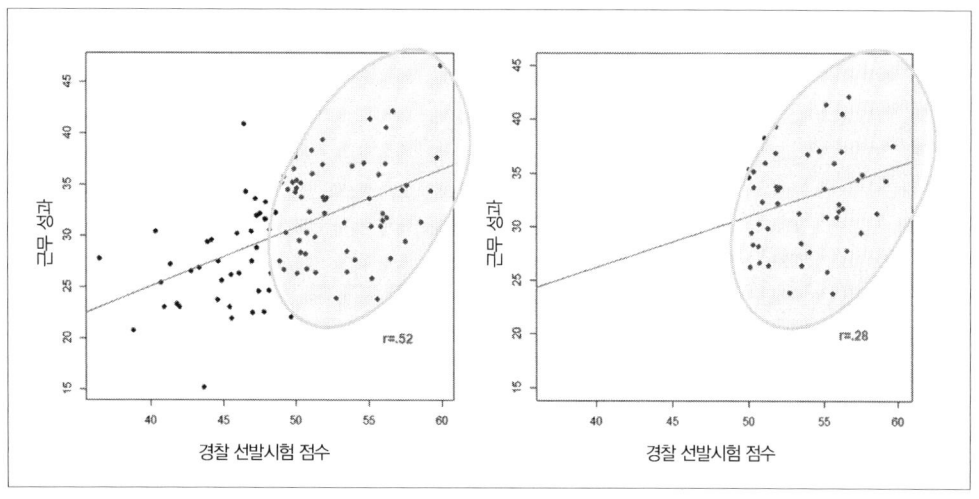

둘째, 비선형의 효과(Curvilinear relation)는 상관계수에 영향을 미친다. 비선형성은 두 변수의 관계가 선형적이지 않음을 의미한다. 즉, 두 변수의 산점도를 보았을 때 두 변수의 분포가 선형적으로 분포하지 않음을 의미한다. 다음 〈그림 76〉은 변곡점이 있는 이차함수 형태의 관계를 가진 두 변수의 경우이며, 이는 비선형성 효과의 대표적인 예시이다.

〈그림 76〉 비선형성 관계의 예시

Correlations

		x	y
x	Pearson Correlation	1	-.061
	Sig. (2-tailed)		.546
	N	100	100
y	Pearson Correlation	-.061	1
	Sig. (2-tailed)	.546	
	N	100	100

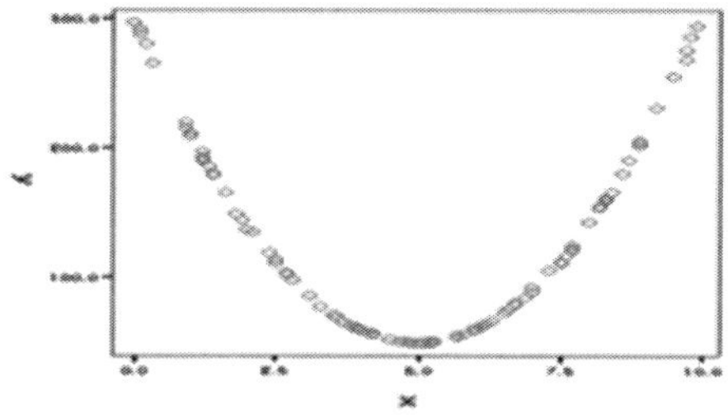

〈그림 76〉에서 알 수 있듯이 X값 5.0을 기준으로 X가 0부터 5까지는 X가 증가할 때 Y가 감소하는 부적 상관의 형태를 가지지만, X가 5부터 10까지는 X가 증가할 때 Y가 증가하는 정적 상관의 형태를 가진다. 이러한 두 변수의 상관을 구하면 두 변수의 상관은 통계적으로 유의하지 않고(r=−.06, p=.546), 이는 두 변수가 아무런 관계가 없음을 의미한다. 하지만 분명히 두 변수는 X값 5.0을 기준으로 이차함수라는 특정한 형태를 가지고 있다는 것을 알 수

있다. 정리하자면 두 변수의 비선형성 관계는 상관의 방향과 크기에 영향을 미칠 수 있다고 볼 수 있다.

셋째, 표본이 이질적인 두 개의 하위집단으로 구성되어있다면, 이는 상관계수에 영향을 미친다. 구체적으로, 측정한 두 변수에 관련하여 성격이 다른 두 개의 집단이 동일한 하나의 표본으로 구성되었을 때를 의미한다. 이러한 경우는 표집 단계에서 표본을 명확하게 특정하지 않고 자료를 수집하거나 혹은 분석 단계에서 표본의 특성을 정확하게 파악하지 않은 채로 분석을 진행할 때 발생할 수 있다. 〈그림 77〉은 서로 다른 두 개의 집단의 관계를 그린 것이다. 상관이 각각 .43, .78인 두 집단의 데이터를 한 집단으로 가정하고 상관을 구할 때 상관계수는 .40이 된다. 이질적인 특성을 지닌 두 집단을 하나의 집단으로 가정하면 두 집단에 대한 정보를 타당하게 제공할 수 없게 된다.

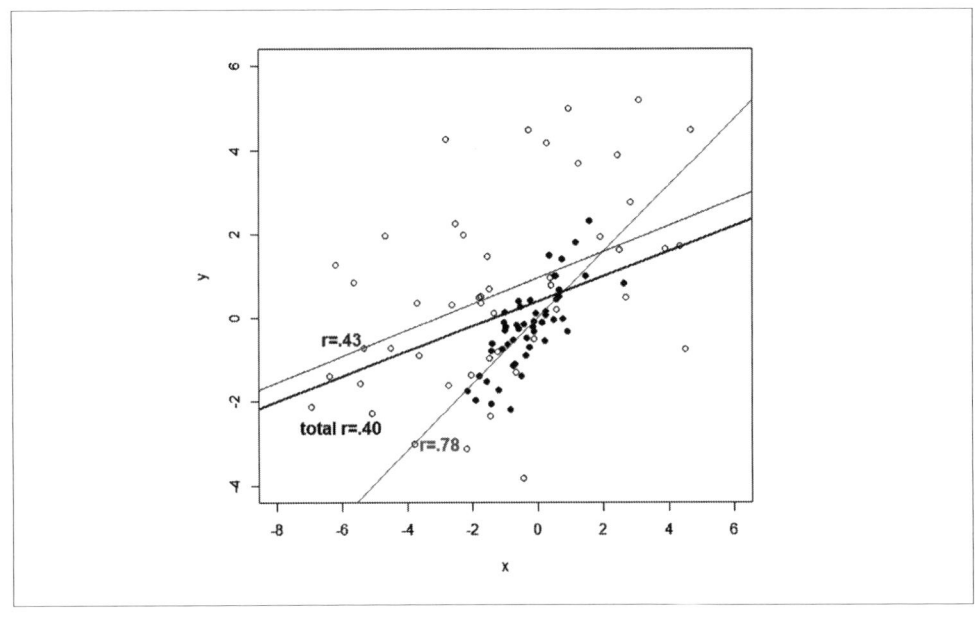

〈그림 77〉 이질적인 두 개의 하위집단 예시

넷째, 극단치(Outlier)는 상관계수를 과소 혹은 과대 추정하게 한다. 극단치는 자료에서 다른 표본들과 비교하였을 때 비정상적으로 작거나 큰 값을 의미한다. 극단치는 보통 표본에서의 사분위수 혹은 표준편차를 활용하여 정의할 수 있다. 극단치는 〈그림 78〉과 같이 상관계수를 추정하는 과정에서 큰 영향을 미칠 수 있다. 두 변수 간의 상관이 .43일 때 극단값 하나가 추가된 것만으로도 두 변수 간의 상관은 .77로 과대추정되는 사례를 보여준다.

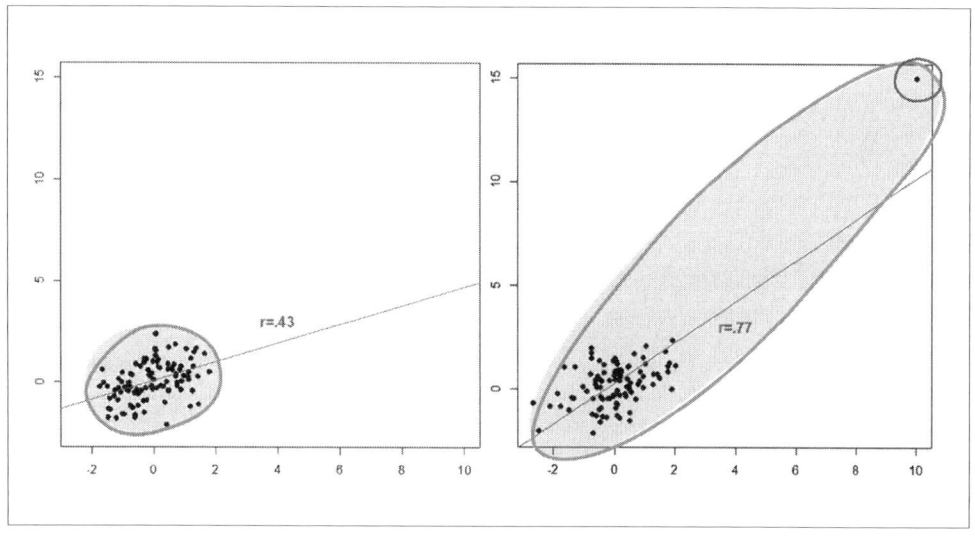

〈그림 78〉 극단치로 인한 상관계수 과대 추정 예시

　만일 연구 자료에서 극단치가 보이는 경우 이를 해결하는 방법들은 다양하게 존재한다. 첫째, 위의 예시와 같이 극단치를 제거하고 분석을 진행할 수 있다. 둘째, 더 많은 자료를 수집함으로써 표본의 대표성을 확보하는 것은 극단치의 영향을 줄일 수 있다. 셋째, 변수의 특정 값 이상의 값을 하나의 값으로 재코딩한다면 극단치의 영향을 줄일 수 있다. 하지만 이와 같은 방법들을 활용할 때는 극단치가 가지는 정보가 정말 불필요한 정보인지 명확하게 파악하는 것이 가장 중요하다는 점을 명심해야 한다.

　다섯째, 측정도구(척도)의 신뢰도는 상관계수에 영향을 미친다. 만약 변수를 측정하는 도구의 신뢰도가 완벽하다면, 즉 신뢰도가 1.0이라면 측정도구의 신뢰도는 상관계수에 영향을 미치지 않는다. 하지만 사회과학에서 신뢰도가 1.0인 검사는 존재하지 않기 때문에 우리는 항상 측정도구의 신뢰도를 고려하여야 한다. 측정도구의 신뢰도와 상관계수의 관계에 대한 수식은 다음과 같다.

$$r_{XY} = r_{\infty\infty} \cdot \sqrt{R_{X_1 X_2} R_{Y_1 Y_2}}$$

　위 수식에서 r_{xy}는 관찰된 변수 간의 상관계수를 의미한다. $r_{\infty\infty}$는 측정도구의 오차를 제외한 진점수 간의 실제 상관계수를 의미한다. $R_{X_1 X_2}$, $R_{Y_1 Y_2}$는 변수 X와 Y를 측정하는 도구의 신뢰도를 의미한다. 이를 기반으로 위 수식을 해석하자면, 우리가 구하는 상관계수는 실제 진점수 간의 상관계수에 각 검사의 신뢰도를 곱한 값으로 표현할 수 있다. 만약 두 검사의 신뢰도가 모두 1.0이라면 관찰된 상관계수와 실제 진점수 간의 상관계수는 같지만 ($r_{XY}=r_{\infty}$), 이는 앞서 언급한 것처럼 이는 현실적으로 불가능하다고 볼 수 있다. 따라서 정확한 두 변수 간의 상관계수를 구하기 위해서는 각 변수를 측정할 때 신뢰도가 높은 측정도구를 사용하여야 한다.

5) 상관관계와 인과관계

상관의 개념과 관련하여 주의해야 할 점은 상관의 의미를 원인과 결과의 의미로 해석하면 안 된다는 점이다. 예외적으로 실험설계의 경우는 상관을 인과관계로 해석할 수 있다. 예를 들어, 학습 빈도와 특정 행위에 대한 수행 능력의 상관을 확인할 때, 무선적으로 나누어진 세 집단의 쥐에게 각각 0번, 10번, 50번의 학습 기회가 주어졌다고 가정해 보자. 실험 결과 학습 기회가 높은 쥐들에게서 높은 수행 능력을 보였다면 학습 기회의 빈도는 수행 능력 수준의 원인이라고 해석할 수 있다. 하지만 이러한 실험 연구의 경우를 제외한다면, 두 변수의 상관은 인과관계보다는 한 변수의 변화에 따른 다른 한 변수의 변화를 의미하는 상호관계(interaction)로 보는 것이 옳다.

구체적으로 두 변수의 상관을 인과관계로 해석하면 안 되는 이유를 확인해 보자. 공격성과 폭력적인 TV 프로그램 시청 횟수의 상관이 있다고 가정해 보자. 두 변수의 관계는 네 가지 경우로 해석이 가능하다. 첫째, 공격성이 높은 사람일수록 폭력적인 TV 프로그램 시청을 더욱 선호한다고 볼 수 있다. 둘째, 폭력적인 TV 프로그램의 잦은 시청이 공격성을 높일 수 있다. 셋째, 공격성과 폭력적인 TV 프로그램 시청 횟수가 서로 영향을 주는 경우이다. 넷째, 높은 공격성과 폭력적인 TV 프로그램의 많은 시청 횟수의 상관은 성인 감독의 부재라는 제3변수에 의한 관계가 있는 경우, 즉 허위 관계(Spurious Correlation)일 수 있다. 이러한 경우 성인 감독이 없기 때문에 공격성이 높아지고, 동시에 폭력적인 TV 프로그램을 자주 시청할 수 있기 때문에 두 변수의 허위 관계가 발생한다고 볼 수 있다.

특히 두 변수 간 허위 관계가 있을 때 두 변수의 상관을 해석할 경우 어불성설이 될 수 있다. 여름철 수영장 이용객 수와 에어컨 전기요금 간 정적 상관이 있다고 보자. 과연 수영장 이용객 수가 높은 것과 에어컨 전기요금이 높은 것이 관련이 있다고 할 수 있을까? 이 경우 높은 기온이라는 제3변수에 의한 억제효과(Surpressor Effect)로 인해 허위 관계가 발생했다고 볼 수 있다. 이와 같이 허위 관계가 발생하였을 경우, 두 변수의 상관을 그대로 해석해서는 안 되며, 명확한 해석을 위해 두 변수 간의 상관에 영향을 미치는 제3변수가 무엇인지 파악

해볼 필요가 있다.

즉, 두 변수의 상관이 있다는 정보만으로는 네 가지 경우 중 어떤 경우에 의해 상관이 있는지 명확하게 파악할 수 없다. 그렇기 때문에 우리가 명심해야 할 점은 정확한 통제 조건에서 진행되는 실험연구를 제외하고, 상관관계를 인과관계로 해석해서는 안 된다는 것이다.

〈그림 79〉 두 변수 간 상관이 0이 아닌 네 가지 경우

6) 상관분석의 예시

SPSS 29.0에서 상관분석을 실시해 보자. 분석 자료는 2018년 아동청소년 패널데이터를 활용하였으며, 변수들(삶의 만족도, 행복감, 자아존중감, 학업 만족도, 연령)의 상관관계를 분석하였다. 모든 변수는 연속형 변수이기 때문에 Pearson 이변량 상관계수를 구하였다.

① [분석 → 상관분석 → 이변량 상관] 클릭하기

〈그림 80〉 상관분석 실행 예시 (1)

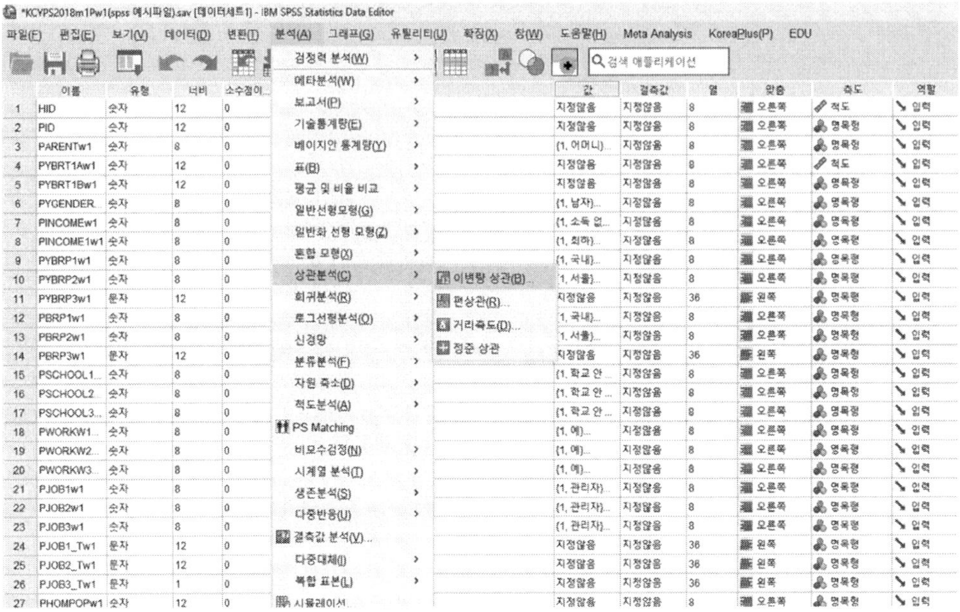

② 이변량 상관계수 대화상자에서 상관관계를 확인하고자 하는 변수들을 설정한 후 '확인' 버튼 누르기(SPSS 29.0에서는 Pearson 적률상관계수를 기본 설정으로 함)

〈그림 81〉 상관분석 실행 예시 (1)

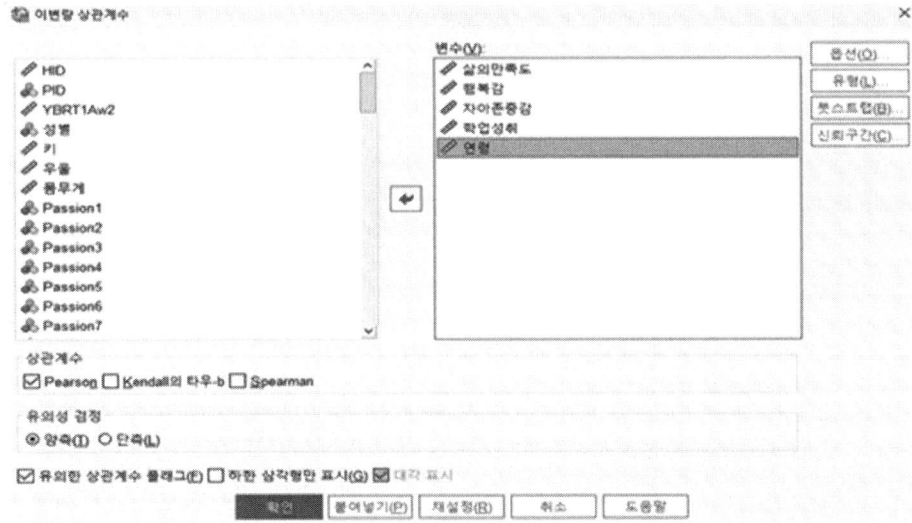

③ 상관분석 결과 확인 및 보고하기

<그림 82> 상관분석 결과

상관관계

		삶의만족도	행복감	자아존중감	학업성취 만족도	연령
삶의만족도	Pearson 상관	1	.447**	.268**	.369**	-.237**
	유의확률 (양측)		<.001	<.001	<.001	<.001
	N	927	927	927	927	927
행복감	Pearson 상관	.447**	1	.167**	.140**	-.151**
	유의확률 (양측)	<.001		<.001	<.001	<.001
	N	927	927	927	927	927
자아존중감	Pearson 상관	.268**	.167**	1	.115**	-.068*
	유의확률 (양측)	<.001	<.001		<.001	.040
	N	927	927	927	927	927
학업성취 만족도	Pearson 상관	.369**	.140**	.115**	1	-.298**
	유의확률 (양측)	<.001	<.001	<.001		<.001
	N	927	927	927	927	927
연령	Pearson 상관	-.237**	-.151**	-.068*	-.298**	1
	유의확률 (양측)	<.001	<.001	.040	<.001	
	N	927	927	927	927	927

**. 상관관계가 0.01 수준에서 유의합니다(양측).
*. 상관관계가 0.05 수준에서 유의합니다(양측).

위와 같은 상관분석 결과표를 해석할 때는 변수 간의 상관계수와 유의확률을 보고한다. 예를 들어, 삶의 만족도와 다른 변수들의 관계를 정리하여 보고하자면 다음과 같다.

삶의 만족도는 행복감, 자아존중감, 학업성취 만족도, 연령과 통계적으로 유의하게 관련되었다. 삶의 만족도와 가장 상관이 높은 변수는 행복감($r=.45$, $p<.001$)이며, 다음으로 학업성취 만족도($r=.37$, $p<.001$), 자아존중감($r=.27$, $p<.001$), 연령($r=-.26$, $p<.001$)의 순으로 상관이 있는 것으로 나타났다. 이는 높은 행복감, 학업성취 만족도, 자아존중감을 지닌 표본은 삶의 만족도가 높은 것을 의미하며, 이와는 다르게 연령이 높은 표본은 삶의 만족도가 낮은 것을 의미한다.

2. 부분 상관과 편부분 상관

앞서 주로 다루었던 두 변수의 상관은 영차 상관계수(Zero-order correlation)라고 한다. 하지만 상관은 '두 변수 이상의 관계'를 표현할 때 사용되기 때문에 세 개 혹은 그 이상의 변수들의 관계를 표현할 때도 사용된다. 이 경우 상관계수를 계산하는 방식에 따라 부분 상관계수(Partial correlation)와 편부분 상관계수(Semi-partial correlation)로 분류할 수 있다. 부분 상관계수와 편부분 상관계수는 다른 변수의 영향력을 통제하는 방식에서 차이점이 비롯된다. 예를 들어, 서로 상관이 있는 변수 X, Y, Z가 있으며 r_{XY}를 X와 Y의 영차 상관계수라고 표현할 경우, 변수 X와 변수 Y의 부분 상관계수와 편부분 상관계수를 비교하자면 다음과 같다.

(1) 부분 상관계수(Partial Correlation)

부분 상관계수는 변수 X와 변수 Y의 상관을 계산할 때, 변수 Z의 영향을 완전하게 통제하여 변수 간 상관을 구하는 것을 의미한다. 여기서 변수 Z의 영향을 완전하게 통제한다는 의미는 변수 X와 변수 Y 양자 모두에서 변수 Z의 영향력을 제거한 후, 변수 X와 Y의 상관을 구하는 것을 의미한다. 부분 상관계수를 구하는 공식은 다음과 같다.

$$r_{XY.Z} = \frac{r_{XY} - r_{XZ}r_{YZ}}{\sqrt{(1-r^2_{XZ})(1-r^2_{YZ})}}$$

(2) 편부분 상관계수(Semi-partial Correlation)

편부분 상관계수는 변수 X와 변수 Y의 상관을 계산할 때, 변수 Z의 영향을 한 쪽에서만 통제하여 변수 간 상관을 구하는 것을 의미한다. 변수 X와 Y의 편부분 상관계수를 구할 때, 변수 X에 미치는 변수 Z의 영향력을 제거한 상태에서 변수 X와 Y의 상관을 구하는 것을 의미한다. 편부분 상관계수를 구하는 공식은 다음과 같다.

$$r_{XY.Z} = \frac{r_{XY} - r_{XZ}r_{YZ}}{\sqrt{(1-r^2_{XZ})}}$$

상관계수의 제곱인 r^2이 두 변수 간의 공유된 분산의 비율로 해석할 수 있다는 점을 고려하여 〈그림 83〉을 통해 부분 상관계수와 편부분 상관계수의 차이를 직관적으로 이해해 보자. 부분 상관과 편부분 상관 모두 변수 X에 대해 변수 Z의 영향력을 통제한다는 점에서 공통점을 가진다. 하지만 부분 상관은 변수 Y에 대해 변수 Z의 영향력을 통제하지만, 편부분 상관은 변수 Y에 대한 변수 Z의 영향력을 통제하지 않는다. 이러한 차이를 기반으로 부분 상관계수와 편부분 상관계수는 추후 설명할 회귀분석에서 서로 다르게 활용된다.

〈그림 83〉 부분상관과 편부분상관

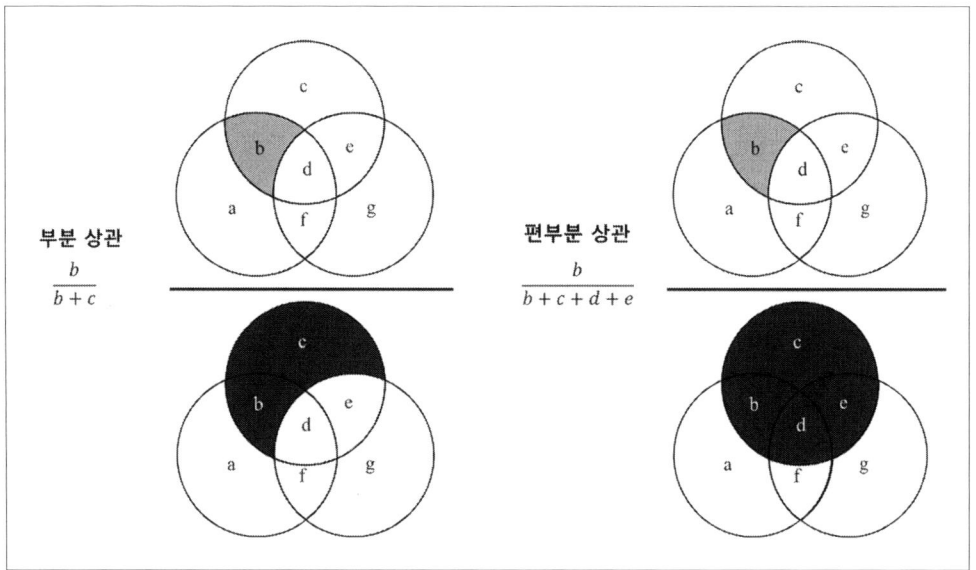

(3) 부분 상관계수와 편부분 상관계수 분석 예시

① [분석 → 상관분석 → 편상관] 클릭하기

〈그림 84〉 편상관분석 실행 예시 (1)

② 선형 회귀 대화상자에서 통계량(S) 클릭 후 부분상관 및 편상관계수(P) 체크 후 '확인' 누르기

〈그림 85〉 편상관분석 실행 예시 (2)

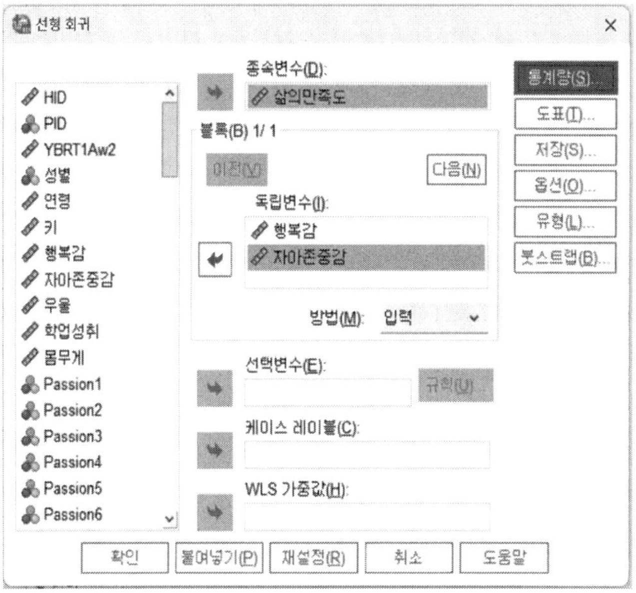

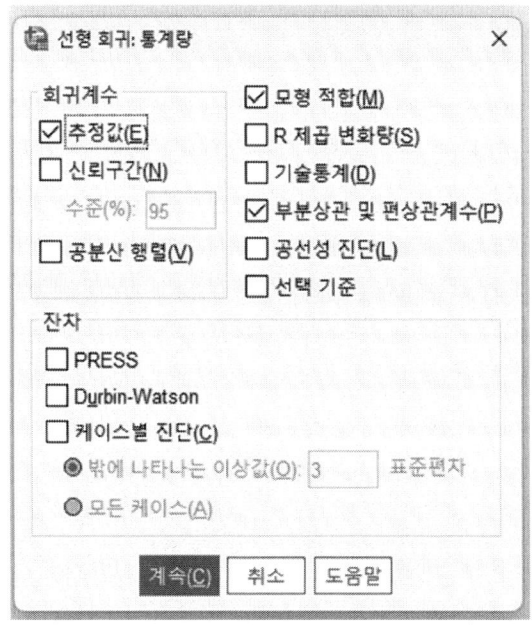

〈그림 86〉 편상관분석 실행 예시 (3)

앞의 예시에서는 세 변수(삶의 만족도, 행복감, 자아존중감)의 편부분 상관, 부분 상관을 구하였다.

③ 분석 결과 중 '계수' 표에서 상관계수 부분 확인 및 해석하기

〈그림 87〉 편상관분석 결과

모형		비표준화 계수		표준화 계수	t	유의확률	상관계수		
		B	표준화 오류	베타			0차	편상관	부분상관
1	(상수)	-.113	.175		-.647	.518			
	행복감	.643	.045	.414	14.214	<.001	.447	.424	.408
	자아존중감	.384	.056	.199	6.846	<.001	.268	.220	.197

a. 종속변수: 삶의만족도

삶의 만족도와 행복감의 상관을 중심으로 영차 상관, 편부분 상관, 부분 상관을 해석하자면 다음과 같다. 행복감과 자아존중감의 순수한 상관은 .45였다. 행복감에서 자아존중감의 영향력을 제거한 후, 행복감과 삶의 만족도의 부분 상관은 .42였으며, 삶의 만족도와 행복감 양자 모두에서 자아존중감의 영향력을 제거한 후 행복감과 삶의 만족도의 편부분 상관은 .41였다.

3. 단순회귀

1) 상관과 회귀

지금까지 다루었던 상관의 개념은 두 개 이상의 변수의 관계의 방향과 크기를 기술할 때 사용되었다. 통계학자들은 변수들의 선형적 관계를 기술하는 것을 넘어 변수와 변수의 관계를 함수관계로 표현함으로써 한 변수의 변화가 다른 변수의 변화에 미치는 영향을 확인하고자 하였다. 이를 위해 변수들의 선형적 관계를 하나의 함수관계로 표현하는 회귀분석(Regression Analysis)을 제시하였다. 회귀분석에 대한 이해를 돕기 위해 상관분석과 회귀분석을 비교하여 〈표 16〉으로 제시하였다.

〈표 16〉 상관과 회귀의 비교

	상관분석	회귀분석
변수의 역할 구분	구분 없음	예측변수, 준거변수
분석 목적	변수들의 관계에 대한 기술	준거변수에 대한 예측, 설명
분석 결과	상관계수	회귀계수
분석 함의	두 변수의 방향과 크기	예측변수의 변화량에 따른 준거변수의 변화량
시각화	산점도	X, Y축 상의 회귀직선

변수의 역할 구분에 대해서 상관분석은 두 변수의 역할 구분이 없지만, 회귀분석에서는 예측변수와 준거변수로 변수의 역할이 구분된다. 이를 기반으로 두 분석은 목적을 달리하는데, 상관분석은 두 변수의 관계성을 기술하는 것을 목적으로 하지만, 회귀분석은 예측변수를 통해 준거변수를 예측하고 설명하는 것을 목적으로 한다. 상관분석의 결과는 상관계수로, 상관계수는 두 변수의 방향과 크기를 의미하고, 회귀분석의 결과는 회귀계수로 예측변수의 변화량에 따른 준거변수의 변화량을 의미한다. 두 분석에 대한 시각적 표현 방법으로는 상관분석의 경우 산점도로 표현하며, 회귀분석의 경우 X, Y축상의 회귀직선으로 표현한다.

2) 단순회귀

통계학에서는 변수와 변수의 관계를 수식, 즉 함수관계로 표현하는 것을 기본적인 목표로 하며, 이를 통계모형이라고 한다. 회귀분석에 관하여 예측변수와 준거변수의 관계를 나타내는 함수식을 회귀식 또는 회귀모형이라고 표현한다. 회귀모형에서 가장 단순한 형태는 한 개의 예측변수가 한 개의 준거변수를 설명하는 모형이며, 이를 단순회귀모형이라고 한다. 단순회귀모형의 회귀식은 아래와 같다.

$$Y = \beta_0 + \beta_1 X + e$$

단순회귀식에서 X는 예측변수를 의미하며, Y는 준거변수를 의미한다. β_0는 회귀식의 절편이며, β_1은 회귀선의 기울기이다. 마지막으로 e는 오차를 의미한다. 즉, 일차방정식의 형태를 가지는 단순회귀식에서 Y는 회귀선과 오차에 의해 설명된다고 볼 수 있다. 회귀선은

X축과 Y축 상에 하나의 직선으로 표현이 가능하고, 이를 회귀선(regression line)이라고 한다. 〈그림 88〉은 모집단의 X, Y 값의 산점도에서 회귀선을 표현한 그림이다.

〈그림 88〉 모집단에서의 단순회귀선

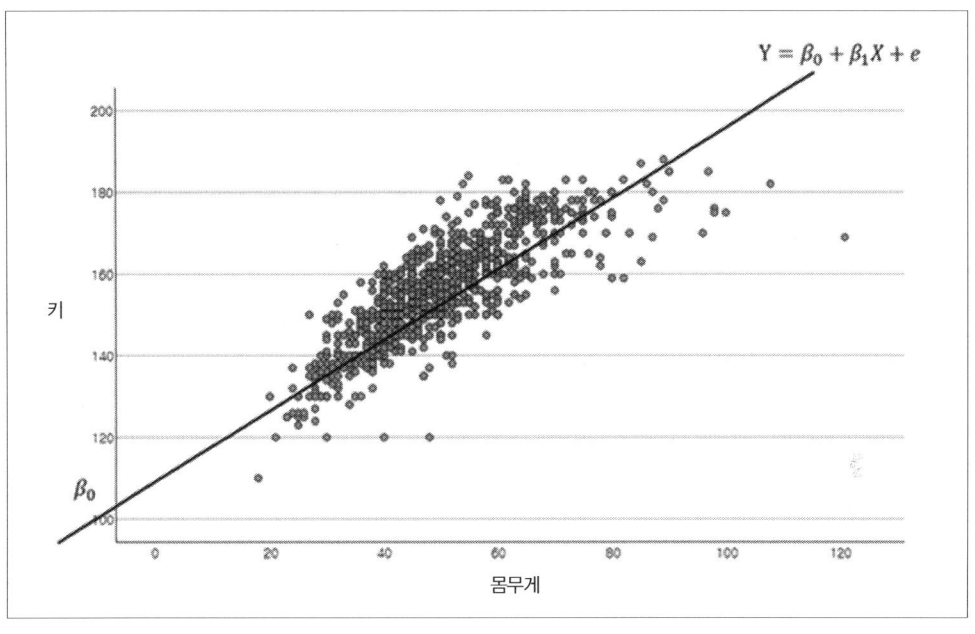

〈그림 88〉을 해석하자면, β_0는 예측변수의 값인 X가 0일 때, 준거변수 Y의 값을 의미한다. β_1는 X가 1단위 변화할 때, Y의 변화량을 의미한다. 오차는 특정 X값에서 실제 값(y)과 회귀선에서의 Y값($\beta_0+\beta_1 X$)의 차이를 의미한다.

하지만 우리가 위의 예시와 같이 모집단에 대한 정보를 모두 알고 있는 경우는 드물다. 따라서 연구자들은 모집단에 대한 대표성 있는 표본을 수집하고 표본의 관찰값을 활용하여 모수의 추정치를 구함으로써 예측변수와 준거변수 간의 함수식을 구해야 한다. 표본에서의 단순회귀식은 다음과 같다.

$$\hat{Y} = \hat{b}_0 + \hat{b}_1 X \text{ 혹은 } Y = \hat{b}_0 + \hat{b}_1 X + e$$

위 회귀식에서의 추정해야 하는 모수는 절편($\hat{b}_0$), 기울기($\hat{b}_1$) 그리고 오차(혹은 잔차)($\hat{e}$)이다. 절편과 기울기는 모집단의 회귀식에서의 해석과 동일하고, 모집단에서의 오차와 표본에서의 오차를 구분하기 위해 표본에서의 오차인 $\hat{e}$를 잔차라고 지칭하기도 한다. 회귀분석에서 오차에 대한 기본적인 가정은 '오차의 평균은 0이며, 분산이 σ^2인 정규분포를 따른다'이다. 또한 표본에서의 오차를 의미하는 잔차도 모집단의 오차와 동일한 가정을 가진다.

$$\hat{Y} = \hat{b}_0 + \hat{b}_1 X \text{ 혹은 } Y = \hat{b}_0 + \hat{b}_1 X + \hat{e},$$

이러한 가정은 두 가지 핵심적 의미를 내포한다. 첫째, 회귀선의 위쪽 오차와 아래쪽 오차의 합이 0이라는 것을 의미한다. 둘째, 오차의 분포가 평균이 0인 정규분포를 따르기 때문에 회귀선 주변 값들의 밀도가 증가하며, 회귀선에서 멀어질수록 밀도가 감소함을 의미한다.

3) 최소제곱추정법

그렇다면 가장 적합한 회귀선은 무엇을 의미하며, 회귀선을 구성하는 절편과 기울기를 어떻게 추정하는지 알아볼 필요가 있다. 〈그림 89〉는 표본에서 몸무게와 키에 대한 산점도이며, 〈그림 89〉에서와 같이 절편이 동일한 회귀선, 기울기가 동일한 회귀선 혹은 기울기와 절편이 모두 다른 회귀선 등 표본의 값을 대표하는 무한대의 회귀선이 있을 수 있다.

〈그림 89〉 표본의 값을 대표하는 무한대의 회귀선

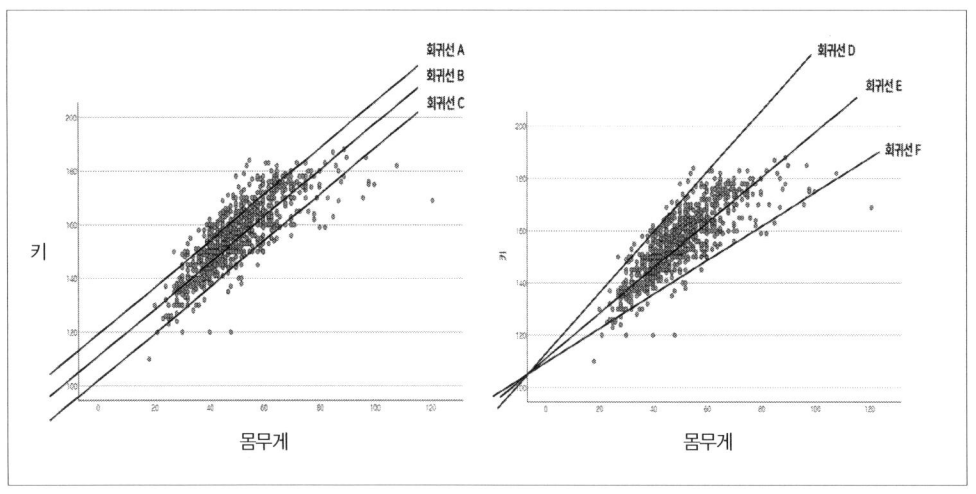

이 중에서 가장 적합한 회귀선은 '실제 X, Y값을 가장 잘 반영하는' 회귀선이라고 볼 수

있다. 이를 해석하면 특정 X값에 대하여 실제 y값과 회귀선에서의 Y값($\hat{Y}$)의 차이가 가장 적어야 함을 의미하며, 이는 실제 y값과 회귀선에서의 Y값의 차이인 잔차($\hat{e}$)가 최소여야 함을 의미한다. 잔차가 최소여야 한다는 점에 기반한 추정법을 최소제곱추정법(Least Squares Estimation method)이라고 하며, 이는 SPSS에서 회귀분석 시에 디폴트인 추정법이다.

정교한 추정은 실제값과 예측값의 차이인 잔차들의 합이 최소가 되어야 함을 의미하지만, 회귀분석에서 잔차에 대한 가정에 의하면 잔차의 합은 항상 0이 된다. 그렇기 때문에 모든 잔차를 제곱함으로써 합이 0이 되는 문제를 해결하고, 잔차의 제곱합이 최소가 되는 회귀선을 가장 적합한 회귀선이라고 추정할 수 있다. 즉, 최소제곱추정법은 잔차의 제곱합이 최소가 되게 하는 회귀선의 절편과 기울기를 구하는 추정법이라고 할 수 있다. 다음은 최소제곱추정법에 따라 잔차의 제곱합이 최소가 되게 하는 절편과 기울기를 구하는 수식이다.

$$\hat{b}_1 = r_{XY} \frac{s_X}{s_Y}, \quad \hat{b}_0 = \overline{Y} - \hat{b}_1 \overline{X}$$

위 식에서 기울기의 추정치는 상관계수(r_{XY})와 X와 Y의 표준편차(s_X, s_Y)를 통해 구할 수 있다. 예를 들면, 두 변수 간의 상관이 1이라면 모든 값들이 회귀선 위에 존재하기 때문에 기울기는 $\frac{s_Y}{s_X}$으로 추정할 수 있다. 절편의 추정치는 기울기의 추정치($\hat{b}_1$)와 X와 Y의 평균($\overline{Y}$, $\overline{X}$)을 이용하여 구할 수 있다. 상관계수를 각 변수별 평균과의 편차곱의 합으로 표현한다면, 기울기와 절편의 추정치를 구하는 식을 다음과 같이 표현할 수 있다.

$$\hat{b}_1 = r_{XY} \frac{s_Y}{s_X} = \frac{s_{XY}}{s_X s_Y} \frac{s_Y}{s_X} = \frac{s_{XY}}{s_X s_X} = \frac{\sum (X-\overline{X})(Y-\overline{Y})}{\sum (X-\overline{X})^2}, \quad \hat{b}_0 = \overline{Y} - \left(\frac{\sum (X-\overline{X})(Y-\overline{Y})}{\sum (X-\overline{X})^2}\right) \overline{X}$$

위의 식을 통해 추정된 기울기와 절편은 비표준화 모수(unstandardized parameter)로서 단위의 의미를 가진다. 공분산과 유사하게 비표준화 모수는 단위의 의미를 활용할 수 있다는 장점이 있지만, 변수에 따라 단위 자체의 의미가 사라질 수 있고 어떤 단위를 사용하는지에 따라 추정치의 값이 변할 수 있다는 점에서 한계를 가진다. 변수 X와 Y의 표준화 점수(z_X, z_Y)를 활용하여 회귀분석을 실시하면 표준화 모수(standardized parameter)를 추정할 수 있으며, 이를 통해 비표준화 모수의 한계점은 극복 가능하다.

$$\hat{z}_y = \hat{\beta}_0 + \hat{\beta}_1 z_x \text{ 혹은 } \hat{z}_y = \hat{\beta}_0 + \hat{\beta}_1 z_x + e$$

또한 표준화 점수는 평균이 0, 표준편차가 1이라는 점을 고려하였을 때, 표준화 모수로서 절편은 항상 0이며, 기울기는 r_{XY}로 두 변수 간 상관계수이다. 이는 표준화된 변수를 활용한 회귀모형에서는 〈그림 90〉과 같이 예측변수(z_X)의 값이 0일 때, 준거변수(z_Y)의 값이 0이며, 기울기는 예측변수가 1 표준편차만큼 증가할 때, 준거변수의 표준편차 변화량(=r_{XY}, 상관계수)을 의미한다.

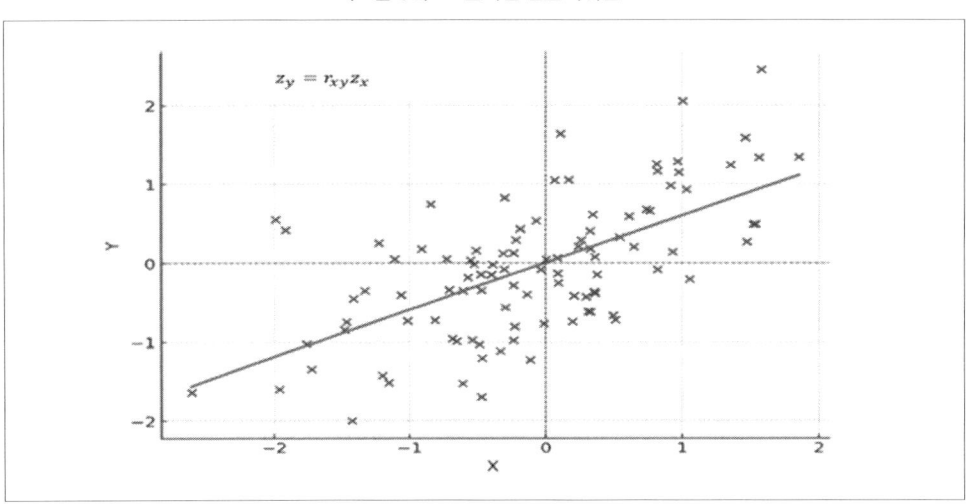

〈그림 90〉 표준화된 단순회귀선

마지막으로 오차의 추정치에 대해 알아보자. 〈그림 90〉은 표본에서 최소제곱추정법에 의해 구해진 회귀선이다. 이 경우 잔차 추정치의 개수는 사례수만큼 존재하게 되며, 잔차 추정치의 분포는 평균이 0, 분산이 σ^2인 정규분포를 따른다. 우리는 잔차 추정치의 분산과 표준편차를 활용하여 회귀모형에 대한 정보를 파악할 수 있다. 잔차 추정치가 실제 Y값과 회귀선의 Y값의 차이라는 점을 고려하여, 잔차 추정치의 분산과 표준편차를 다음 식을 통해 추정할 수 있다.

$$\hat{\sigma}^2 = \frac{1}{n-2}\sum e^2 = \frac{2}{n-2}\sum(X-\hat{Y})^2, \quad \hat{\sigma}^2 = \frac{(1-r_{XY})SS_Y}{n-2}$$

잔차 추정치의 분산과 표준오차는 잔차 추정치들이 평균인 0으로부터 얼마나 흩어져있는지를 뜻한다고 볼 수 있다. 이를 잔차가 0일 때 실제값과 예측값이 동일하다는 점을 고려하여, 회귀선이 가지는 추정의 정확도 측면에서 잔차 추정치의 분산과 표준편차를 재해석할 수 있다. 잔차 추정치의 분산과 표준편차가 작을수록 추정이 정교하게 이루어졌다고 볼 수 있으며, 반대의 경우 추정의 정확도가 떨어진다고 볼 수 있다. 통계학에서는 보통 잔차 추정치의 표준편차를 주로 활용하며, 이를 추정의 표준오차(standard error of estimation)라고 부른다. 위의 식에서 알 수 있듯이 추정의 표준오차는 X와 Y의 상관이 커질수록 작아진다는 것을 알 수 있다.

4) 회귀모형의 평가

지금까지 회귀모형에 대한 이해를 기반으로 최소제곱추정법을 통해 회귀모형에서 모수에 대한 추정치들을 추정하는 과정에 대해 알아보았다. 추정이 끝난 후 우리는 회귀모형에 대해 추정한 회귀모형이 타당한지 평가를 해볼 필요가 있다. 즉, 내가 선택한 예측변수 X가 준거변수 Y를 설명하는 회귀모형이 타당한지 확인할 필요가 있음을 의미한다. 앞서 언급했던 추정의 표준오차도 회귀모형의 평가 지표로 사용할 수 있지만, 이는 준거변수의 단위에 영향을 받는다는 단점이 있다. 그렇기에 추정의 표준오차보다는 결정계수(R^2, coefficient of determination)를 활용하여 회귀모형을 평가한다.

먼저 결정계수의 의미와 결정계수를 구하는 과정을 살펴보자. 결정계수는 준거변수의 전체 분산 중 예측변수(혹은 회귀모형)에 의해 설명된 분산의 비율을 의미한다. 단순회귀모형에서는 Y의 전체 분산 중 X에 의해 설명된 분산의 비율이라고 볼 수 있다. 이러한 의미에 따라 전체 중 일부의 비율을 나타내는 결정계수는 0과 1 사이의 값을 가진다($0 \leq R^2 \leq 1$). 결정계수를 구하는 식은 아래와 같다.

$$R^2 = \frac{SS_R}{SS_T} = \frac{\sum(X-\overline{X})^2}{\sum(Y-\overline{Y})^2}$$

SS_R은 회귀모형에 의해 설명된 분산을 의미하며, SS_T는 준거변수 Y의 전체 분산을 의미한다. 다음 〈그림 91〉을 통해 결정계수를 구하는 과정을 알아보자.

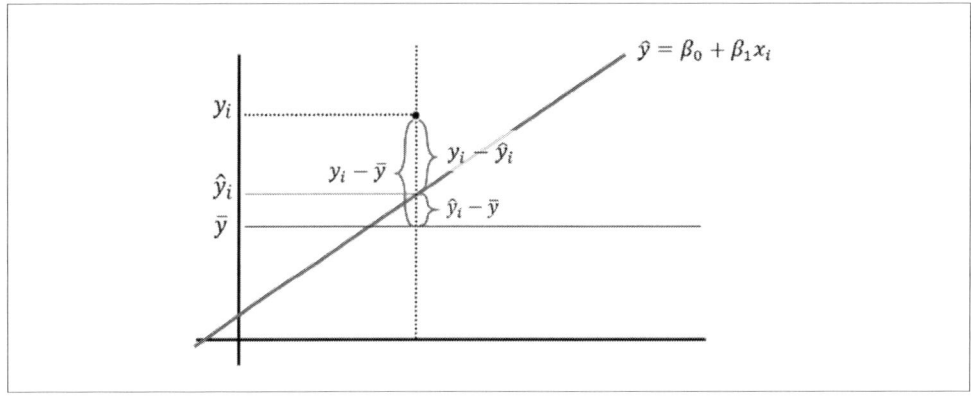

〈그림 91〉 회귀모형에서 분산의 분해

위 그림에서는 예측변수 X의 유무에 따른 두 가지 회귀선이 그려져 있다. $Y=\hat{b}_0+\hat{b}_1X+\hat{e}$을 회귀모형 A의 회귀선이라고 하고, $Y=\hat{b}_0+\hat{e}$을 회귀모형 B의 회귀선이라고 해보자. 실제 값(y)는 다음 식과 같이 회귀모형 A, B에 관련된 값의 합으로 설명될 수 있다.

$$Y=\overline{Y}+(\hat{Y}-\overline{Y})+(Y-\hat{Y}),\ (Y-\overline{Y})=(\hat{Y}-\overline{Y})+(Y-\hat{Y})$$

$\overline{Y}$는 회귀모형 B에 의해 예측된 준거변수 값이며, $\hat{Y}$는 회귀모형 A에 의해 예측된 준거변수 값이다. 또한 $(Y-\overline{Y})$는 회귀모형 B가 예측하고 남은 편차를 의미하며, $(Y-\hat{Y})$는 회귀모형 A가 예측하고 남은 편차를 의미한다. 그렇다면 회귀모형 B가 예측하고 남은 편차($Y-\overline{Y}$)와 회귀모형 A가 예측하고 남은 편차($Y-\hat{Y}$)의 차이는 예측변수 X가 투입됨으로써 설명된 편차을 의미한다($\hat{Y}-\overline{Y}$). 각 편차들을 다음 식과 같이 제곱합으로 표현할 수 있다.

$$\sum(Y-\overline{Y})^2=\sum(\hat{Y}-\overline{Y})^2+\sum(Y-\hat{Y})^2$$

$\sum(Y-\overline{Y})^2$은 총 제곱합(SS_T)을 의미하고, $\sum(\hat{Y}-\overline{Y})^2$은 단순회귀모형에 의해 설명된 제곱합($SS_R$)을, $\sum(Y-\hat{Y})^2$은 설명되지 않은 제곱합(SS_E)을 의미한다. 제곱합의 경우 기본적으로 변수의 변동성(분산)의 크기를 설명하는데 사용되기 때문에 위에서 언급했던 결정계수를 구하는 수식($\frac{SS_R}{SS_T}$)이 성립될 수 있다.

5) 회귀모형에서의 가설 검증

회귀모형에 대한 가설 검증은 두 가지 단계로 진행된다. 첫 번째 단계는 통계모형 자체의 통계적 유의성 검증을 실시한다. 이는 연구자 본인이 설정한 회귀모형이 의미가 있는지를 검증하는데 목적이 있다. 두 번째 단계는 회귀모형에서 모수 추정치의 통계적 유의성 검증을 실시한다. 이는 준거변수의 분산을 설명하기 위해 모형에 투입한 예측변수가 의미있는지를 검증하는데 목적이 있다.

첫 번째 단계, 통계모형 자체의 통계적 유의성 검증은 앞서 설명하였던 제곱합의 개념을 활용한다. 제곱합의 개념은 변수의 변동성(분산)을 설명하는데 사용되며, 통계모형 자체의 통계적 유의성은 설명된 제곱합(SS_R)과 설명되지 않은 제곱합(SS_E)을 활용하여 검증 가능하다. 구체적으로 설명된 제곱합을 설명되지 않은 제곱합으로 나눈 값, 즉 설명된 분산을 설명되지 않은 분산으로 나눈 값에 대한 검증을 실시한다. 이는 두 분산 비율을 비교하는데 사용되는 통계량인 F값에 대한 검증을 통해 통계적 유의성을 확인할 수 있다.

$$F = \frac{\frac{SS_R}{df_1}}{\frac{SS_E}{df_2}}, \quad df_1 = p-1 \ (p=\text{예측변수의 개수}), \quad df_2 = n-p \ (n=\text{표본의 수})$$

두 번째 단계, 회귀모형에서 모수 추정치에 대한 통계적 유의성 검증 과정에서는 기울기에 대한 추정치($\hat{b}_1$)와 해당 추정의 표준오차(SE)를 활용한다. 구체적으로 기울기 추정치를 추정의 표준오차로 나눈 값($t = \frac{\hat{b}_1}{SE}$)이 통계적으로 유의한지 검증하는 것을 목적으로 하며, 이는 아래와 같은 가설로 표현될 수 있다. 영가설을 기각할 경우 준거변수를 설명하는 예측변수의 기울기에 대한 추정치가 0이 아님을 의미하며, 이 경우 기울기에 대한 해석을 적용하여 예측변수와 준거변수의 관계를 설명할 수 있다.

$$H_0 : \hat{b}_1 = 0, \ H_1 : \hat{b}_1 \neq 0$$

6) 단순회귀분석 예시

① [분석 → 회귀분석 → 선형] 클릭하기

<그림 92> 단순회귀분석 실행 예시 (1)

② 선형 회귀 대화상자에서 예측변수와 종속변수 선택하고 '확인' 누르기
   (통계량(S)에서 추가적으로 다양한 정보를 확인할 수 있음)

<그림 93> 단순회귀분석 실행 예시 (2)

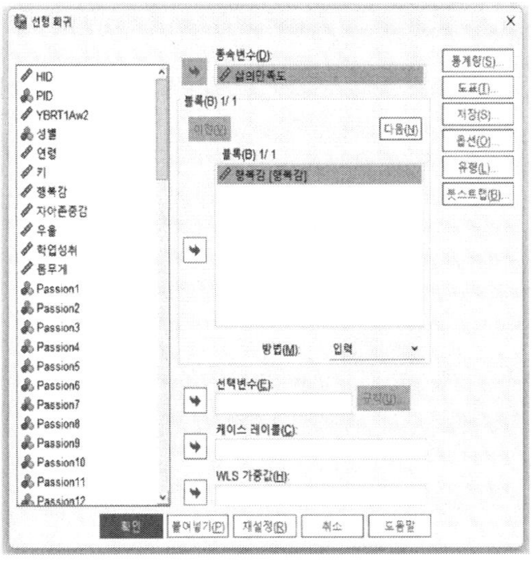

위의 예시에서는 예측변수를 행복감으로 설정하였고, 준거변수를 삶의 만족도로 설정하였으며, 이 단순회귀모형을 검증하는 목적은 표본에서의 개인의 행복감이 삶의 만족도의 분산을 얼만큼 설명하는지를 확인하기 위함이라고 볼 수 있다.

〈그림 94〉 단순회귀분석 실행 예시 (3)

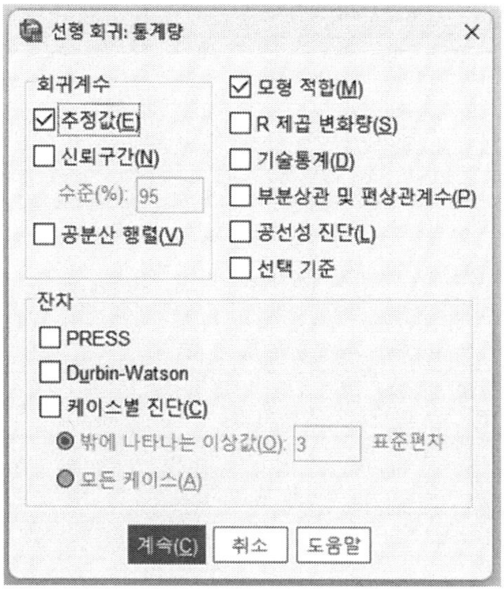

③ 단순회귀분석 결과 해석 및 보고하기

처음 나오는 분석 결과는 '모형 요약' 표이다. 표에서의 설명량(R^2)을 통해 내가 설정한 회귀모형이 준거변수의 분산을 얼만큼 설명하고 있는지 확인할 수 있다. 예시의 모형 요약 표에서는 행복감이 삶의 만족도의 분산 중 20%를 설명하고 있음을 알 수 있다(R^2=.200).

〈그림 95〉 단순회귀분석 결과 (1)

모형 요약

모형	R	R 제곱	수정된 R 제곱	추정값의 표준 오차
1	.447[a]	.200	.199	.46731

a. 예측자: (상수), 행복감

다음으로 제시되는 분석 결과는 'ANOVA' 표이며, 이 표에서는 설명된 제곱합(SSR), 잔차 제곱합(SSE), 두 제곱합의 비율(F값), F값의 통계적 유의성을 제시한다. 이를 통해 연구자는 설정한 회귀모형의 통계적 유의성을 검증할 수 있다. 예시에서는 설명된 제곱합(SSR)이 50.48이며, 잔차 제곱합(SSE, 설명되지 않은 제곱합)이 202.00이며 두 제곱합의 비율(F값)은 231.16이었다. 각 자유도에 따른 F값은 통계적으로 유의한 것으로 나타났다. 종합하자면, 삶의 만족도를 설명하기 위해 행복감을 예측변수로 포함한 회귀모형은 a=.05수준에서 유의하였다($F(1,1925)$=231.16, $p<.001$)

<그림 96> 단순회귀분석 결과 (2)

ANOVA^a

모형		제곱합	자유도	평균제곱	F	유의확률
1	회귀	50.481	1	50.481	231.164	<.001[b]
	잔차	201.998	925	.218		
	전체	252.479	926			

a. 종속변수: 삶의만족도
b. 예측자: (상수), 행복감

마지막으로 제시된 표는 '계수' 표이며, 이 표에서는 비표준화 회귀계수(b), 표준 차(SE), 표준화 회귀계수(β), t값, 회귀계수의 통계적 유의성(p값)을 제시한다. 이를 통해 행복감이 삶의 만족도를 설명하는 회귀계수의 크기와 통계적 유의성을 확인할 수 있다. 예시에서의 각 회귀계수와 통계적 유의성 검증 결과를 해석한다면 다음과 같다.

행복감이 1단위 증가할 때 삶의 만족도는 0.70 단위만큼 증가하는 것으로 나타났다 (b=0.70, p<.000). 또한 행복감이 1표준편차 증가할 때 삶의 만족도는 0.45 표준편차만큼 증가하는 것으로 나타났다(β=0.45).

<그림 97> 단단순회귀분석 결과 (3)

계수^a

모형		비표준화 계수		표준화 계수	t	유의확률	공선성 통계량	
		B	표준화 오류	베타			공차	VIF
1	(상수)	.706	.131		5.405	<.001		
	행복감	.695	.046	.447	15.204	<.001	1.000	1.000

a. 종속변수: 삶의만족도

4. 중다회귀분석

1) 중다회귀의 개념

지금까지 준거변수를 예측하고 설명하는 변수가 하나인 통계모형을 의미하는 단순회귀모형에 대하여 살펴보았다. 준거변수의 분산을 예측변수를 통해 설명한다는 회귀모형의 의의를 고려하였을 때, 단순회귀모형에서는 준거변수를 가장 잘 설명하는 예측변수를 찾는 것이 가장 중요한 목표라고 할 수 있다. 하지만 실제로 우리가 사회과학 분야에서 연구를 하다보면, 준거변수에 영향을 미치는 예측변수를 하나로 설정하기는 쉽지 않다는 점을 마주할 것이다. 실제로 사회과학에서 한 변수에만 영향을 받는 준거변수를 찾는 것은 어렵다. 따라서 우리는 준거변수를 예측하기 위해 두 개 이상의 예측변수를 활용하여 준거변수를 예측해야 하고 이를 중다회귀모형이라고 부른다.

예를 들어, 친구에 대한 신뢰(Y)라는 준거변수가 있을 때, 우리는 이와 연관된 많은 예측변수를 떠올릴 수 있을 것이다. 대표적인 예측변수로서 교제 기간(X_1)이 있을 수 있다. 이를 회귀식으로 표현한다면 다음과 같다.

$$Y = b_0 + b_1 X + e$$

위의 모형에서 준거변수의 분산을 더 많이 예측하고자 하는 회귀모형의 목적에 따라 친구에 대한 신뢰에 영향을 미칠 것으로 예상하는 다른 변수들을 회귀모형에 투입할 수 있다. 예를 들어, 만남 빈도(X_2), 친구의 태도(X_3) 등 다양한 예측변수가 있을 수 있다. 준거변수와 네 개의 예측변수를 중다회귀식으로 표현한다면 다음과 같다.

$$Y = b_0 + b_1 X_1 + b_2 X_2 + b_3 X_3 + e$$

보편적으로 중다회귀분석에서도 잔차의 최소제곱추정법을 사용하여, 각 추정치들을 동시에 추정한다. 즉, 실제값과 예측값의 차이인 오차(혹은 잔차)를 최소화하는 회귀계수들을 동시에 추정함을 의미한다. 추정치들의 해석은 단순회귀모형과 유사하게 해석할 수 있다. 절편(b_0)은 모든 예측변수가 0일 때 준거변수의 값을 의미한다. 각 기울기(b_1, b_2, b_3)는 다른 예측변수의 효과를 통제하였을 때, 예측변수의 1단위 변화할 때 설명되는 준거변수의 변화량을 의미한다. 예를 들어, 위의 중다회귀모형에서 X_2의 기울기인 b_2는 교제 기간과 친구의 태도를 통제한 후 만남 빈도가 1단위 변화할 때 친구에 대한 신뢰도의 변화량이라고 할 수 있다.

단순회귀모형에서는 추정이 끝난 후에 추정한 회귀모형이 타당한지를 평가하였다. 이와 동일하게 중다회귀모형에서도 내가 선택한 예측변수들이 준거변수를 설명하는 회귀모형이 타당한지 확인할 필요가 있다. 이때 우리는 중다상관계수(R)를 사용한다. 기본적으로 중다상관계수는 한 변인과 다른 변인들의 집합 간의 상관을 의미하고, 중다회귀모형의 타당성을 평가할 때는 준거변수와 모든 예측변인들의 선형 결합 간 상관(R_y)을 활용하여 결정계수(R_y^2)를 정의할 수 있다.

$$R_y = Corr(\hat{Y}, Y), \quad R_y^2 = \frac{SSR}{SST} = 1 - \frac{SSE}{SST}$$

결정계수는 준거변수의 전체 분산 중 회귀식에 의해 설명된 분산의 비율로 표현된다고 하였다. 단순회귀모형에서 상관계수의 제곱값인 결정계수가 준거변수의 설명된 분산 비율을 의미한다는 점을 고려하였을 때, 중다상관계수의 제곱값도 중다회귀모형에서 준거변수의 설명된 분산 비율을 의미한다. 중다상관계수가 .78인 중다회귀모형이 있을 때 이 중다회귀모형의 결정계수는 .61이며, 이는 중다회귀모형에 투입된 예측변수들에 의해 준거변수의 분산 중 61%가 설명되고 있음을 의미한다.

2) 공선성

중다회귀모형은 준거변수와 관련이 있을 것으로 예상되는 두 개 이상의 예측변수들을 투입함으로써 준거변수의 분산을 더욱 많이 설명하고자 하는 것이 목표라고 하였다. 그렇다면 준거변수를 가장 잘 예측하는 방법을 단순하게 생각한다면, 준거변수와 관련이 있을 것으로 예상되는 최대한 많은 예측변수를 회귀모형에 투입하는 것이 답이라고 할 수 있다. 회귀모형에 대한 간명성의 법칙을 위배한다. 간명성의 법칙은 최소의 예측변수로 준거변수에 대한 가장 높은 설명력을 가지는 모형을 찾아야 함을 의미한다.

실제로 중다회귀모형에서 많은 예측변수을 활용할 경우 공선성(Collinearity)의 문제를 야기한다. 예측변수들 간 높은 상관을 가진 경우 공선성이 존재한다고 한다. 중다회귀모형과 같이 여러 예측변수들 간에 공선성이 존재할 때는 다중공선성(Multicollinearity)이 존재한다고 표현한다. 중다상관계수의 개념을 활용하면 예측변수가 다른 예측변수들의 선형결합에 의해 잘 설명되는 경우 다중공선성이 존재함을 의미한다. 다중공선성이 문제가 될 정도로 큰 경우 각 예측변수가 준거변수에 대한 설명력을 판단하기 어려워진다. 〈그림 98〉을 통해 다중공선성의 문제를 살펴보자.

〈그림 98〉은 준거변수와 준거변수를 예측하는 세 개의 예측변수의 관계를 벤 다이어그램으로 표현한 것이다. 예를 들어 X_1이 설명하는 준거변수의 분산은 $(a+b)$라고 할 수 있고, X_2가 설명하는 준거변수의 분산은 $(b+c)$라고 할 수 있다. X_1과 X_2는 각각 준거변수의 분산을 잘 설명한다. 하지만 실제로 X_1만이 준거변수를 설명하는 경우와 비교하였을 때 X_1과 X_2가 동시에 준거변수를 설명할 때 증가된 설명량은 c뿐이라고 할 수 있다. 실제로 중다회귀분석에서는 각 예측변수의 독립적인 기여도를 판단하기 위해 X_1과 X_2 간 공선성 문제를

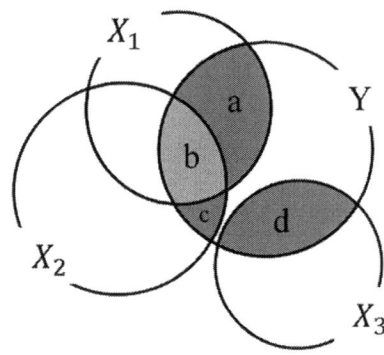

〈그림 98〉 중다회귀분석의 다중공선성

일으키는 부분을 제외하고 각 예측변수의 준거변수에 대한 기여도, 즉 회귀계수를 추정한다.

구체적으로 예측변수와 다른 예측변수들과의 상관이 높을수록 회귀계수의 분산이 커지고, 회귀계수의 분산이 커지면 회귀계수를 추정이 불안정해진다. 실제로 다중공선성 문제가 심각할 경우 회귀계수의 통계적 유의성을 검증할 때 회귀계수에 대한 t값이 작아져서 유의성이 낮게 나타난다. 이러한 다중공선성 문제를 나타내는 지표로 분산팽창지수(Variance Inflation Factor)를 사용한다. 분산팽창지수를 구하는 식은 다음과 같다.

$$VIF = \frac{1}{1-R^2_{X_i}}$$

위 식에서 $R^2_{X_i}$는 한 예측변수와 다른 예측변수들 간 상관의 제곱값을 의미한다. 중다회귀모형에서 예측변수의 분산팽창지수가 0.1보다 작거나 10보다 클 경우 다중공선성이 문제를 일으킨다고 판단한다.

다중공선성이 문제가 되는 경우 이를 해결하는 대표적인 방법은 모형에서 예측변수를 제거하는 것이다. 예측변수를 제외하기 위해 예측변수의 상대적 중요도를 판단해야 하는데, 이때 활용하는 것이 바로 표준화 회귀계수이다. 표준화 회귀계수는 준거변수와 예측변수들을 표준화하였을 때 구해지는 회귀계수를 의미한다. 표준화 회귀계수는 예측변수들 간의 단위 문제를 고려하지 않아도 된다는 장점이 있기 때문에 모형 내에서 예측변수 간의 비교를 가능하게 한다. 그렇기 때문에 표준화 회귀계수를 고려하여 예측변수를 제거할 수 있다. 이에 더해 선행연구에 기반하여 상관이 높은 변수들을 통합하는 방법도 있으며 추가적인 표본을 수집하는 것도 다중공선성 문제를 해결하는데 일부 도움이 된다. 마지막으로 단계적 회귀분석을 통해 예측변수의 설명력을 파악하고 이를 기반으로 중다회귀모형을 수정할 수 있다. 이는 추후 더욱 자세하게 살펴보기로 한다.

3) 중다회귀분석의 예시

① [분석 → 회귀분석 → 선형] 클릭하기
② 선형 회귀 대화상자에서 중다회귀모형에서의 예측변수와 준거변수 설정한 후 '확인' 누르기 (통계량(S)에서 공선성을 포함, 추가적으로 다양한 정보를 확인할 수 있음)

〈그림 99〉 중다회귀분석 실행 예시 (1)

〈그림 100〉 중다회귀분석 실행 예시 (2)

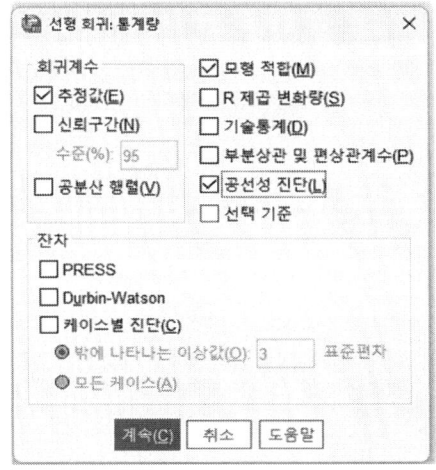

위의 예시에서는 준거변수를 삶의 만족도로 설정하였고, 예측변수를 행복감, 자아존중감, 학업성취 만족도를 예측변수로 설정하였다. 이 중다회귀모형을 검증하는 목적은 표본에서의 개인의 행복감, 자아존중감, 학업성취 만족도가 삶의 만족도의 분산을 얼만큼 설명하는지를 확인하기 위함이라고 볼 수 있다. SPSS를 활용한 중다회귀분석에서는 통계량(S)의 항목 중 공선성 진단을 통해 예측변수 간의 다중공선성 문제를 확인할 수 있다.

③ 중다회귀분석 결과 해석 및 보고하기

〈그림 101〉 중다회귀분석 결과 (1)

모형 요약

모형	R	R 제곱	수정된 R 제곱	추정값의 표준오차
1	.569[a]	.324	.322	.43008

a. 예측자: (상수), 학업성취 만족도, 자아존중감, 행복감

중다회귀분석의 결과 또한 단순회귀분석의 결과를 해석하는 것과 유사하다. 처음 나오는 '모형 요약' 표의 설명량(R^2)을 통해 내가 설정한 중다회귀모형이 준거변수의 분산을 얼만큼 설명하고 있는지 확인할 수 있다. 〈그림 101〉에서의 중다회귀모형은 삶의 만족도 분산 중 32%를 설명하고 있음을 알 수 있다($R^2=.324$).

〈그림 102〉 중다회귀분석 결과 (2)

ANOVA[a]

모형		제곱합	자유도	평균제곱	F	유의확률
1	회귀	81.753	3	27.251	147.328	<.001[b]
	잔차	170.726	923	.185		
	전체	252.479	926			

a. 종속변수: 삶의만족도
b. 예측자: (상수), 학업성취 만족도, 자아존중감, 행복감

다음으로 제시되는 분석 결과는 'ANOVA' 표이며, 연구자가 설정한 중다회귀모형의 통계적 유의성을 검증한 결과를 알 수 있다. 〈그림 102〉에서는 설명된 제곱합(SSR)이 81.75이며, 잔차 제곱합(SSE, 설명되지 않은 제곱합)이 1170.73이며 두 제곱합의 비율(F값)은 147.33이었다. 각 자유도에 따른 F값은 통계적으로 유의한 것으로 나타났다. 종합하자면, 삶의

만족도를 설명하기 위해 행복감을 예측변수로 포함한 회귀모형은 $a=.05$수준에서 유의하였다($F(3,923)=147.33$, $P<.001$)

⟨그림 103⟩ 중다회귀분석 결과 (3)

계수ᵃ

모형		비표준화 계수		표준화 계수	t	유의확률	공선성 통계량	
		B	표준화 오류	베타			공차	VIF
1	(상수)	-.330	.166		-1.986	.047		
	행복감	.586	.043	.377	13.636	<.001	.957	1.044
	자아존중감	.330	.053	.171	6.211	<.001	.963	1.038
	학업성취 만족도	.149	.014	.296	10.786	<.001	.972	1.029

a. 종속변수: 삶의만족도

마지막으로 제시된 ⟨그림 103⟩은 '계수' 표를 통해 행복감, 자아존중감, 학업성취 만족도가 삶의 만족도를 설명하는 각 회귀계수의 크기, 통계적 유의성, 다중공선성 여부를 확인할 수 있다. 먼저 예측변수 간 다중공선성 문제를 진단하고, 예시에서의 행복감의 회귀계수와 통계적 유의성 검증 결과를 해석한다면 다음과 같다.

모든 예측변수의 분산팽창지수(VIF)가 1과 10사이의 값을 가지기 때문에 변수간 다중공선성 문제는 없다고 볼 수 있다. 자아존중감과 학업성취 만족도를 통제하였을 때, 행복감의 1단위 증가는 0.59단위만큼의 삶의 만족도의 증가를 통계적으로 유의하게 설명하였다($b=0.59$, $P<.001$). 그리고 행복감이 1표준편차 증가할 때, 삶의 만족도는 0.38 표준편차만큼 증가하는 것으로 나타났다($\beta=0.38$).

5. 단계적 회귀분석과 위계적 회귀분석

다중공선성의 문제를 통해 우리는 중다회귀모형에서 간명성을 추구해야 되는 이유를 확인하였다. 즉, 여러 개의 예측변수를 회귀모형에 포함시킴으로써 준거변수의 분산을 가장 잘 설명하는 예측변수를 확인하고, 준거변수를 가장 간명하게 설명하는 모형이 무엇인지 찾는 것이 중다회귀분석의 의의라고 할 수 있다. 중다회귀분석에서 준거변수를 설명하는 회귀모형들 중 가장 간명한, 효율적인 모형을 식별하기 위한 대표적인 방법으로 단계적 회귀분석(Stepwise Regression)과 위계적 회귀분석(Hierarchical Regression)이 있다. 두 방법은 각각의 기준에 따라 준거변수를 잘 설명하는 예측변수를 순차적으로 투입하지만, 공통적으로 예측변수의 추가에 따른 증가된 설명량이 통계적으로 유의해야 한다는 것을 전제로 한다.

1) 단계적 회귀분석

(1) 단계적 회귀분석의 개념과 절차

단계적 회귀분석은 회귀모형의 설명량 혹은 예측변수의 상대적 기여도에 대한 평가를 통계적 계산에 기초하여 예측변수의 투입 순서를 결정하는 회귀분석 방식이다. 여기서 주목해야 할 점은 예측변수의 투입 기준을 통계적 계산에 기초한다는 것이다. 이는 단계적 회귀분석이 내가 가진 자료를 기준으로, 내 자료의 예측변수들 중에서 준거변수에 가장 큰 영향을 미치는 예측변수를 찾는 것을 목적으로 함을 의미한다. 이러한 맥락의 분석을 탐색적(Exploratory) 맥락의 분석이라고 한다. 단계적 회귀분석은 통계적 계산에 기초하여 변수를 선택하기 때문에 분석 과정이 간단하지만, 자료 의존적인(Sample-specified) 성격이 강하기 때문에 분석 결과의 일반화 가능성이 낮다는 단점이 있다.

단계적 회귀분석의 방식은 자료에 대한 통계적 계산에 기초하기 때문에 간결하다. 세 개의 예측변수(X_1, X_2, X_3) 중 준거변수를 가장 잘 설명하는 예측변수부터 투입한다. 만약 준거변수를 가장 잘 설명하는 변수가 X_1일 경우 첫 번째 회귀식은 아래와 같다.

$$Y = b_0 + b_1 X_1 + e$$

다음 단계에서는 남은 두 개의 예측변수 중에서 준거변수에 대한 설명량을 가장 많이 증가시키는 변수를 탐색한다. 이는 추가된 예측변수로 인해 증가된 설명량이 통계적으로 유의해야 함을 의미한다. 증가된 설명량을 계산할 때 단계적 회귀분석에서는 편부분 상관계수(Semi-partial correlation)를 활용한다. 구체적으로 X_1 다음으로 준거변수에 대한 설명력이 큰 변수를 X_2라고 하였을 때, 단계적 회귀분석에서 추가된 X_2에 의한 설명력을 계산하는 편부분 상관계수를 수식으로 나타내면 다음과 같다. 이때 편부분 상관계수의 제곱값이 추가된 X_2로 인한 증가된 설명량을 의미한다.

$$r_{Y.(X_2|X_1)} = \frac{Cov(Y, X_2 - \hat{X}_2)}{\sqrt{Var(Y) \cdot Var(X_2 - \hat{X}_2)}}$$

수식에서의 $\hat{X_2}$는 새로 투입되는 예측변수(X_2)를 기존 예측변수(X_1)로 예측한 값을 의미한다. 수식에서 알 수 있듯이 단계적 회귀분석에서는 다음 예측변수를 탐색할 때, 준거변수와 기존 예측변수의 영향을 제거한 상태의 예측변수의 관계를 기반으로 분석하는 것을 알수 있다. 이는 〈그림 104〉와 같이 표현할 수 있다.

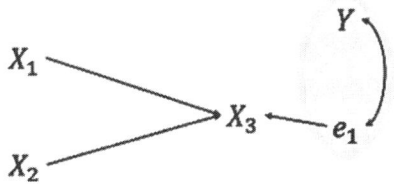

〈그림 104〉 편부분상관

마지막으로 세 개의 예측변수 중 준거변수에 대한 가장 낮은 설명력을 가지는 것으로 탐색된 X_3의 설명력을 계산하는 것은 〈그림 98〉과 같다. 〈그림 98〉에서 알 수 있듯이 X_3과 준거변수와의 영차 상관(Zero correlation)을 구하는 것이 아니라, 준거변수와 기존에 모형에 투입되었던 X_1, X_2의 영향력을 제거한 후의 예측변수($X_3-\hat{X_3}$) 간 편부분 상관을 의미한다.

정리하자면, 단계적 회귀분석은 새로 투입되는 변수로 인한 증가된 설명량(=편부분 상관계수^2)이 통계적으로 유의하며 가장 큰 증가량을 가진 변수를 탐색하는 과정을 통해 간명한 모형을 찾는 과정이라고 볼 수 있다.

(2) 단계적 회귀분석의 예시

① [분석 → 회귀분석 → 선형] 클릭하기
② 선형 회귀 대화상자에서 방법(M) 중 단계 선택으로 변경 후 '확인' 누르기
   (통계량에서 부분 상관 및 편부분 상관, 변화된 설명량 등 다양한 정보 확인 가능)

<그림 105> 중다회귀분석 실행 예시 (1)

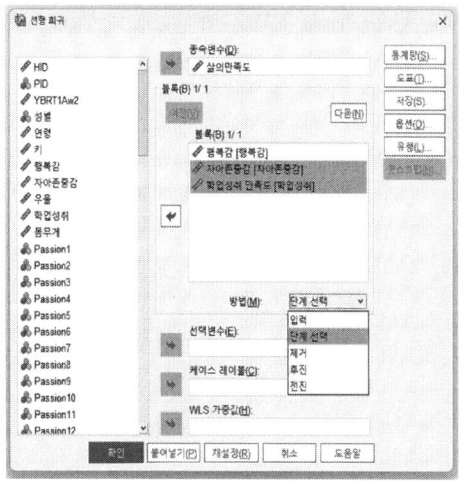

위의 예시에서는 삶의 만족도에 대한 예측변수로서 행복감, 자아존중감, 학업성취 만족도를 설정하였다.

③ 단계적 회귀분석 결과 해석 및 보고하기

<그림 106> 단계적 회귀분석 결과 (1)

ANOVA

모형		제곱합	자유도	평균제곱	F	유의확률
1	회귀	50.481	1	50.481	231.164	<.001[b]
	잔차	201.998	925	.218		
	전체	252.479	926			
2	회귀	74.617	2	37.308	193.819	<.001[c]
	잔차	177.862	924	.192		
	전체	252.479	926			
3	회귀	81.753	3	27.251	147.328	<.001[d]
	잔차	170.726	923	.185		
	전체	252.479	926			

a. 종속변수: 삶의만족도
b. 예측자: (상수), 행복감
c. 예측자: (상수), 행복감, 학업성취 만족도
d. 예측자: (상수), 행복감, 학업성취 만족도, 자아존중감

모형 요약

모형	R	R 제곱	수정된 R 제곱	추정값의 표준오차	R 제곱 변화량	F 변화량	자유도1	자유도2	유의확률 F 변화량
1	.447[a]	.200	.199	.46731	.200	231.164	1	925	<.001
2	.544[b]	.296	.294	.43874	.096	125.387	1	924	<.001
3	.569[c]	.324	.322	.43008	.028	38.580	1	923	<.001

a. 예측자: (상수), 행복감
b. 예측자: (상수), 행복감, 학업성취 만족도
c. 예측자: (상수), 행복감, 학업성취 만족도, 자아존중감

세 개의 예측변수(행복감, 자아존중감, 학업성취 만족도)에 대하여 행복감, 학업성취 만족도, 자아존중감 순으로 삶의 만족도에 미치는 영향이 큰 것으로 나타났다. 구체적으로 행복

감만을 예측변수로 설정한 첫 번째 회귀모형은 삶의 만족도의 분산 중 20.0%를 설명하였다 ($F(1,925)=231.16$, $p<.001$). 다음으로 행복감과 학업성취 만족도를 예측변수로 설정한 두 번째 회귀모형은 삶의 만족도의 분산 중 29.6%를 설명하였으며($F(2,924)=193.82$, $p<.001$), 학업 성취 만족도를 추가적으로 모형에 투입함으로써 약 10%의 증가된 설명량이 통계적으로 유의한 것으로 나타났다($\Delta R^2=.096$, $p<.001$). 마지막으로 세 예측변수가 삶의 만족도를 예측하는 세 번째 모형은 삶의 만족도의 분산 중 32.4%를 설명하였으며($F(3,923)=147.33$ $p<.001$), 자아존중감을 추가적으로 모형에 투입함으로써 약 3%의 증가된 설명량이 통계적으로 유의한 것으로 나타났다($\Delta R^2=.028$, $p<.001$).

〈그림 107〉 단계적 회귀분석 결과 (2)

계수ª

모형		비표준화 계수 B	표준화 오류	표준화 계수 베타	t	유의확률	상관계수 0차	편상관	부분상관	공선성 통계량 공차	VIF
1	(상수)	.706	.131		5.405	<.001					
	행복감	.695	.046	.447	15.204	<.001	.447	.447	.447	1.000	1.000
2	(상수)	.356	.127		2.812	.005					
	행복감	.627	.043	.404	14.473	<.001	.447	.430	.400	.981	1.020
	학업성취 만족도	.157	.014	.312	11.198	<.001	.369	.346	.309	.981	1.020
3	(상수)	-.330	.166		-1.986	.047					
	행복감	.586	.043	.377	13.636	<.001	.447	.409	.369	.957	1.044
	학업성취 만족도	.149	.014	.296	10.786	<.001	.369	.335	.292	.972	1.029
	자아존중감	.330	.053	.171	6.211	<.001	.268	.200	.168	.963	1.038

a. 종속변수: 삶의만족도

각 예측변수별 삶의 만족도에 미치는 영향을 비교하기 위해 표준화 회귀계수를 비교하자면 〈그림 107〉과 같다. 먼저 행복감이 삶의 만족도를 가장 잘 설명하는 것으로 나타났고($\beta=0.38$, $P<.001$), 다음으로 학업성취 만족도, ($\beta=0.30$, $P<.001$)와 자아존중감($\beta=0.17$, $P<.001$) 순으로 삶의 만족도를 잘 설명하는 것으로 나타났다.

2) 위계적 회귀분석

(1) 위계적 회귀분석의 개념과 절차

위계적 회귀분석은 회귀모형의 설명량 혹은 예측변수의 상대적 기여도에 대한 평가를 이론적 근거 혹은 연구 가설에 기초하여 예측변수의 투입 순서를 결정하는 회귀분석 방식이다. 통계적 계산에 기초하는 단계적 회귀분석과는 달리 위계적 회귀분석은 이론에 근거하여 예측변수를 투입한다는 점에 주목해야 한다. 이는 위계적 회귀분석이 이론적 근거에 기반하여 예측변수를 순차적으로 투입하고, 예측변수의 투입에 따른 추가적인 설명량이 통계적으로 유의한지 확인하는 것을 목적으로 함을 의미한다. 이러한 맥락의 분석을 확인적(Confirmatory) 맥락의 분석이라고 한다. 단계적 회귀분석과 반대로 이론적 근거를 배경으로 하기 때문에 연구 결과의 일반화 가능성이 상대적으로 높지만, 투입 순서를 결정하는 과정에서 연구자의 주관적인 판단이 개입할 수 있기 때문에 이를 유의하여야 한다.

위계적 회귀분석의 방식은 내가 검증하고자 하는 이론적 근거에 기반하기 때문에 예측변수의 투입 순서를 정해 놓고 이에 따라 분석을 진행한다. 예를 들어 X_1, X_3, X_2의 순서로 위계적 회귀분석을 실시할 경우, 가장 먼저 X_1를 통해 준거변수를 설명한다.

$$Y = b_0 + b_1 X_1 + e$$

다음 단계에서는 X_3가 모형에 투입됨으로써 증가된 설명량이 통계적으로 유의한지 확인한다. 이때 편부분 상관계수를 활용하는 단계적 회귀분석과는 달리 위계적 회귀분석에서는 부분 상관계수(Partail correlation)를 활용하여 증가된 설명량을 계산한다. 위계적 회귀분석에서 추가된 X_3에 의한 설명력을 계산하는 편부분 상관계수를 수식으로 나타내면 다음과 같다. 이때 부분 상관계수의 제곱값이 추가된 X_3로 인한 증가된 설명량을 의미한다.

$$r_{Y.(X_3 \mid X_1)} = \frac{Cov(Y, X_3 - \hat{X}_3)}{\sqrt{Var(Y - \hat{Y}) \cdot Var(X_3 - \hat{X}_3)}}$$

수식에서의 $\hat{X}_3$는 새로 투입되는 예측변수를 기존 예측변수(X_1)로 예측한 값을 의미하며, $\hat{Y}$는 첫 번째 단계에서의 예측변수(X_1)로 예측한 값을 의미한다. 수식에서 알 수 있듯이 위계적 회귀분석에서는 다음 예측변수의 설명력에 대한 통계적 유의성을 확인할 때, 기존 예측변수의 영향을 제거한 상태의 준거변수와 기존 예측변수의 영향을 제거한 상태의 예측변

〈그림 108〉 부분상관계수

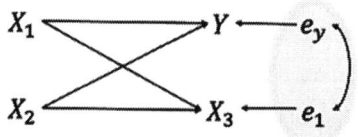

수와의 관계를 기반으로 분석하는 것을 알 수 있다. 이는 〈그림 108〉과 같이 표현할 수 있다. 위에서 설정한 예측변수의 투입 순서(X_1, X_3, X_2)에 따라 최종적으로 X_2에 의한 증가된 설명량은 〈그림 98〉에서 알 수 있듯이 기존에 모형에 투입되었던 X_1, X_3의 영향력을 예측변수와 준거변수 양자 모두에서 제거한 후 예측변수와 준거변수 간 부분 상관의 제곱값을 의미한다.

정리하자면, 위계적 회귀분석은 새로 투입되는 변수로 인한 증가된 설명량(=부분 상관계수^2)이 통계적으로 유의하며 이론적 근거에 따른 예측변수의 설명력을 확인하는 과정을 통해 간명한 모형을 찾는 과정이라고 볼 수 있다.

(2) 위계적 회귀분석의 예시

① [분석 → 회귀분석 → 선형] 클릭하기
② 선형 회귀 대화상자에서 연구 가설에 따라 첫 블록에 예측변수 설정하기
   (통계량(S)에서 R 제곱 변화량 등 다양한 정보를 추가적으로 확인 가능)

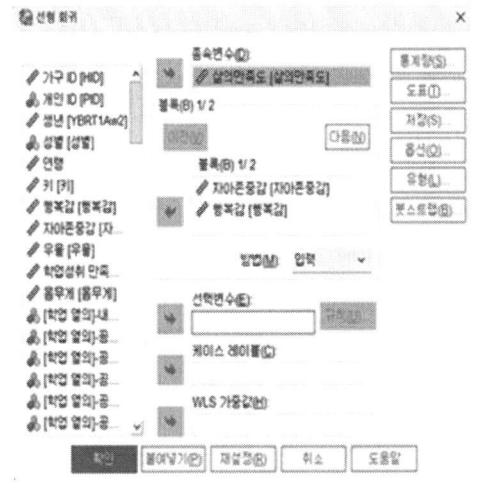

〈그림 109〉 위계적 회귀분석 실행 예시 (1)

〈그림 110〉 위계적 회귀분석 실행 예시 (2)

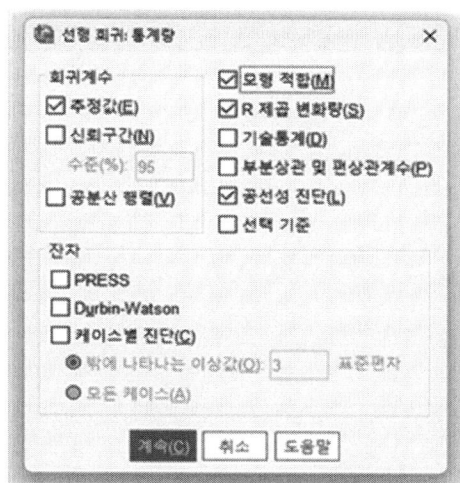

③ 선형 회귀 대화상자에서 다음(N) 클릭 후 두 번째 블록에 예측변수 설정하기

〈그림 111〉 위계적 회귀분석 실행 예시 (3)

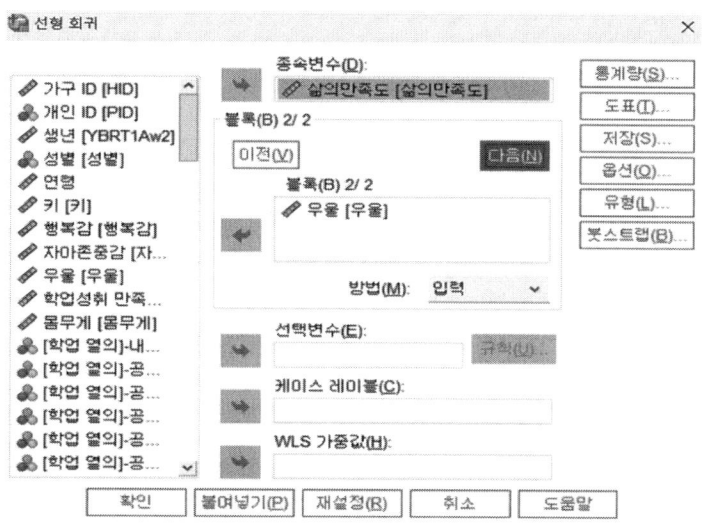

위 예시에서는 첫 번째 블록에는 자아존중감과 행복감을 예측변수로 투입하였고, 두 번째 블록에는 우울을 추가적으로 예측변수로 투입하였다.

④ 위계적 회귀분석 결과 해석 및 보고하기

〈그림 112〉 위계적 회귀분석 결과 (1)

입력/제거된 변수ª

모형	입력된 변수	제거된 변수	방법
1	행복감, 자아존중감ᵇ	.	입력
2	우울ᵇ	.	입력

a. 종속변수: 삶의만족도
b. 요청된 모든 변수가 입력되었습니다.

위 예시에서는 삶의 만족도를 예측하는데 우울이 가지는 고유한 설명력을 검증하기 위해 2개의 회귀모형을 설정하였다. 구체적으로 첫 번째 모형은 자아존중감과 행복감을 예측변수로 가지고 두 번째 모형에서는 우울이 예측변수로 추가되어 삶의 만족도를 설명하였다.

〈그림 113〉 위계적 회귀분석 결과 (2)

모형 요약

모형	R	R 제곱	수정된 R 제곱	추정값의 표준오차	통계량 변화량				
					R 제곱 변화량	F 변화량	자유도1	자유도2	유의확률 F 변화량
1	.498ª	.248	.247	.45569	.248	171.068	2	1035	<.001
2	.594ᵇ	.353	.351	.42301	.105	167.100	1	1034	<.001

a. 예측자: (상수), 행복감, 자아존중감
b. 예측자: (상수), 행복감, 자아존중감, 우울

ANOVAª

모형		제곱합	자유도	평균제곱	F	유의확률
1	회귀	71.047	2	35.523	171.068	<.001ᵇ
	잔차	214.924	1035	.208		
	전체	285.971	1037			
2	회귀	100.948	3	33.649	188.048	<.001ᶜ
	잔차	185.023	1034	.179		
	전체	285.971	1037			

a. 종속변수: 삶의만족도
b. 예측자: (상수), 행복감, 자아존중감
c. 예측자: (상수), 행복감, 자아존중감, 우울

우울이 예측변수로 추가된 두 번째 회귀모형은 삶의 만족도의 분산 중 35.3%를 설명하였으며($F(3,1034)=188.05$, $p<.001$), 첫 번째 모형에 비해 우울을 예측변수로 투입함으로써

〈그림 114〉 위계적 회귀분석 결과 (3)

계수ª

모형		비표준화 계수		표준화 계수	t	유의확률	공선성 통계량	
		B	표준화 오류	베타			공차	VIF
1	(상수)	-.210	.167		-1.259	.208		
	자아존중감	.403	.052	.209	7.680	<.001	.982	1.018
	행복감	.665	.042	.426	15.660	<.001	.982	1.018
2	(상수)	.408	.162		2.514	.012		
	자아존중감	.457	.049	.237	9.360	<.001	.975	1.026
	행복감	.583	.040	.373	14.607	<.001	.958	1.044
	우울	-.303	.023	-.328	-12.927	<.001	.971	1.030

a. 종속변수: 삶의만족도

약 10%의 설명량이 통계적으로 유의하게 증가하였다($\Delta R^2=.104$, $p<.001$).

구체적으로 우울이 삶의 만족도에 가지는 고유한 설명력을 해석하면 다음과 같다. 모형 2에서 자아존중감과 행복감을 통제하였을 때, 우울의 1단위 증가는 -0.30단위 만큼의 삶의 만족도의 감소를 통계적으로 유의하게 설명하였다($b=-0.30$, $p<.001$). 그리고 행복감이 1표준편차 증가할 때 삶의 만족도는 0.33 표준편차만큼 감소하는 것으로 나타났다($\beta=-0.33$).

6. 통제변수를 활용한 제3변수의 효과 통제

1) 통제변수의 개념과 필요성

지금까지 다루었던 단순회귀분석과 중다회귀분석의 목적은 예측변수가 준거변수의 분산을 얼마나 설명할 수 있는지를 검증하는 것이었다. 앞서 언급했듯 우리는 준거변수의 분산을 설명하기 위해 최대한 많은 변수를 통계모형에 투입할 수 있지만, 이는 회귀계수의 추정의 불안정성을 야기하며, 모형 설정에서의 간명성의 법칙을 위배하기 때문에 이를 지양해야 함을 배웠다. 그렇기 때문에 우리는 최소한의 변수로만 최대한 많이 준거변수의 분산을 설명하여야 함을 명심해야 한다.

그렇다고 하여 내가 검증하고자 하는 예측변수만 통계모형에 투입하는 것이 예측변수의 명확한 설명력을 검증하는 방법이라고 볼 수는 없다. 회귀분석 또한 상관의 개념에 기초하기 때문에 준거변수에 대한 예측변수의 정확한 설명력을 평가하고자 할 때 준거변수에 영향을 미치는 다른 변수를 통제할 필요가 있다. 즉, 준거변수에 대한 예측변수의 정확한 설명력을 검증하기 위해서는 제3변수의 효과를 고려해야 할 필요가 있음을 의미한다.

예를 들어, 여름철에 아이스크림 판매량을 예측변수로 하여 불쾌지수를 설명하고자 할 때, 우리는 단순회귀모형을 통해 예측변수의 설명량을 검증할 수 있다.

$$불쾌지수 = b_0 + b_1(아이스크림 판매량) + e$$

분석 결과 아이스크림의 불쾌지수에 대해 통계적으로 유의한 설명량이 나올 수 있지만, 이는 허위 관계에 기반하였다고 해석 가능하다. 연구자는 두 가지 과정을 통해 이러한 경우를 교정해야만 한다. 먼저 선행연구 검토를 통해 내가 연구하고자 하는 변수에 영향을 미치는 변수들을 확인하여야 한다. 예를 들어, 선행연구를 검토하였을 때 여름철 불쾌지수에 영향을 미치는 변수로서 온도, 습도, 평균 활동량, 인구 밀집도 등이 있었다고 가정해 보자. 그렇다면 우리는 아이스크림 판매량의 불쾌지수에 대한 정확한 설명력을 검증하기 위해서는 위계적 회귀분석을 통해 제3변수의 효과를 통제하여야 한다.

이때 활용되는 변수를 통제변수라고 하며, 통제변수를 모형에 포함함으로써 제3변수에 의한 효과를 제거하거나 최소화할 수 있다. 예를 들어, 기온과 습도의 영향력을 먼저 통제하고, 아이스크림 판매량의 효과를 검증한다고 가정해 보자.

Stpe 1. $불쾌지수 = b_0 + b_1(기온) + b_2(습도) + e$

Step 2. $불쾌지수 = b_0 + b_1(기온) + b_2(습도) + b_3(아이스크림 판매량) + e$

위와 같이 선행연구 검토 결과에 따라 이론적 근거에 기반하여 두 단계의 위계적 회귀분석을 실시하였다. 이를 통해 우리는 아이스크림 판매량의 설명력을 정확하게 평가할 수 있다. 구체적으로 첫 번째 단계에서는 불쾌지수에 대하여 기온과 습도의 영향력을 설명하였다. Step 1의 분석 결과 기온과 습도가 통계적으로 유의하게 불쾌지수를 설명하였다.

두 번째 단계에서는 불쾌지수에 대하여 기온과 습도의 효과를 통제한 채로 아이스크림 판매량의 설명력을 검증하였다. 부분 상관계수의 제곱값인 증가된 설명량이 통계적으로 유의한지 여부에 따라 아이스크림 판매량의 불쾌지수에 대한 설명력을 검증할 수 있다. 분석 결과, 증가된 설명량이 통계적으로 유의하지 않을 경우 당연히 아이스크림 판매량의 추정된 기울기(b_3)도 통계적으로 유의하지 않고, 이는 아이스크림 판매량의 불쾌지수에 영향을 미치지 않다고 해석 가능하다. 즉, 제3변수의 효과를 통제한 후 아이스크림 판매량은 불쾌지수에 영향을 미치지 않음을 의미한다.

실제로 많은 사회과학 연구자들은 통제변수를 활용하여 준거변수에 대한 예측변수의 영향력을 정확하게 검증하고자 노력한다. 사회과학 분야에서는 성별, 연령, 소득 수준, 교육 수준과 같은 인구사회학적 변수를 통제변수로 활용하기도 하며, 연구 주제와 분야에 따라 다양한 변수들을 통제변수로서 활용한다. 정리하자면 연구자들은 연구결과의 신뢰도를 제고하고 예측변수의 정확한 설명력을 검증하기 위해서 선행연구 검토를 통해 준거변수에 대한 제3변수의 효과를 명확하게 통제할 필요가 있다.

2) 통제변수를 활용한 위계적 회귀분석 예시

① [분석 → 회귀분석 → 선형] 클릭하기
② 선형 회귀 대화상자에서 첫 블록에 통제변수 설정하기
　(통계량(S)에서 R 제곱 변화량 등 다양한 정보를 추가적으로 확인 가능)

〈그림 115〉 위계적 회귀분석을 활용한 제3변수의 효과 통제 예시 (1)

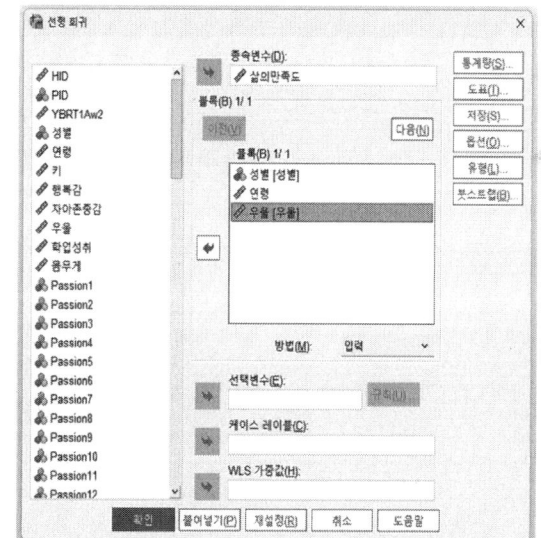

〈그림 116〉 위계적 회귀분석을 활용한 제3변수의 효과 통제 예시 (2)

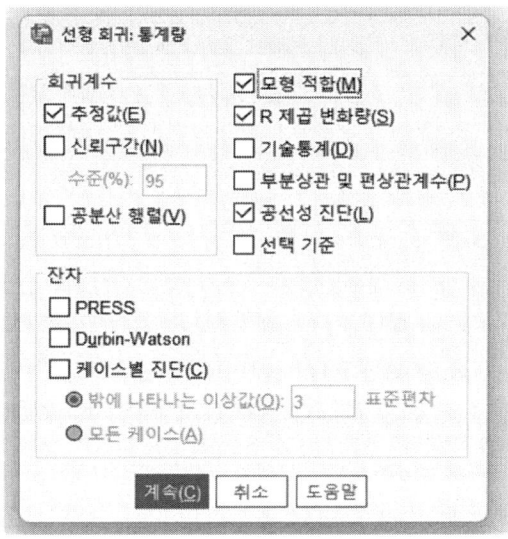

③ 선형 회귀 대화상자에서 다음(N) 클릭 후 두 번째 블록에 예측변수 설정하기

〈그림 117〉 위계적 회귀분석을 활용한 제3변수의 효과 통제 예시 (3)

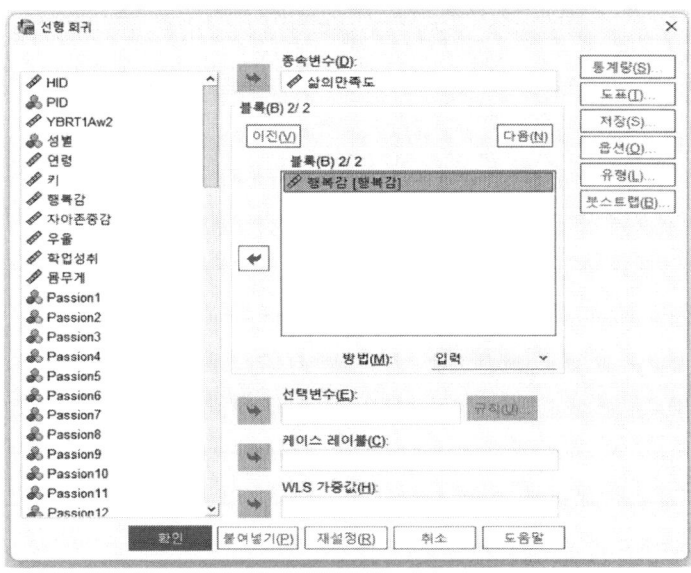

위 예시에서는 삶의 만족도를 예측하는데 행복감이 가지는 고유한 설명력을 검증하기 위해 2개의 회귀모형을 설정하였다. 구체적으로 첫 번째 모형을 통해 성별, 연령, 우울의 효과

를 통제하였고, 두 번째 모형에서는 우울이 예측변수로 추가되어 삶의 만족도를 설명하였다.

④ 통제변수를 활용한 위계적 회귀분석 해석 및 보고하기

〈그림 118〉 위계적 회귀분석을 활용한 제3변수의 효과 통제 결과 (1)

입력/제거된 변수[a]

모형	입력된 변수	제거된 변수	방법
1	우울, 성별, 연령[b]	.	입력
2	행복감[b]	.	입력

a. 종속변수: 삶의만족도
b. 요청된 모든 변수가 입력되었습니다.

위 예시에서는 삶의 만족도를 예측하는데 우울이 가지는 고유한 설명력을 검증하기 위해 2개의 회귀모형을 설정하였다. 구체적으로 첫 번째 모형은 성별, 연령, 우울을 예측변수로 가지고 두 번째 모형에서는 행복감이 예측변수로 추가되어 삶의 만족도를 설명하였다.

행복감이 예측변수로 추가된 두 번째 회귀모형은 삶의 만족도의 분산 중 26.6%를 설명하였으며($F(4,922)=16.76$, $p<.001$), 첫 번째 모형에 비해 우울을 예측변수로 투입함으로써 약 14%의 설명량이 통계적으로 유의하게 증가하였다($\Delta R^2=.145$, $p<.001$).

〈그림 119〉 위계적 회귀분석을 활용한 제3변수의 효과 통제 결과 (2)

모형 요약

모형	R	R 제곱	수정된 R 제곱	추정값의 표준오차	R 제곱 변화량	F 변화량	자유도1	자유도2	유의확률 F 변화량
1	.348[a]	.121	.118	.49036	.121	42.344	3	923	<.001
2	.515[b]	.266	.262	.44847	.145	181.460	1	922	<.001

a. 예측자: (상수), 우울, 성별, 연령
b. 예측자: (상수), 우울, 성별, 연령, 행복감

ANOVA[a]

모형		제곱합	자유도	평균제곱	F	유의확률
1	회귀	30.545	3	10.182	42.344	<.001[b]
	잔차	221.934	923	.240		
	전체	252.479	926			
2	회귀	67.041	4	16.760	83.332	<.001[c]
	잔차	185.438	922	.201		
	전체	252.479	926			

a. 종속변수: 삶의만족도
b. 예측자: (상수), 우울, 성별, 연령
c. 예측자: (상수), 우울, 성별, 연령, 행복감

〈그림 120〉 위계적 회귀분석을 활용한 제3변수의 효과 통제 결과 (3)

계수ª

모형		비표준화 계수 B	표준화 오류	표준화 계수 베타	t	유의확률	공선성 통계량 공차	VIF
1	(상수)	2.010	.179		11.204	<.001		
	성별	-.030	.032	-.029	-.934	.350	.999	1.001
	연령	-.038	.005	-.220	-7.107	<.001	.995	1.005
	우울	.487	.060	.253	8.174	<.001	.995	1.005
2	(상수)	.447	.201		2.222	.027		
	성별	-.021	.030	-.020	-.708	.479	.999	1.001
	연령	-.029	.005	-.165	-5.779	<.001	.975	1.025
	우울	.369	.055	.192	6.690	<.001	.970	1.031
	행복감	.605	.045	.390	13.471	<.001	.952	1.050

a. 종속변수: 삶의만족도

구체적으로 행복감이 삶의 만족도에 가지는 고유한 설명력을 해석하자면 다음과 같다. 모형2에서 성별, 연령, 우울의 효과를 통제하였을 때, 행복감의 1단위 증가는 0.61단위만큼의 삶의 만족도의 증가를 통계적으로 유의하게 설명하였다($b=0.61$, $p<.001$). 그리고 행복감이 1표준편차 증가할 때, 삶의 만족도는 0.39표준편차만큼 증가하는 것으로 나타났다 ($\beta=0.39$).

CHAPTER 06 성향점수를 활용한 인과 추정

 앞 장에서 살펴보았듯이, 과학에서는 특정 요인이 우리 사회에서 관심을 가지고 있는 사건이나 현상의 발생이나 억제 등에 영향을 미치는 인과관계를 파악하는 것을 주요한 목적으로 하고 있다. 우리 주변에서 일어나는 사건 간의 인과성을 파악하기 위한 가장 강력한 방법은 무작위 대조 시험(randomized controlled trial, RCT)이다. RCT에서는 연구 참여자의 특성과 관계없이 이들을 무선적으로 집단에 할당함으로써 제3변수의 효과를 통제하면서 인과관계를 추정할 수 있다. 하지만 연구 참여자들을 집단에 무선적으로 할당하는 것이 윤리적으로 불가능한 경우가 왕왕 발생한다. 이에 덧붙여서, 특정 특성을 보이는 집단을 구성하는데 상대적으로 오랜 시간이 걸리는 경우가 많아 연구를 진행하는 것이 불가능한 경우도 발생한다. 이러한 문제점을 극복하기 위해 무작위 대조 시험이 아닌 기존의 설문자료를 활용한 관찰연구(observational study)에서 인과관계를 추론하는 통계 모형에 대한 관심이 집중되고 있다.

 RCT가 활용되는 연구에서는 연구설계에 따라서 참여자들이 무선적으로 집단에 할당되고 독립변수를 조작하고, 이에 따른 종속변수의 변화를 확인함으로써 사건 간의 인과관계를 편향없이 검증할 수 있다. 하지만 관찰연구에서는 이미 수집된 자료에 기초하여 연구문제와 가설을 검증하거나, 독립변수의 조작이 불가능하기 때문에 사건 간의 인과관계의 해석에 편향이 발생할 가능성이 상대적으로 높다. 관찰연구에서는 연구 참여자의 할당에 영향을 미치는 처치 전 변수(제3의 변수)로 인하여 독립변수와 종속변수 간의 인과관계가 없어도 둘 사이에 관련성이 존재할 수 있다. 결과적으로, 독립변수와 종속변수 간의 관계가 진관계(true relation)인지 허위관계(spurious relation)인지 알 수 없는 경우가 왕왕 발생한다.

 관찰자료를 사용하는 연구에서 집단 간에 관찰되는 평균 차이에 기초하여 사건 간의 인과성을 추정하기 위해서는 회귀모형, 가중값, 매칭 방법 등이 활용될 수 있다(유지웅 & 이우주, 2022). 구체적으로 살펴보면, 제4장의 '집단 간의 평균 비교'에서 설명된 피험자 내 설계에서 활용되는 짝지어진 참여자(paired subjects)를 모집하고 할당함으로써 처치 전 변수(제3의 변수)의 효과를 제거하고 독립변수와 종속변수 간의 인과관계를 확인할 수 있다. 덧붙여서, 처치 전 변수(제3의 변수)를 공분산으로 설정하고 이의 효과를 통제하는 공분산분석(analysis of covariance)을 실시함으로써 독립변수와 종속변수 간의 인과성을 추정할 수 있다.

처치 전 변수(제3의 변수)의 수준에 따라서 처치를 받는 집단의 구성원과 그렇지 않은 집단의 구성원을 매칭시킨다. 두 집단의 구성원들이 처치 전 변수값이 동일하기 때문에, 처치 전 변수는 상수로 통제되어 독립변수와 종속변수 간의 편향이 없는 인과관계를 추정할 수 있다. 또한 공분산분석에서는 처치 전 변수를 공분산으로 설정하여 효과를 사전에 제거함으로써 실험집단과 통제집단 간의 평균 차이에 기초하여 독립변수와 종속변수 간의 인과성을 추정할 수 있다.

제3변수의 수준에 맞게 진행되는 매칭과 효과의 통제는 혼입변수(confounding variable)가 상대적으로 적은 수만 존재할 경우에는 쉽게 진행될 수 있다. 하지만 혼입변수의 수가 늘어날수록, 처치를 받는 실험집단과 이에 대칭되는 대조집단을 찾는 것의 어려움이 늘어난다. 경우에 따라서는 실험집단과 처치 전 변수의 수준이 동일한 대조집단을 찾는 것이 불가능한 경우도 존재한다. 이러한 경우에는 독립변수와 종속변수 간의 편향이 없는 인과관계를 추정하는 것이 불가능하다.

이에 더해서, 혼입변수의 수가 증가하는 경우에 공분산분석에 포함되어야 할 공분산의 수가 증가하게 된다. 즉, 공분산의 효과를 통제한 이후에 집단 간의 평균 차이에 기초하여 독립변수와 종속변수 간의 인과관계를 추정한다. 하지만 공분산의 수가 늘어날수록 통제되는 효과의 크기가 증가하게 됨에 따라 평균 차이가 발생하지 않게 된다. 특히, 통계적으로 살펴보면, 공분산의 수가 증가할수록 자유도가 감소하기 때문에 통계모형의 검증력이 낮아지는 문제점이 발생한다.

이러한 제한점을 극복하기 위해 Rosenbaum과 Rubin(1983)은 성향점수(propensity score; 혹은 성향점수로 불리기도 함)를 제안하고, 이를 활용하여 매칭을 함으로써 관찰자료에서 인과관계를 추정하기 위한 발판을 제공하였다. 그리고 Rosenbaum과 Rubin(1983)의 연구 이후에 성향점수를 활용한 매칭 뿐만 아니라 가중치를 사용하는 방법 또한 제안되었다. 이들의 제안 이후에 사건 간의 인과관계를 추정함에 있어서 다양한 이점을 보이고 있어, 인과성의 추정에 성향점수의 활용이 빈번하게 이루어지고 있다. 예를 들어, 성향점수는 다차원의 혼입변수를 하나의 점수로 축약함으로써 혼입변수의 수가 많거나 연속변수가 있을 때에도 성향점수를 사용하여 집단의 구성원들을 상대적으로 쉽게 짝지을 수 있다. 다만, 성향점수에 기초한 짝짓기를 통한 인과관계의 추정에는 다양한 선행 조건들이 만족되어야 하는데, 이러한 가정의 검토가 충분히 이루어지지 못한 상황에서 성향점수가 오용되는 경우도 자주 발생한다(유지웅 & 이우주, 2022).

사건 간의 인과관계를 추정하기 위해서는 먼저 독립변수와 종속변수 간에 존재하는 관련성에 영향을 미칠 수 있는 혼입변수의 탐색 및 통제가 필요하다. 즉, 성향점수의 추정에 포함되어야 할 혼입변수의 탐색이 가장 중요하다. 성향점수의 추정에 투입되는 혼입변수의 탐색에는 방향성 비순환 그래프(directed acyclic graph, DAG)가 활용될 수 있다(Pearl, 2009). 둘째, 연구 문제와 가정에 근거하여 연구대상을 설정하고, 추정되어야 할 인과효과를 결정해야 한다. 예를 들어, 연구자가 관심을 가지는 모집단에서의 인과효과를 추정하기 위해서는 인구집단 전체에 대한 인과효과(average treatment effect, ATE)와 모집단의 구성원들 중 처치 받은 집단만을 관심 가진 경우, 처치를 받은 집단에 대한 인과효과(average treatment effects on the treated, ATT)를 구분해야 한다. 셋째, 성향점수를 사용하여 집단을 짝짓기 하기 위해 사용될 알고리즘(algorithm)을 결정해야 한다. 즉, 연구에 참여한 모든 구성원이 활용되어야 하는지, 아니면 매칭의 정확도를 높이기 위해서 연구 참여자의 일부만을 사용해야 할지를 결정해야 한다. 마지막으로, 성향점수에 기초한 매칭을 통한 인과관계의 추정 결과에 대해 민감도 분석(sensitivity analysis)를 실시하여, 연구 결과의 강건성(robustness)를 점검한다. 즉, 성향점수를 추정하는데 필요한 가정이 만족되었는지에 대하여 검토하고, 가정이 불만족된 경우에도 결과가 어느 정도 변화할 수 있는지를 검증함으로써 결과의 강건성을 확인하게 된다.

1. 성향점수의 정의와 개념

실험집단과 통제집단에 연구참여자를 무선적으로 할당하는 무작위 대조 시험과 달리 독립변수에 대한 통제가 이루어지지 않는 준실험설계(quasi-experiment) 혹은 관찰연구(observational study)에서는 모집단의 구성원이 가진 특성(예. 인구통계학적 변수, 우울감 수준이 높아 우울증으로 진단된 개인, 성관련 범죄를 저질러 교정시설에서 성관련 치료 프로그램 참여를 명령받은 범죄자 등)에 따라 처치의 배정에 영향을 받는다(Rubin, 1973). 즉, 각 개체의 배정이 무선적으로 이루어지는 것이 아니라 처치를 받기 전에 존재하는 객체의 특성에 의해서 처치의 여부가 결정된다. 처치 전 변수의 특성에 의해서 선택편향(selection bias)이 발생하여 인과관계를 추정할 수 없는 문제가 제기된다. 관찰자료에 기초하여 인과관계를 추정하는데 발생하는 편향을 제거하기 위해 Rosenbaum과 Rubin(1983)은 성향점수의 활용을 제안하였다.

실험연구 혹은 관찰연구에서 처치변수 T_i는 모집단의 구성원 i가 처치를 받는 실험집단에 배정받으면 1, 처치를 받지 않는 통제집단에 배정받으면 0으로 표시된다. 관찰연구에서 성향점수는 혼입변수 C_i가 모집단의 구성원 i가 처치를 받는 실험집단에 배정받을 조건부 확률([식 6.1] 참조)을 의미한다.

$$PC_i = \Pr(T_i = 1 \mid C_i) \quad \text{[식 6.1]}$$

성향점수는 혼입변수들의 가중된 평균으로 통계모형에서 공분산으로써 작용하여 혼입변수가 독립변수와 종속변수 간의 인과관계에 미치는 효과를 통제한다. 즉, 성향점수는 균형점수(balancing score)의 일종으로 작용하여(유지웅 & 이우주, 2022), 타당한 혼입변수가 조건부 확률의 추정에 포함된다면 선택편향의 효과를 통제하여 편향되지 않은 인과효과를 추정할 수 있다.

성향점수를 활용하여 독립변수와 종속변수 간의 인과관계를 추정하기 위해서는 잠재변수(latent variable)라는 개념의 소개가 필요하다. 성향점수를 활용하여 관찰연구에서 인과관계를 추정하기 위해서는 잠재결과 틀(latent outcome framework)이 활용되어야 한다. 논리적으로 종속변수를 의미하는 결과변수(outcome variable)는 동일한 개체가 동시에 두 개의 사건을 모두 경험할 수는 없다. 즉, 집단의 구성원 i가 처치를 받았을 때의 결과인 $Y_i(T_i=1)$와 처치를 받지 않았을 때의 결과 $Y_i(T_i=0)$는 논리적으로 잠재변수이다. 실제로 관찰된 상태를 사실적 결과(factual outcome), 실제로 관찰되지 않은 상태를 반사실적 결과(countfactual outcome)라고 부르고, 이 둘을 잠재적 결과라고 칭한다(Shadish et al., 2002). 이와 같이 반사실적 결과를 추정하고, 사실적 결과와 반사실적 결과의 차이에 기초하여 인과관계를 추정하는 것이 잠재결과 틀이라고 한다.

모집단의 구성원 i에 대한 독립변수가 종속변수에 가지는 인과관계는 두 잠재변수의 차이(즉, $\{Y_i(T_i=1) - Y_i(T_i=0)\}$) 또는 비율(즉, $\frac{Y_i(T_i=1)}{Y_i(T_i=0)}$)로 표시된다. 앞에서 기술한 것처럼, 동일한 개체 i가 서로 독립적인 사건인 처치를 받는 경험과 받지 않는 경험을 동시에 할 수 없는 문제가 존재한다. 즉, 두 개의 독립적인 사건이 동시에 동일 개체에 발생한다는 가정하에서는 처치의 유무에 따른 차이 혹은 비율에 근거하는 독립변수와 종속변수 간의 인과관계를 개인 수준에서 추정하는 것은 일반적으로 불가능하다. 다만, 연구자가 관심을 가지고 있는 모집단에 대하여 집단 수준에서 독립변수와 종속변수의 인과관계를 추정하는 것은 아래의 가정을 만족시키는 경우에는 자료를 통해서 추정할 수 있다(유지웅 & 이우주, 2022).

처치 유무에 따른 차이 점수에 기초하여 집단 수준의 인과관계를 추정하기 위한 첫 번째 조건은 안정적 단위별 처치값 가정(stable unit treatment value assumption, SUTVA)으로, 한 개체가 가지는 잠재 결과는 다른 개체에게 할당된 처치와는 독립적이고, 동일한 처치의 형태만이 존재한다는 것이다.

$$\text{If } T_i = T'_i, \text{ them } Y_i(T_i) = Y_i(T'_i) \quad [식\ 6.2]$$

안정적 단위별 처치값 가정은 두 개의 하위 가정을 포함한다. 첫째, 일치성 가정이다. 일치성 가정은 [식 6.2]에서 기인한 것으로, 개체 i가 처치 t를 실제로 받은 경우에 관찰되는 종속변수의 값인 관찰된 결과변수(observed outcome)와 처치 t를 만약에 받았다면 관찰될 수 있었던 잠재적 결과(potential outcome)의 값이 같아야 함을 의미한다. 둘째, 개체들 상호 간에 간섭이 없음을 가정한다. 각 개체의 잠재적 결과가 서로 영향을 주지 않고 독립적이어야 한다. 처치 t를 받은 개체와 처치 t를 받지 않은 개체 간에는 서로 영향을 주고 받지 않고 독립적이어야 한다.

두 번째 가정은 조건부 교환가능성(exchangeability)이다. 처치가 모집단의 구성원이 가진 특성과는 독립적으로 무선할당되었다면, 잠재변수와 독립이 성립하여 실험집단과 통제집단에서 관찰되는 결과의 평균 차이에 기초하여 인과관계를 추정할 수 있다. 무선할당이 이루어지면, 처치를 받기 전의 실험집단과 통제집단 간에는 교환가능성이 성립된다. 다만, 관찰연구에서는 모집단의 구성원들이 처치의 유무에 따른 실험집단과 통제집단에 무선할당되지 않기 때문에, 처치를 받기 전에 존재하는 실험집단과 통제집단의 구성원 간의 교환가능성이 성립되지 않는다. 교환가능성을 혼입변수의 효과를 통제함으로써 조건부 교환가능성으로 수정할 수 있다. 조건부 교환가능성은 혼입변수의 집합 C_i를 통제했을 때 잠재변수와 처치 간의 관계는 독립이라는 것이다.

$$T_i \amalg P(Y_i(T_i=1),\ Y_i(T_i=0) \mid C_i) \quad [식\ 6.3]$$

세 번째 가정은 양수성(positivity)이다. 양수 가정은 혼입변수를 예측변수로 설정하고 처치를 받을 가능성을 결과변수로 설정한 회귀모형에서 처치를 받을 조건부 확률은 0과 1 사이의 값이다.

$$0 < PC_i = \Pr(T_i=1 \mid C_i) < 0 \quad \text{[식 6.4]}$$

앞에서 언급된 세 개의 가정이 모두 만족되면, 성향점수가 혼입변수를 대체하여 사용되더라도 조건부 교환가능성 가정이 성립된다(Rosenbaum & Rubin, 1983). 덧붙여서, 세 개의 가정이 만족되는 상황에서 성향점수가 추정되면 혼입변수와 독립변수의 처치 간의 독립성이 유지된다. 따라서 혼입변수의 분포는 독립변수의 수준과 관계없이 등분산성이 만족된다. 이러한 특성에 기초하여 성향점수를 활용하여 처치 전 변수의 효과를 통제함으로써 독립변수와 종속변수 간의 인과관계의 효과를 추정할 수 있다. 또한 조건부 교환가능성에 기초하여 독립변수의 수준에 따른 혼입변수의 등분산성을 검증함으로써 성향점수를 활용한 인과추론 방법 및 결과의 타당성을 평가할 수 있다.

2. 성향점수분석의 진행

성향점수에 기초한 독립변수와 종속변수 간의 인과관계 추정은 크게 7단계로 구성되어 있다(Rosenbaum, 2017; 〈표 17〉 참조).

〈표 17〉 성향점수 분석의 7단계

단계	검증 내용
1. 연구설계	• 연구자가 관심을 가지고 있는 연구 문제 및 가설에서 참여자에 대한 무선할당을 할 수 있는 무작위 대조 시험이 가능한가? • 연구자가 고려하는 독립변수와 종속변수 간의 인과관계의 설정에서 독립변수에 조작이 가능한가? • 독립변수와 종속변수 간의 관계에서 영향을 미칠 수 있는 혼입변수를 탐색하고 측정하는 것이 가능한가?
2. 자료 전처리	• 독립변수, 종속변수, 혼입변수에 대한 조작적 정의가 타당한가? • 연구에 포함되는 변수들에 대한 코딩이 정확한가? • 변수들에 결측값이 존재하는가? • 결측값이 존재하는 경우에, 결측이 발생하는 원인을 설명할 수 있는가? • 결측의 원인에 맞게 결측값을 처리할 수 있는가?
3. 성향점수 추정	• 성향점수를 추정할 수 있는 다양한 방안들이 고려되었는가? • 성향점수의 추정법 중에서 가장 적절한 것이 선택되었는가? • 성향점수의 추정에 투입되는 혼입변수 간의 상호 관련성이 충분히 검토되었는가?
4. 성향점수 분석 실시	• 연구 문제 및 가설에 맞는 성향점수 분석이 실시되었는가? • 성향점수 매칭을 실시하기에 충분히 통제집단의 구성원이 존재하는가? • 성향점수 매칭에 사용되는 알고리즘의 선택이 타당한가?

단계	검증 내용
5. (혼입변수) 균형성 점검	• 성향점수를 추정한 이후에 실험집단과 통제집단 간의 성향점수와 혼입변수의 평균 차이가 작은가? • 성향점수를 추정한 이후에 실험집단과 통제집단 간의 성향점수와 혼입변수의 분산 차이가 작은가?
6. 처치효과 추정	• 연구 문제 및 가설을 적용하는 연구 대상과 추정된 처치효과 간의 관계가 타당한가?
7. 민감도 분석	• 추정된 처치효과의 강건성 평가 – 추정된 처치효과가 '누락변수편향' 수준에 따라서 결과가 변화하는가? – '누락변수편향'이 존재함에도 불구하고 추정된 처치효과는 강건한가?

1) 1단계: 연구 설계

앞에서 살펴본 것과 같이, 인과관계를 추정하기 위한 가장 일반적인 방법은 연구 참여자를 실험집단과 통제집단에 무선할당이 가능한 무작위 대조 시험이다. 하지만 많은 연구는 참여자들을 무선할당하는 것이 불가능한 관찰연구의 프레임에서 실시된다. 관찰연구에 참여하는 구성원이 실험집단과 통제집단으로 분류되는 것은 연구 참여자의 고유한 특성 때문이다. 연구 참여자의 내부적인 속성 때문에 실험집단과 통제집단으로 분류된다. 이러한 이유로 실험집단과 통제집단은 처치를 시행하기 전에 이들에 영향을 미칠 수 있는 변수가 존재한다. 즉, 처치 전에 존재하는 속성을 나타내는 혼입변수로 인하여 독립변수와 종속변수 간의 인과관계를 해석하는데 제한점이 존재한다. 그리고 혼입변수의 효과를 통제하기 위해서 성향점수 분석을 실시하게 된다. 따라서 연구자가 검증하고자 하는 문제와 가설이 개체에 대하여 무선할당하는 것이 가능한지에 대한 검토가 필요하다.

둘째, 실험집단과 통제집단을 구분하는 기준이 독립변수의 조작을 통해서 가능한지에 대한 검토가 필요하다. 실험집단과 통제집단을 구분시켜 주는 것이 개체들이 연구에 포함되기 전에 존재하는 속성인지 아니면 연구에 포함된 이후에 변경이 가능한 속성인지가 중요하다. 실험집단과 통제집단의 차이점은 연구자가 독립변수를 조작하여 수준의 차이가 있다는 것이다. 예를 들어, 성별은 연구에 포함되기 전에 존재하는 속성이기 때문에 조작이 불가능하다. 이에 반해서, 성범죄자 대상으로 실시되는 치료 프로그램의 효과를 검증하는 연구의 예를 살펴보자. 무선적으로 할당된 두 개의 집단을 대상으로 한 집단(실험집단)에서는 치료 프로그램을 실시하고, 다른 하나의 집단(통제집단)에서는 위약효과를 통제하기 위해서 치료가 없는 프로그램을 실시한다. 위 예시에서 프로그램의 실시 여부는 연구자에 의해서 조작된 독립변수의 수준이다.

셋째, 독립변수와 종속변수 간의 관계에 영향을 미칠 수 있는 혼입변수가 존재하는지에 대한 검토가 필요하다. 혼입변수는 독립변수 이외에 종속변수에 영향을 미치는 모든 변수를 의미한다. 혼입변수로 인하여 독립변수와 종속변수 간에 허위관계가 존재할 수 있다. 이러한 이유로 인하여 독립변수와 종속변수 간의 인과관계에 영향을 미칠 수 있는 혼입변수를 탐색하는 과정이 필요하다. 이에 덧붙여, 선행연구나 이론에서 탐색된 혼입변수가 본 연구가 특정 가능한지에 대한 검토가 필요하다.

2) 2단계: 데이터 전처리

성향점수 분석도 다른 통계분석과 동일하게 자료의 질이 결과의 타당도를 결정한다. 통계학에서 자주 인용되는 격언인 "Garbage in Garbage out"이 있다. 즉, 잘못된 자료가 통계적으로 분석되면 분석의 결과 역시 신뢰성과 타당성이 떨어진다. 성향점수 분석을 실시하기 이전에 자료 입력이 잘 이루어졌는지에 대한 검토가 필요하다. 이에 덧붙여서, 자료에 포함된 변수들이 척도의 수준에 맞게 코딩(coding)이 되었는지를 확인한다. 특히, 독립변수로 설정된 속성에 대해서는 가변수 코딩(dummy coding), 대비 코딩(contrast coding) 혹은 효과 코딩(effect coding)으로 변경하는 것이 필요하다.

성향점수 분석에서는 연구에 활용되는 변수에 대한 결측값 처리가 중요하다. 결측이 발생하는 원인은 크게, 완전 무선에 의한 결측(missing at completely random), 무선에 의한 결측(missing at random), 무선으로 발생하지 않은 결측(missing at not random)으로 나눈다(Little & Rubin, 2020). 완전 무선에 의한 결측의 가정에서는 결측의 발생이 완전히 무선적으로 일어나는 것으로 본다. 즉, 연구자가 관심을 가지고 있는 사건이 발생했지만, 자료에서 누락되는 것이 연구자가 통제할 수 없는 요인(예. 태풍으로 인한 정전, 연구보조자의 기록 누락 등)으로 인하여 무선적으로 발생한 경우를 말한다. 둘째, 무선에 의한 결측 가정에서는 결측의 발생이 연구자가 설정한 모형 내 변수에 의해서 설명이 가능하다. 예를 들어, 연구자가 관심을 가지고 있는 속성(예. 교정 시설에서의 치료 프로그램 참여 유무)에서 발생한 결측이 기록된 자료(예. 수형자의 범죄 유형 및 형량)에 의해서 설명될 수 있는 경우를 말한다. 수형자의 형량의 정도로 범죄의 중형 여부를 예측하고, 이에 따라서 교정 시설에서의 치료 프로그램의 참여 유무를 예측하고 대체할 수 있다. 마지막으로, 무선으로 발생하지 않는 결측 가정에서는 모형에서 사용되는 사건에서 발생하는 결측이 연구자가 가지고 있는 자료에 포함되지 않는 변수에 의해서 예측된다. 예를 들어, 연구자가 관심을 가지고 있는 속성(예. 어린 시절의 가정 폭력의 피험 경험 정도)에서 발생한 결측이 기록된 자료(예. 수형자의 부모의 가정폭력에 대한 공식적인 기록의 누락)에 의해서 설명될 수 없는 경우를 말한다.

결측치 발생의 원인에 따라서 결측을 처리하는 방식이 달라진다. 완전 무선에 의한 결측의 경우에는 결측값의 처리에 전통적으로 사용된 쌍별 제거(pairwise deletion)[1]나 리스트별 제거(listwise deletion),[2] 단순 대체(single imputation)가 활용될 수 있다. 보다 엄격한 가정이 필요한 무선에 의한 결측의 경우에는 결측값의 처리에 완전 정보 최대 가능성 추정법(full information maximum likelihood estimation method)이나 다중 대체(multiple imputation)가 활용될 수 있다. 무선적으로 발생하지 않은 결측의 경우에는 형태 복합 모형(pattern mixture modeling)을 활용하여 결측값을 처리할 수 있다.

결측이 발생하는 원인을 파악함과 동시에, 결측이 발생한 변수가 외생변수[3]인지 아니면 내생변수[4]인지를 확인하는 절차가 중요하다. 전통적인 결측값 처리 방식인 쌍별 제거나 리스트별 제거, 보다 진일보한 방법인 완전 정보 최대 가능성 추정법은 결측이 외생변수에서 발생한 경우, 타당하게 활용될 수 없다. 앞에서 언급한 처리 방식이 활용된 경우, 외생변수에 결측이 발생한 사례는 모두 분석에서 제외된다. 따라서 이러한 방법으로 얻어진 결과는 편향될 가능성이 상대적으로 높다.

특히, 성향점수 추정에 활용되는 혼입변수인 공변인(covariate)은 외생변수이다. 결과적으로 공변인에 결측이 발생한 경우에는 전통적인 결측 처리 방식으로는 사례 수의 손실로 인해 발생하는 편향이 제거된 성향점수의 추정이 불가능하다는 문제점이 발생하다.

외생변수로 취급되는 공변인에 결측이 발생한 경우에는 사례 수의 손실을 발생시키지 않으면서 성향점수를 추정하는 것이 중요하다. 따라서 결측값을 추정하기 위해서는 다중대체를 활용하는 것이 보다 타당하다. 공변인에서 관찰된 결측값의 발생을 설명하는 원인 변수를 활용하여 추정값으로 교체한 이후에 성향점수를 추정하고, 이를 바탕으로 성향점수 분석을 실시해야 한다.

---

[1] 쌍별 제거(pairwise deletion)는 일반적으로 상관 분석과 같이 분석에 사용되는 변수가 짝을 이룬 경우에 주로 사용된다. 분석에 사용되는 2개의 변수 중 하나 이상에서 결측이 발생한 경우에는 해당 케이스가 분석에서 제외된다. 결과적으로, 세 개 이상의 변수가 활용된 상관분석에서는 각 상관계수의 추정에 사용된 사례 수가 달라지는 경우가 발생한다.

[2] 리스트별 제거(listwise deletion)는 SPSS와 같은 통계 프로그램에서 기본으로 설정한 결측값 처리 방식이다. 통계 모형에 포함되는 변수들 중에서 어떠한 변수에서건 결측이 발생하면 해당 케이스는 분석에서 제외된다. 리스트별 제거법이 결측값에 처리되는 경우에는 연구자가 생각한 것보다 많은 수의 사례가 분석에서 제외되어, 분석에 사용된 최종 사례 수가 통계 모형에 필요한 최소값을 만족시키지 못하는 경우가 왕왕 발생한다.

[3] 외생변수(exogeneous variable)는 모형 내의 변수에 의해서 설명되지 않는 변수를 지칭한다.

[4] 내생변수(endogenous variable)는 모형 내의 변수에 의해서 설명되는 변수를 말한다.

3) 3단계: 성향점수 추정

성향점수 분석의 다음 단계에서는 선행연구와 이론을 통해서 탐색하고 확정된 공변인을 활용하여 표본에 속한 각 구성원이 처치를 받을 조건부 확률인 '성향점수'를 추정한다(Rosenbaum & Rubin, 1983). 조건부 확률인 성향점수의 추정에는 범주형 자료 분석에 활용될 수 있는 다양한 통계 모형들이 활용 가능하다. 구체적으로, 표본의 개체에서 처치를 받은 실험집단은 1로, 위약효과를 통제하기 위한 처치를 받지 않은 통제집단을 0으로 가변수로 변경한다. 처치 여부에 대한 가변수를 예측하는 통계 모형을 설정한다. 일반적으로 로지스틱(logistic) 회귀분석이 활용되지만, 다른 통계 모형(예. 프로빗(probit) 모형)도 활용 가능하다.

로지스틱 회귀분석과 같은 모수통계모형을 활용한 성향점수 추정에는 공변인의 탐색 및 확정뿐만 아니라 이들 모형 내의 활용도 중요하다. 구체적으로, 공변인의 주효과만을 투입할 것인지 아니면 공변인 간의 상호작용효과를 고려할 것인지를 결정해야 한다. 하지만 공변인 간의 상호작용효과를 투입할 경우 고려해야 할 사항이 있다.

공변인의 수와 상호작용효과항의 차원이 높아질수록 모수통계모형에 투입되어야 할 예측변수의 수가 기하급수적으로 늘어나게 된다. 사례 수에 비하여 예측변수의 수가 많은 경우에는 다중공선성(multicollinearity)이 높은 수준으로 유지되어 모수의 추정에서 오차가 높아지는 문제가 발생한다. 따라서 모수통계모형에서 추정된 성향점수의 추정에서도 오차가 높아지는 문제가 발생한다. 이러한 제한점으로 인하여 공변인 간에는 2원 상호작용효과만을 고려하는 것이 보다 일반적이다(백영민, 박인서, 2022).

최근에는 모수통계모형을 활용하여 성향점수를 추정하는 제한점을 극복하기 위한 다양한 방안들이 탐색되고 있다. 예를 들어, 일반선형모형(generalized linear modeling, GLM)이 아닌 기계학습(machine learning)이 성향점수의 추정에 사용되기 시작하였다(백영민, 박인서, 2022). 기계학습에서 활용되는 모형들이 활용될 경우 두 가지 장점을 가진다(McCaffrey et al., 2013). 첫째, 기계학습을 활용한 성향점수 추정에는 공변인과 처치여부 간의 관계의 함수를 가정할 필요가 없다. 모수통계인 일반선형모형에서는 공변인과 처치여부 사이의 선형 관계와 같은 특수한 형태를 가정하고, 이러한 가정이 위반될 경우 얻어지는 성향점수의 타당도를 의심하게 된다. 그러나 기계학습모형에서는 관계의 형태에 대한 가정이 존재하지 않기 때문에 편향이 없는 성향점수의 추정이 가능하다. 둘째, 성향점수의 추정에 활용되는 공변인의 형태에 대한 제한에서 보다 자유롭다. 즉, 기계학습모형을 활용한 성향점수의 추정에는 공변인 간의 보다 자유로운 형태의 상호작용항의 추가가 가능하다. 공변인의 수가 많은 경우에는 기계학습을 통해서 추정된 성향점수가 다른 방법에 비해 실험집단과 통제집단 간의 균형화를 보다 잘 이룬다(McCaffrey et al., 2013).

4) 4단계: 성향점수분석 실행

앞 단계에서 추정된 성향점수를 활용하여 성향점수분석을 실시한다. 본 단계에서는 연구자가 관심을 가지고 있는 문제와 가설에 맞는 처치효과의 종류(예. ATT, ATE)를 결정해야 한다. 덧붙여서, 처치를 받는 실험집단과 그렇지 않은 통제집단을 처치 전 변수 간의 균형을 맞출 수 있는 방법에 대한 선택이 이루어져야 한다. 두 집단 간의 균형화를 위해 가중치를 사용할지 아니면 매칭을 사용할지 결정해야 한다. 더 나아가서 매칭이 실시되는 경우에 존재하는 다양한 알고리즘에 대한 검토와 함께 선택되어야 한다.

5) 5단계: (공분산) 균형성 점검

성향점수분석은 무작위 대조 시험이 불가능하여 독립변수와 종속변수 간의 인과관계를 추정하는 것이 불가능한 경우, 처치 전에 존재하는 두 집단 간의 불균형을 조정하여 변수 간의 인과성을 추정하기 위해 활용된다. 즉, 관찰연구 혹은 준실험설계에서 독립변수와 종속변인 간에 발생하는 인과관계를 추정하기 위해서 실험집단과 통제집단 간의 공변인의 균형화가 필수적으로 요구된다. 두 집단 사이에서 공변인의 평균과 분산이 동일한 수준을 유지해야 한다.

첫째, 처치를 받은 실험집단과 그렇지 않은 통제집단 간의 공변인의 평균을 비교할 때 그 차이가 통계적으로 유의하지 않아야 한다. 덧붙여서, 성향점수분석의 기법 간에도 집단 간 차이가 유사해야 한다. 둘째, 실험집단과 통제집단의 공변인의 분산의 동등성을 검증한다. 이러한 과정을 통해 성향점수 활용의 타당성을 검증하고 확인하는 것이 필요하다.

6) 6단계: 처치효과 추정

처치 받기 전에 존재하는 실험집단과 통제집단 간의 공변인의 평균과 분산의 차이를 성향점수가 균형화시켜, 혼입변수의 효과를 통제하였다. 공변인의 균형성을 확인한 이후에는 (독립변수의 효과인) 처치효과를 추정한다. 성향점수분석에서 매칭 혹은 층화기법으로 처치효과를 추정할 때, 가중치를 사용한 평균 차이를 구하거나, 가중치에 기초한 GLM을 활용하게 된다. 평균차이의 통계적 유의성을 검증하기 위해서는 두 가지 방법이 활용 가능하다. 첫째, 표준오차(standard error)가 활용된다. 둘째, 모집단에 대한 분포 가정이 없는 bootstrapping을 활용한다. 최근에는 성향점수에 기초한 평균차이에서 발생하는 표준오차에 대한 합의된 공식이 없어(Morgan & Winship, 2015), bootstrapping에 기초한 95% 신뢰구간을 활용하여 통계적 유의성을 검증하는 것이 보다 일반적이다.

7) 7단계: 민감도 분석

민감도 분석에서는 누락변수편향(omitted variable bias)이 추정된 처치효과에 미치는 영향이 평가된다. 연구가 진행된 이후에 추정된 처치효과의 타당도를 검증하여야 한다. 이를 위해서 민감도 분석이 실시되어야 한다. 다만, 모든 성향점수분석에 대한 민감도 분석에 대한 충분한 연구나 동의가 이루어지지 않고 있다.

3. 성향점수의 추정

처치 전에 존재하는 실험집단과 통제집단 간의 비동등성을 교정해주기 위해서 성향점수분석이 활용된다. 즉, 실험집단에 속할 가능성에 영향을 미치는 혼입변수를 탐색하여야 한다. 그리고 탐색된 혼입변수를 공변인(예측변수)으로 설정하고 실험집단과 통제집단을 나누어주는 독립변수의 수준을 결과변수로 투입한 로지스틱 회귀분석을 실시한다. 로지스틱 회귀분석 결과에 기초하여 실험집단에 속할 조건부확률인 성향점수를 추정한다.

성향점수분석 결과의 타당도는 조건부확률 추정에 활용되는 공변인이 얼마나 적절한지의 여부이다. 여기에서는 성향점수 추정에 활용되는 공변인을 탐색하는 방법에 대하여 설명하고자 한다.

1) 방향성 비순환 그래프를 이용한 변수 선택

준실험연구나 관찰연구에서 독립변수와 종속변수 간의 타당한 인과관계를 추론하기 위해서는 조건부 교환가능성 가정을 충족하는 혼입변수를 탐색하고 성향점수 추정에 투입해야 한다. 혼입변수의 탐색은 크게 두 가지로 나눌 수 있다. 첫째, 선행연구와 이론에 기초하여 혼입변수를 탐색한다. 둘째, 통계 결과, 논리 관계, 인과와 관련된 가정에 기초하여 혼입변수를 탐색한다.

혼입변수를 탐색하고 선택하는 가장 기초적인 방법은 선행연구와 이론을 활용하는 것이다. 첫 번째 단계를 통해서 선택된 혼입변수들을 성향점수의 추정에 공변인으로 포함시켜야 할지를 결정해야 한다. 성향점수는 공변인을 예측변수로 활용하여 추정된 처치를 받을 조건부 확률이다. 앞에서 살펴본 것과 같이, 조건부 확률을 추정하기 위해서 로지스틱 회귀모형이 활용될 수 있다. 즉, 로지스틱 회귀분석에서 투입된 예측변수의 개별적인 통계적 유의성에 기초하여 판단하거나, 위계적 회귀모형의 틀에서 예측변수의 증분적인 설명력에 대한 유의성에 기초하여 선택된다. 예를 들어, 로지스틱 회귀분석에 포함될 예측변수의 선택은 유의확률(p-value)에 기초한다. 로지스틱 회귀분석에서 증분적 설명력에 기초하는 위계적 회귀분석의 틀에서는 정보지수(예, Akaike Information Criterion, AIC; Bayesian Information Criterion, BIC)를 활용한다. 보다 구체적으로, 모형에 투입을 하기 위해서 검토 대상이 되는 공변인을 예측변수로 포함한 모형과 그렇지 않은 모형의 정보지수 값을 비교하여 공변인의 투입을 결정한다. 이에 덧붙여서, LASSO(least absolute shrinkage and selection operator)[5]나 Elastic Net과 같은 방법을 활용하여 최적의 조합을 보이는 혼입변수 집합을 선택한다(James, Witten, Hastie, & Tibshirani, 2013).

위와 같은 통계모형을 활용하여 성향점수 추정에 투입될 혼입변수는 선택하는 것은 상대적으로 간편하고 객관적이라는 장점을 가진다. 하지만 단순하게 통계분석 결과에 기초하여 변수를 선택하는 것은 인과관계를 추정함에 있어 편향을 발생시킬 수 있다. 이러한 문제점을 극복하기 위해서, Pearl(2009)은 인과관계를 나타내는 그림인 방향성 비순환 그래프(directed acyclic grahp, DAG)를 활용하여 성향점수 추정에 투입될 변수가 선택되어야 한다고 주장했다.

DAG는 모형에 포함된 속성들 간의 인과관계를 노드(node)와 화살표를 표시한 그림이다.

---

[5] 라쏘(lasso, LASSO, least absolute shrinkage and selection operator)는 통계학에서 모형의 예측 정확도와 해석 가능성을 높이기 위해 변수 선택과 정규화를 동시에 실시하는 회귀모형이다.

DAG에서 노드는 변수를 나타내고, 화살표의 방향은 인과의 방향을 표시하여 화살표가 시작하는 노드는 원인을, 화살표를 받는 노드는 결과를 나타낸다. 하지만 DAG에서는 원인과 결과로 추정되는 변수들이 순환적인 관계를 가지지 않도록 설정되어야 한다. 즉, 원인으로 가정되는 변수 A와 결과로 가정되는 변수 B 간의 관계에서 A→C→B→A의 순환적인 관계가 되어서는 안된다.

변수를 나타내는 노드를 그림에 투입하고, 이들 간의 관계를 보여주는 화살표의 방향을 결정하는 것은 자료의 탐색을 통해서 추론하는 것이 가능하다(Spirtes, Glymour, Scheines, & Heckerman, 2000). 하지만 자료에 기초한 모형의 구성에는 다양한 문제가 발생할 수 있다 (Hernán, & Robin, 2020). 예를 들어, 일부 혼입변수들이 누락될 수 있고, 상관의 발생 원인이 다차원으로 작동할 수 있다. 이러한 제한점으로 인하여, 자료의 탐색 보다는 연구자가 관심을 가지고 있는 사건과 현상에 대한 전문가와의 협업이 필수적이다. DAG에서는 노드를 구성하는 변수들의 구성 뿐만 아니라 이들 간의 관계를 표시하는 화살표의 방향을 통해서 원인변수와 결과변수를 설정하는 것이 중요하다. 이는 DAG에서 화살표의 방향에 따라서 인과관계의 설정에서 보정에 포함되어야 하는 변수가 달라지기 때문이다.

〈그림 121〉 허위관계와 진관계

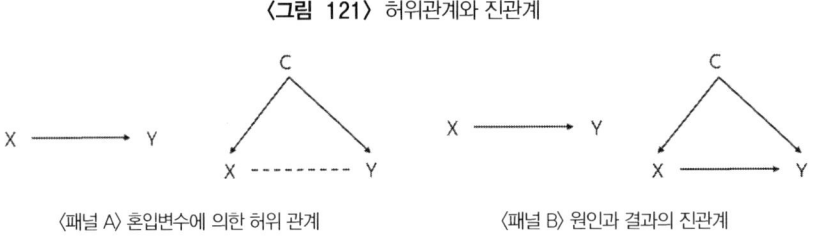

〈패널 A〉 혼입변수에 의한 허위 관계 　　　　　〈패널 B〉 원인과 결과의 진관계

〈그림 121〉에서는 혼입변수가 통제된 이후에 원인변수인 X와 결과변수인 Y 간의 관계가 허위 관계인지 혹은 진관계인지를 보여주고 있다. 〈그림 121〉에서 X와 Y간의 관계는 혼입변수 C를 통제하기 전에는 통계적으로 유의하였다. 혼입변수를 통제한 이후에 패널 A에서는 X와 Y 간의 관계는 통계적으로 유의하지 않았다. 이에 반하여, 패널 B에서는 혼입변수를 통제한 이후에 X와 Y 간의 관계는 여전히 통계적으로 유의하였다. 결과적으로 패널 A에서 X와 Y 간의 관계는 혼입변수로 인하여 허위로 만들어진 허위관계이다. 패널 B에서는 X와 Y 간의 관계가 혼입변수를 통제한 이후에도 통계적으로 유의하여, 두 변수 간의 관계는 진관계이다. X와 Y 간의 관계가 진관계인지 허위관계인지를 파악하기 위해서, 혼입변수 C의 탐색 및 모형에 포함됨이 중요하다.

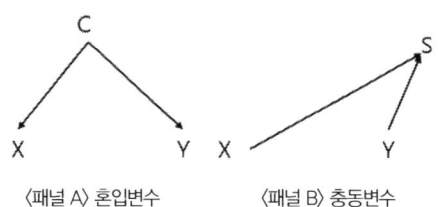

〈그림 122〉 통제변수와 충돌변수

〈패널 A〉 혼입변수　　〈패널 B〉 충동변수

혼입변수의 탐색과 함께 충돌변수와 구분하여 DAG에 포함시키는 것이 중요하다. 〈그림 122〉의 〈패널 A〉에서는 혼입변수 C는 X와 Y 간의 허위 관계를 만들어내고 있다. 즉, X와 Y은 인과관계가 없으나, C는 X와 Y 모두에 영향을 미치고 있다. 혼입변수 C가 존재하는 경우에 이를 보정하지 않으면 X와 Y에 허위 관계가 발생하는데, X←C→Y 경로를 뒷문 경로(backdoor path)라고 불린다. 뒷문 경로의 발생을 보정하기 위해서는 혼입변수 C가 모형에 반드시 포함되어야 한다(Pearl, 1995).

〈그림 122〉의 〈패널 B〉에서는 X와 Y 간에는 인과관계가 존재하지 않으며, S는 X와 Y 모두에게 영향을 받고 있다. 〈패널 B〉처럼 X와 Y 간의 관계가 존재하지 않는 경우, 충돌변수 S를 통제하게 되면 X→S←Y 경로에 뒷문 경로가 발생하여 허위의 인과관계가 발생하게 된다(Pearl, 2009). 〈패널 B〉의 변수 S처럼 모형에서 변수 간의 관계를 통제할 때, X와 Y 간의 뒷문 경로를 만드는 변수를 충돌변수(collider)라고 부른다. 즉, 모형 내에 충돌변수가 존재하는 경우에는 연구자가 이를 결과변수로 가정하지 않고, 통제하는 경우에는 허위관계를 만들어 낼 수 있는 문제가 존재한다.

〈그림 122〉처럼 혼입변수와 충돌변수를 구분하는 것이 필요하다. 두 변수들 간의 구분 및 활용에 필요한 조건부 독립을 검증하는 그림 조건을 'D-seperation'이라고 부른다(Pearl, 2009). 'D-seperation'을 활용하여 인과관계 추정을 위해 보정되어야 할 변수를 선택된다.

다만, DAG와 'D-seperation' 규칙을 활용하여 모형에서 통제변수로 포함되어야 할 변수를 찾는 것이 일반 연구자들에게는 어려움으로 다가올 수 있다. 접근성을 높이기 위해서 DAG를 그리면 자동으로 공변인으로 포함되어야 할 혼입변수의 집합을 탐색해주는 DAGitty (http://dagitty.net)라는 소프트웨어가 제안되었다. 해당 소프트웨어를 활용하면 개념적으로 복잡한 변수 관계에서도 혼입변수를 상대적으로 쉽게 탐색할 수 있다(Textor et al., 2011).

이러한 과정을 통해서 연구자는 성향점수의 추정에 사용될 수 있는 공변인 집합을 탐색할 수 있다. 백영민과 박인서(2021) 성향점수 추정에 사용되어야 할 변수와 그렇지 않은 변수를 결정하는 기준을 〈표 18〉과 같이 정리하였다.

〈표 18〉 성향점수 추정에 사용되는 변수 선택의 기준

성향점수 추정에 사용되는 변수의 기준

1. 연구에서 연구참여자의 할당 과정에 영향을 미치는 변수와 결과변수 모두와 상관이 있는 공변량은 모두 포함되어야 한다.
2. 연구참여자의 할당 과정과 결과변수와 관련이 있지만, 원인변수와 결과변수 간의 관계를 매개하는 변수는 성향점수 추정에서 배제되어야 한다.
3. 연구참여자의 할당 과정에는 영향을 미치지는 않지만, 원인변수와 결과변수에 동시에 영향을 미치는 혼입변수는 모두 포함되어야 한다.
4. 사례 수가 충분하지 않은 경우에는, 연구참여자의 할당 과정에는 영향을 미치지만, 결과변수와는 관계가 없는 원인변수는 배제한다.

2) 일반화선형모형 기반 성향점수 추정

선행연구와 이론을 통해서 탐색하고 확정된 공변인을 활용하여 표본에 속한 각 구성원이 처치 받을 조건부 확률인 '성향점수'를 추정한다(Rosenbaum & Rubin, 1983). 조건부 확률인 성향점수의 추정에는 범주형 자료 분석에 활용될 수 있는 다양한 통계 모형들이 활용 가능하다. 구체적으로, 표본의 개체에서 처치를 받은 실험집단은 1로, 위약효과를 통제하기 위한 처치를 받지 않은 통제집단을 0으로 가변수로 변경한다. 처치 여부에 대한 가변수를 예측하는 통계 모형을 설정한다. 일반적으로 로지스틱(logistic) 회귀분석이 활용되지만, 다른 통계 모형(예. 프로빗(probit) 모형)도 활용 가능하다.

로지스틱 회귀분석의 결과물로써 통제집단에 속한 연구 참여자들이 실험집단에 속할 조건부 확률을 추정하게 된다. SPSS나 R과 같은 통계 프로그램을 활용하여 조건부확률을 저장하고, 이후의 분석에서 성향점수로 활용한다.

4. 성향점수분석 기법 실습을 위한 R 패키지

성향점수분석을 실시하기 위해서는 다양한 R 패키지들이 활용될 수 있다. 성향점수분석은 SPSS와 같은 상용통계프로그램이 사용될 수 있으나, 보다 범용성이 높은 R 프로그램에 대하여 소개하고자 한다. 본 장에서는 첫째, 자료 관리 및 사전처리, 그리고 연구 결과의 시각화를 위한 일반적인 R 패키지를 소개한다. 둘째, 성향점수분석을 실제로 실행하기 위한 R 패키지를 소개한다. 셋째, 공변인을 투입하고 성향점수를 추정한 이후, 실험집단과 통제집단 간 공변인의 균형화를 점검하는 R 패키지를 소개한다. 넷째, 성향점수분석에서

처치효과를 추정한 이후, 결과의 타당도를 검증하기 위해 실시되는 민감도분석을 위한 R 패키지를 소개한다.

1) R과 R studio 소개

R은 데이터 분석을 위한 프로그램으로, 연구자들과 분석가들 사이에서 많이 활용되는 대표적인 통계 프로그램 중 하나이다. 기존의 사회과학에서 많이 사용되는 SAS, STATA, SPSS와 같은 프로그램과 달리 무료로 사용이 가능하며, 전 세계 데이터 과학자와 연구자들이 개발 및 유지보수하는 방대한 패키지 생태계를 보유하고 있다는 장점이 있다. 연구자들은 필요 또는 관심사에 따라 직접 패키지를 개발 및 배포하기 때문에 기초 통계부터 머신러닝에 이르기까지 방대한 확장성을 지니고 있다. 또한 필요에 따라 고품질의 그래프를 사용자의 필요에 맞게 쉽게 그릴 수 있는 그래픽 기법을 제공한다는 장점이 있다.

R이 통계 분석을 위한 프로그래밍 언어라면 R studio는 R을 위한 통합 개발 환경을 제공하는 그래픽 사용자 인터페이스(Graphic User Interface; GUI) 프로그램이다. 원래의 R은 단순한 명령줄 환경으로 구성된 탓에 사용자에게 친숙하지 않다는 단점이 있었으나, Rstudio는 이를 보완해 코드 편집, 데이터 관리, 시각화를 통합적으로 지원하며, Markdown 문서를 활용해 보고서와 발표자료 작성도 가능하도록 개발된 프로그램이다. Rstudio 또한 오픈소스 소프트웨어로 연구자들이 자유롭게 사용 가능하다는 장점이 있다.

〈그림 123〉 R과 R studio

✓ **R과 Rstudio 설치하기**

Rstudio의 개발 이후 R을 사용하는 대부분의 연구자 또는 분석가들은 Rstudio를 활용하고 있다. Rstudio를 사용하기 위해서는 R의 설치가 우선으로 필요하기 때문에 R을 설치하는 방법부터 안내하도록 한다.

R은 공식 홈페이지(https://www.r-project.org/)에서 다운로드 받아 설치가 가능하다.

설치는 Windows와 Mac 모두 설치가 가능하다. R 홈페이지에 접속한 뒤 화면 왼쪽의 "Download" 아래 CRAN을 클릭한다. 또는 "Getting Started" 아래 줄글의 "download R"을 클릭한다.

1-1. R 설치파일을 다운로드한다.

1-2. Korea 아래에 있는 링크를 클릭한다.

1-3. 사용자 운영체제에 맞추어 다운로드를 클릭한다.

1-4. 'install R for the first time'을 클릭한다.

1-5. 'Download R-### for Windows'를 클릭하여 다운받아 실행해 설치한다.
(버전에 따라 숫자는 바뀔 수 있음)

✓ Rtools 설치하기

사용하는 운영체제가 Windows에 해당한다면 Rtools를 설치할 것을 권장한다. Rtools는 R

에서 패키지를 컴파일하거나 설치하기 위해 필요한 Windows 전용 소프트웨어 도구이다. 다음은 R 설치하기를 2번까지 동일하게 시행한 이후 과정에 대한 안내이다.

2-1. Rtools를 클릭한다.

R for Windows

Subdirectories:

- base — Binaries for base distribution. This is what you want to **install R for the first time**.
- contrib — Binaries of contributed CRAN packages (for R >= 4.0.x).
- old contrib — Binaries of contributed CRAN packages for outdated versions of R (for R < 4.0.x).
- Rtools — Tools to build R and R packages. This is what you want to build your own packages on Windows, or to build R itself.

Please do not submit binaries to CRAN. Package developers might want to contact Uwe Ligges directly in case of questions / suggestions related to Windows binaries.

You may also want to read the R FAQ and R for Windows FAQ.

Note: CRAN does some checks on these binaries for viruses, but cannot give guarantees. Use the normal precautions with downloaded executables.

2-2. 자신의 컴퓨터에 설치된 R 버전에 해당하는 버전을 클릭한다.

RTools: Toolchains for building R and R packages from source on Windows

Choose your version of Rtools:

- RTools 4.3 — for R versions from 4.3.0 (R-release and R-devel)
- RTools 4.2 — for R versions 4.2.x (R-oldrelease)
- RTools 4.0 — for R from version 4.0.0 to 4.1.3
- old versions of RTools — for R versions prior to 4.0.0

2-3. Rtools## installer를 클릭하여 다운로드 받은 후 실행하여 설치한다. (숫자는 버전에 따라 달라질 수 있음)

Rtools43 for Windows

Rtools is a toolchain bundle used for building R packages from source (those that need compilation of C/C++ or Fortran code) and for build R itself. Rtools43 is used for R 4.3.x and for R-devel, the development version of R.

Rtools43 consists of Msys2 build tools, GCC 12/MinGW-w64 compiler toolchain, libraries built using the toolchain, and QPDF. Rtools43 supports 64-bit Windows and UCRT as the C runtime.

Compared to Rtools42, Rtools43 has newer versions of three core components: GCC, MinGW-w64, and binutils. It is therefore recommended to re-compile all code with the new toolchain to avoid problems. The code compiled by even earlier versions of Rtools is incompatible due to use of MSVCRT and has to be recompiled with Rtools43 for use in R packages.

Installing Rtools43

Rtools43 is only needed for installation of R packages from source or building R from source. R can be installed from the R binary installer and by default will install binary versions of CRAN packages, which does not require Rtools43.

Moreover, online build services are available to check and build R packages for Windows, for which again one does not need to install Rtools43 locally. The Winbuilder check service uses identical setup as the CRAN incoming packages checks and has already all CRAN and Bioconductor packages pre-installed.

Rtools43 may be installed from the Rtools43 installer. It is recommended to use the defaults, including the default installation location of C:\rtools43.

When using R installed by the installer, no further setup is necessary after installing Rtools43 to build R packages from source. When using the default installation location, R and Rtools43 may be installed in any order and Rtools43 may be installed when R is already running.

Additional information

A detailed tutorial on how to build R and packages using Rtools43 for R package authors and R developers is available for R-4.3.x and R-devel.

From the user perspective, Rtools43 is the same as Rtools42. It uses newer versions of the compiler toolchain and libraries, and hence some package authors will have to extend their make files to link additional libraries. Maintainers of CRAN and Bioconductor packages may use these patches for reference or re-use them in their code.

A change log for Rtools43 vs Rtools42 and of individual revisions of Rtools43 is available here.

Rtools43 is also available in base and full toolchain tarballs suitable for users who have their own installation of Msys2. The base toolchain tarball is smaller and includes only what is needed to build R and the recommended packages. All Rtools files are available here.

Sources are available for the toolchain tarballs and the Rtools43 installer.

R과 Rtools를 정상적으로 설치 완료하였다면 Rstudio만 설치하면 된다. Rstudio는 아래의 홈페이지(https://posit.co/downloads/)에 접속하여 다운받을 수 있다.

> **3-1. 2:Install Rstudio** 아래의 'DOWNLOAD RSTUDIO FOR WINDOWS'를 클릭하여 다운로드 후 실행하여 설치한다.

2) 성향점수 분석을 위한 R 패키지

✓ **일반적인 R 패키지:** tidyverse, Zelig, nnet, Hmisc

① tidyverse 패키지(Wickham & Wickham, 2017)는 연구문제를 검증하기 위해 사용되는 자료를 정리하기 위해서 사용한다. 예를 들어, 데이터 관리 및 사전처리를 위해서 사용되는 패키지이다. 자료 내의 변수를 관리하고, 새로운 변수를 생성하거나 자료들을 통합하기 위해서 활용된다. 특히, tidyverse 패키지(Wickham & Wickham, 2017)에 속하는 ggplot2는 자료와 변수의 시각화에 다양한 기능을 제공한다.

② Zelig 패키지(Imai et al., 2010)는 성향점수분석에서 추정된 처치효과의 통계적 유의성

을 검증하기 위해서 사용된다. 예를 들어, 매칭된 두 집단 간에서 계산된 평균 차이인 처치효과(예, ATT, ATC, ATE 등)의 95%의 신뢰구간을 추정한다. 특히, 성향점수분석에서 보고되는 처치효과의 표준오차 추정에서 발생하는 편향에 대한 통일된 방법이 존재하지 않기 때문에, 비모수통계인 95% 신뢰구간을 활용하여 처치효과의 통계적 유의성 검증을 추천한다.

③ nnet 패키지(Ripley et al., 2016)는 다항 로지스틱 회귀모형의 추정에 활용된다. 다항 로지스틱 회귀모형은 문순위 범주형(unordered categorical) 자료를 결과변수로 가진다. 예를 들어, 성향점수분석에서는 독립변수(예. 독립변수의 처치 수준에 따라서 실험집단, 비교집단, 통제집단으로 구분)가 세 개 이상의 범주를 가진 경우에 공변인이 투입될 때 해당 집단에 속할 조건부 확률인 성향점수를 추정하기 위해서 활용된다.

④ Hmisc 패키지는 독립변수에 세 개 이상의 수준이 존재하는 경우에 집단 간 공변량의 균형성을 검증하기 위해서 활용된다. Hmisc 패키지(Harrell & Harrell, 2019)를 활용하여 가중평균(weighted mean)과 가중분산(weighted variance)을 계산한다.

✓ **성향점수분석 작업 패키지: MatchIt**
본 장에서는 다양한 성향점수분석 패키지들 중에서 MatchIt(Ho et al., 2018)을 활용한다. R 프로그램에서 제공하는 다른 패키지들과 다르게 MatchIt 패키지(Ho et al., 2018)는 보다 다양한 성향점수 분석 기법을 이용할 수 있다. 예를 들어, MatchIt 패키지(Ho et al., 2018)에서는 정확 매칭, 성향점수기반 최인접 사례 매칭, Mahalanobis Distance 기반 최인접 사례 매칭, 전체 사례 매칭, 최적 매칭, 유전 매칭, 준정확 매칭, 성향점수 기반 층화 기법 등이 제공된다.

✓ **균형성 점검 패키지: cobalt**
성향점수분석 결과의 타당도는 실험집단과 통제집단의 공변인이 균형화를 이룬 정도에 의해서 판단된다. MatchIt 패키지(Ho et al., 2018)를 활용하여도 균형화를 점검할 수 있으나, 보통 cobalt 패키지(Greifer & Greifer, 2020)를 사용하여 균형화를 검토한다. cobalt 패키지(Greifer & Greifer, 2020)는 균형화를 확인할 수 있는 보다 다양한 시각화 기능을 제공한다. cobalt 패키지는 또한 균형화 점검을 보다 다양한 통계량으로 할 수 있다.

✓ **민감도분석 패키지:** sensitivitymw, sensitivityfull, treatSens

성향점수분석 결과의 타당도는 분석결과에서 추정된 처치효과가 공변인에 포함되지 않은 변수에 의해서 얼마나 영향을 받는지에 의해서 결정된다. 민감도분석은 다양한 R 패키지에 의해서 수행될 수 있다. 예를 들어, sensitivitymw, sensitivityfull, treatSens 등이 활용될 수 있다. 다만, 본서에서는 Rosenbaum이 개발한 sensitivitymw 패키지(Rosenbaum & Rosenbaum, 2017)를 활용하였다. sensitivitymw 패키지를 활용하여 일대일 혹은 일대다 방식으로 매칭된 자료를 대상으로 민감도분석을 실시할 수 있다.

5. 성향점수 가중 기법

성향점수분석 중에서 가중기법은 성향점수를 활용하여 처치집단과 비교집단에 배치될 확률을 추정하게 된다. 구체적으로, 로지스틱 회귀분석에서 추정된 조건부 확률인 경향점수의 역수를 가중치로 적용하여 실험집단과 통제집단에 배치될 확률을 동일하게 배정한다. 이를 통해서 경향점수의 추정에 사용되는 공변인의 수준이 두 개의 집단 사이에서 균형을 유지하도록 해줌으로써 유사 모집단을 가정할 수 있다(Morgan & Todd, 2008). 성향점수를 사용하지 않는 실험설계에서는 실험집단에는 성향점수가 높은 구성원이, 통제집단에는 성향점수가 상대적으로 낮은 구성원이 과대 표집되었을 가능성이 높다. 이러한 과대 표집의 문제를 해결하고자 각 집단의 구성원들에게 추정된 성향점수의 역수를 가중값으로 활용하여 두 집단 간의 종속변수의 평균 차이에 기초하여 처치효과를 추정한다(Hirano & Imbens, 2001; Austin, 2011).

성향점수분석의 가중기법에서는 연구자가 검증하고자 하는 연구 문제와 목적에 따라서 추정하고자 하는 처치효과가 달라진다. 즉, 연구 목적에 따라서 ATE와 ATT 중 어떠한 효과를 추정할지를 결정하고, 이후에 가중값을 추정하는 방법이 달라진다. 예를 들어, [식 1] 에서는 ATE를 추정할 때 사용되는 가중값 추정 방식으로, 성향점수가 높은 구성원들이 실험집단에 속한 경우에는 작은 가중값을, 통제집단에 포함된 경우에는 상대적으로 높은 가중값을 부여함으로서 모집단 전체의 특성을 반영할 수 있도록 한다.

$$w_i = T_i \frac{1}{ps(x)_i} + (1-T_i)\frac{1}{1-ps(x)_i} \qquad [\text{식 1}]$$

w_i = 가중값

T_i = 처치 여부

$ps(x)_i$ = i번째 사례에 대한 경향점수

    이에 반해서, 연구자의 연구문제가 ATT의 추정을 요구하는 경우도 있다. ATT를 추정하는 경우에는 실험집단에서는 경향점수에 기초한 가중값을 부여하지 않고 1의 가중값을 일괄적으로 부여한다. 이에 반하여, 비교집단에 대해서는 $ps(x)_i/(1-ps(x)_i)$의 가중값을 투입한다(Guo & Fraser, 2010, pp. 161-162; Morgan & Winship, 2007, p. 103). ATT의 추정에 사용되는 경향점수 가중 방식을 활용하는 경우에는 처치를 받을 가능성이 상대적으로 큰 통제집단에 속한 구성원에 대해 상대적으로 큰 가중값을 부여하게 된다.

    경향점수분석에서 사용되는 가중기법은 연구를 위해서 표집된 사례를 거의 그대로 활용할 수 있다는 장점을 가진다. 이에 더해서, 경향점수 가중값을 사용하기 전의 데이터와 사용한 이후의 데이터가 거의 유사하기 때문에 표본에서 가정한 모집단의 자료구조가 그대로 유지될 수 있다. 특히, 연구를 위해서 표집된 표본에서 편포가 발생하여 특정 값을 가진 구성원이 충분하지 않은 경우에 ATE를 추정하는 경우에는 가중 기법이 상대적으로 유용하다 (Morgan & Winship, 2007, pp. 98-100).

    구체적으로, 경향점수의 역수를 활용한 가중값을 활용함으로써 표본을 표집하는 것과 처치효과를 추정하는 설계 상황을 동일하게 설정함으로써 처치효과의 추정에 사용되는 데이터가 모집단 특성을 그대로 보유할 수 있도록 조정한다. 다만, 연구에 사용되는 구성원들이 다양한 경향점수를 보이는 경우에는 추정되는 처치효과가 극단적 가중치의 영향을 받을 수 있다는 제한점을 가진다. 극단적 가중값이 가지는 효과를 제한하기 위해서 10보다 큰 가중값을 가지는 구성원을 제외하고, 분석하거나 경향점수의 값이 극단적인 경우(예. 상·하위 2.5%)에 해당하는 구성원을 제거하고 분석하는 방법 등이 제안되었다(Rubin, 2001).

6. 성향점수대응 기법

    성향점수분석의 대응 기법이 활용되는 기본 논리에 대하여 살펴보도록 하자. 앞에서 살펴본 것과 같이 연구 참여자들에 대한 무선할당이 불가능하여 집단 간 동등성의 확보가 불가능하다. 이러한 경우에 집단 간 평균차이를 통해서 처치효과를 추정하기 위해서는 실험집단과 통제집단 간의 처치 전의 동등성이 전제되어야 한다.

비실험설계에서 실험집단과 통제집단 간의 동등성 확보를 위하여 일반적으로 사용되는 방법은 표본에 속하는 구성원들의 성향점수의 수준에 맞게 대응하는 방법이다. 특히, 성향점수분석 대응기법은 실험집단과 통제집단에 속한 구성원들의 성향점수가 동일하거나 유사한 경우에 이들을 하나의 쌍으로 짝짓는 방법이다. 다만, 짝짓기 과정에서 대응되지 않은 구성원은 처치효과의 추정에서 제외된다(Rosenbaum & Rubin, 1983). 짝짓기 과정을 통해서 실험집단과 통제집단을 구성하고 있는 사례들은 유사한 성향점수를 가지게 된다. 따라서 두 개의 집단은 유사한 성향점수 분포를 가지게 된다.

실험집단과 통제집단의 구성원을 경향점수의 수준에 따라 짝짓는 방법은 다양하게 분류될 수 있다. 예를 들어, 실험집단과 짝 지어지는 통제집단의 구성원의 수에 따라서 일대일 혹은 일대다 대응으로 구분된다. 또한, 처치효과를 추정하기 위해서 사용되는 통제집단의 구성원이 반복적으로 활용되는지의 여부에 따라 복원 혹은 비복원 대응으로 구분된다. 마지막으로, 짝짓기에 사용되는 경향점수의 수준에 부과되는 기준에 따라서 최근린 방법, 라디우스 방법, 최적화 방법 등이 존재한다. 일반적으로 많이 활용되는 방법은 최근린(nearest neighbor matching) 대응이다. 구체적으로, 최근린 대응 방법은 그리디(greedy) 알고리즘에 기초하여 실험집단의 구성원 중 가장 유사한 성향점수를 가지는 통제집단의 구성원을 일대일로 대응시키는 방법이다.

최근린 대응 방법은 표본에 표집된 실험집단의 모든 구성원을 처치효과를 추정하는 과정에 포함시킬 수 있는 장점을 가지고 있다. 이에 반해서, 근접한 성향점수에 기초하여 짝짓기를 시행하였으나, 실제 실험집단과 통제집단의 성향점수가 유사하지 않은 문제점을 가질 수 있다(최강식, 2007). 이러한 문제점을 극복하기 위하여 실험집단과 통제집단의 성향점수 차이에 제한을 가하기 위해서 캘리퍼(caliper)를 설정한 대응을 적용한다([식 2] 참조).

$$C(p(x)_t) = ||ps(x)_t - ps(x)_c|| < \epsilon,\ c \in N_0 \qquad [식\ 2]$$

$ps(x)_t$: 실험집단 구성원의 경향점수
$ps(x)_c$: 통제집단 구성원의 경향점수

경향점수분석의 최근린 대응은 실험집단 구성원이 가지는 $ps(x)_t$와 가장 작은 차이 값의 $ps(x)_c$를 가지는 통제집단의 구성원이 짝을 이룬다는 점에서는 앞의 방식과 동일하다. 다만, 이러한 짝짓기의 과정에서 캘리퍼를 설정하게 된다. 이를 통해서 캘리퍼는 짝짓는 구성원 간의 차이의 범위를 설정하여 설정된 구간 안에서만 짝짓기가 이루어지도록 함으로써 최근린 방식에 제약을 가했다고 볼 수 있다. 이러한 제한점을 통해서 실험이 이루어지는 환경과 유사한 상황을 가정할 수 있는 장점이 있다. 캘리프를 성정한 최근린 매칭 방법은 짝짓기 방법에 대하여 상대적으로 독립적이고, 극단적인 경향점수가 미치는 영향을 사전에 방지하여 보다 타당한 처치효과를 추정할 수 있고, 선택편의의 효과를 효율적으로 감소시킬 수 있다(정혜경, 2012). 다만, 캘리프를 성정한 최근린 매칭 방법은 자료의 구조나 변수의 유형에 종속적이라는 제한점을 가진다.

처치효과를 추정하기 위해서 활용되는 짝짓기 방법을 통해서 연구 목적과 일관되는 ATE와 ATT의 추정 가능성은 실험집단과 통제집단이 각각 가지는 경향점수 분포가 겹치는 정도에 따라서 달라진다. 특히, 추정된 ATE와 ATT의 타당도는 모집단과 실험집단의 특성이 짝짓기 이후에도 유지되어야 한다(Schafer & Kang, 2008). 구체적으로, 실험집단과 통제집단의 경향점수가 가지는 분포의 불균형(imbalance)이 크지 않을 경우 짝짓기에 기반한 모수 추정치의 해석이 용이하고 타당하다. 이에 덧붙여, 경향점수분석 대응기법에 기반하여 ATT를 추정하기 위해서는 통제집단의 사례 수가 충분히 커야 한다. 또한 '전형적으로' 처치를 받을만한 특징을 지닌' 표본의 구성원들이 통제집단에도 포함되어야 한다.

7. 성향점수분석 기법의 비교

앞에서 살펴본 것과 같이 성향점수분석 기법은 크게 두 개로 나눌 수 있다. 각각의 방법은 강점과 약점을 가지고 있다. 성향점수분석의 가중기법과 매칭기법이 가지는 특징은 〈표 19〉에 정리하였다.

예측변수와 결과변수 간의 인과성을 추정함에 있어서, 예측변수 이외에 결과변수에 영향을 미치는 혼입변수를 통제하는 것이 중요하다. 제3의 변수인 혼입변수를 통제하는 방법은 앞에서 살펴본 것과 같이 두 가지 방법이 활용된다. 두 가지 방법에서의 기본 원칙은 혼입변수를 상수화함으로서 혼입변수의 효과를 통제하는 것이다. 첫 번째 방법은 위계적회귀분석의 관점에서 혼입변수를 통제변수로 모형에 투입함으로써 혼입변수의 효과를 먼저 제거하고 고정한다. 두 번째 방법은 매칭 방법에서 두 개 이상의 집단 간에 혼입변수의 수준을 동일화 시킨다. 즉, 혼입변수에서 동일한 값을 가지는 관찰을 두 개의 집단에서 매칭함으로써 혼입변수의 효과를 통제한다.

혼입변수를 통제변수로 설정하여 혼입변수의 영향을 배제함으로써 예측변수와 결과변수 간의 인과성을 설정하고 검증할 수 있다. 다만, 혼입변수를 통제변수로 설정하는 방법(즉,

위계적 회귀모형, 매칭기법)에서는 통제변수가 선택편의의 발생을 설명하는 것으로 가정하기 때문에 이로 인한 문제를 없애준다고 가정한다. 이에 반해서, 가중치를 사용하는 경향점수분석에서는 선택편의를 발생하게 하는 통제변수와는 독립적으로 처치를 받을 가능성과 처치를 받지 않을 확률을 모두 .50으로 조정한다. 이러한 방법을 통해서 혼입변수의 효과를 통제한다. 결과적으로, 혼입변수를 통제변수로 설정하여 조건화가 불가능한 경우에는 예측변수와 결과변수 간의 인과성을 예측하기 위해 활용될 수 있는 유의한 방법은 가중치를 사용하는 것이다. 다만, 이러한 경향점수분석 기법들도 추정된 경향점수가 정확한 경우에만 변수 간의 인과관계의 타당도를 확신할 수 있다.

〈표 19〉 성향점수분석 기법들 간의 비교

	회귀분석	매칭기법	가중기법
장점	• 집단 내 비교에 유연하게 대처할 수 있다. • 처치를 받은 집단의 수가 여러 개인 경우에도 적용이 가능하다. • 사용가능한 모든 관찰값들이 분석에 포함된다.	• 무작위 대조 실험과 유사하다(예측변수와 결과변수 간의 함수 관계를 가정하지 않고, 준모집단(pseudo-popupation)을 설정할 수 있다.). • 집단 간의 균형을 평가하기에 용이하다.	• 모든 관찰값을 사용하는 경우에는 무작위 대조 실험 설계와 유사한 구조를 가진다. • 집단 간의 균형을 평가하기에 용이하다. • 조건화가 작동하지 않은 조건에서도 활용 가능하다.
단점	• 회귀분석의 기본 가정의 위반에 민감하다. • 예측변수와 결과변수 간의 관계를 모형화하는 함수의 형태에 민감하다. • 조건부 독립에 대한 평가가 상대적으로 어렵다.	• 경향점수의 정확성에 민감하게 영향을 받는다. • 연구를 위해서 수집된 모든 자료들이 활용되지 못한다(통계적으로 덜 효율적이고, 수집된 자료의 모집단과 분석에 사용된 자료가 서로 다를 수도 있다.).	• 경향점수의 정확성에 따라 연구 결과의 타당도가 달라진다. • 경향점수의 정확성에 다른 기법에 비하여 민감하게 영향을 받는다.
제한점	• 관찰가능한 공변량의 투입은 (자료에서 활용이 불가능한) 관찰되지 않은 속성에 의해서 발생하는 변수에 의한 편향을 예방하지 못한다. • 변수 간에 발생하는 인과성에 영향을 미칠 수 있는 모든 공변량의 투입이 고려되어야 하나, 현실적으로는 불가능한 경우가 자주 발생한다.		

참고문헌

경찰청 (2024). 경찰백서.

문혜민, & 조은경 (2024). 용의자 진술의 일관성과 확인 가능한 정보의 진술 진위 판별 효과성. 범죄수사학연구, 10(1), 5-30.

백영민, & 박인서 (2022). R 기반 복합설문 데이터 분석. 서울: 한나래출판사

안상원 (2021). 이상동기 범죄에 대한 고찰 및 성향 분석. 한국범죄정보연구, 7(2), 101-127.

유지웅, & 이우주 (2022). 인과성 추론에서 성향점수 매칭에 대한 비판적 고찰. 보건정보통계학회지, 47(S1), 9-19.

이은영, & 최순실 (2019). 한국형 분노범죄의 원인과 대응방안에 관한 연구. 교정복지연구, (59), 29-54.

Bandura, A. (1971). Social learning theory. General Learning Press.

Bandura, A., Ross, D., & Ross, S. A. (1963). Imitation of film-mediated aggressive models. The Journal of Abnormal and Social Psychology, 66(1), 3.

Doll, R., & Hill, A. B. (1950). Smoking and carcinoma of the lung. British medical journal, 2(4682), 739.

Gentile, D. A., & Anderson, C. A. (2003). Violent video games: The newest media violence hazard. Media violence and children, 131-152.

Greifer, N., & Greifer, M. N. (2020). Package 'cobalt'. R Package Version, 4.

Guo, S., & Fraser, M. (2010). Propensity score analysis: Statistical methods and applications. Thousand Oaks, CA: Sage.

Harrell Jr, F. E., & Harrell Jr, M. F. E. (2019). Package 'hmisc'. CRAN2018, 2019, 235-236.

Hernán, M. A., & Robins, J. M. (2016). Using big data to emulate a target trial when a randomized trial is not available. American journal of epidemiology, 183(8), 758-764.

Ho, D., Imai, K., King, G., Stuart, E., Whitworth, A., & Greifer, N. (2018). Package 'MatchIt'. Version [Google Scholar], 427, 428.

Imai, K., King, G., & Imai, M. K. (2010). Package 'Zelig'.

James, G., Witten, D., Hastie, T., & Tibshirani, R. (2013). An introduction to statistical learning (Vol. 112, No. 1). New York: springer.

Langman, P. (2008). Rampage school shooters: A typology. Aggression and Violent Behavior, 14(1), 79-86.

McCaffrey, D. F., Griffin, B. A., Almirall, D., Slaughter, M. E., Ramchand, R., & Burgette, L. F. (2013). A tutorial on propensity score estimation for multiple treatments using generalized boosted models. Statistics in medicine, 32(19), 3388-3414.

Morgan, S. L., & Todd, J. J. (2008). A diagnostic routine for the detection of consequential heterogeneity of causal effects. Sociological Methodology, 38(1), 231-281.

Morgan, S. L., & Winship, C. (2007). Analytical methods for social research. Cambridge University

Pearl, J. (2009). Causality. Cambridge university press.

Pearl, J. (1995). Causal inference from indirect experiments. Artificial intelligence in medicine, 7(6), 561-582.

Ripley, B., Venables, W., & Ripley, M. B. (2016). Package 'nnet'. R package version, 7(3-12), 700.

Rosenbaum, P. (2017). Observation and experiment: An introduction to causal inference. Harvard University Press.

Rosenbaum, P. R., & Rosenbaum, M. P. R. (2017). Package 'sensitivitymult'.

Rosenbaum, P. R., & Rubin, D. B. (1983). The central role of the propensity score in observational studies for causal effects. Biometrika, 70(1), 41-55.

Rubin, D. B. (2001). Using propensity scores to help design observational studies: application to the tobacco litigation. Health Services and Outcomes Research Methodology, 2, 169-188.

Schafer, J. L., & Kang, J. (2008). Average causal effects from nonrandomized studies: a practical guide and simulated example. Psychological methods, 13(4), 279.

Shadish, W. R., Cook, T. D., & Campbell, D. T. (2002). Quasi-experiments: interrupted time-series designs. Experimental and quasi-experimental designs for generalized causal inference, 171-205.

Textor, J., Hardt, J., & Knüppel, S. (2011). DAGitty: a graphical tool for analyzing causal diagrams. Epidemiology, 22(5), 745.

Wickham, H., & Wickham, M. H. (2017). Package tidyverse. Easily install and load the 'Tidyverse.

동국대학교 저서출판 지원사업 선정도서

이 저서는 2023년도 동국대학교 연구비지원을 받아 수행된 연구결과물임. (S-2023-G0001-00084)
This work was supported by the Dongguk University Research Fund of 2023 (S-2023-G0001-00084)

사회과학에서 인과관계의 추정

2025년 8월 6일 초판 1쇄 인쇄
2025년 8월 11일 초판 1쇄 발행

지은이 조영일
발행인 박기련
발행처 동국대학교출판부

출판등록 제1973-000004호(1973.6.28)
주소 04626 서울시 중구 퇴계로36길2 신관1층 105호
전화 02-2264-4714
팩스 02-2268-7851
Homepage https://dgpress.dongguk.edu
E-mail abook@jeongjincorp.com

인쇄처 가치를담다

ISBN 978-89-7801-793-0 (93350)

값 18,000원

이 책의 무단 전재나 복제 행위는 저작권법 제98조에 따라 처벌받게 됩니다.